LE COMTE

DE

MONTE-CHRISTO

SIXIÈME PARTIE

PARIS. — IMPRIMERIE SIMON RAÇON ET COMP., RUE D'ERFURTH, 1.

LE COMTE

DE

MONTE-CHRISTO

PAR

ALEXANDRE DUMAS

PUBLIÉ PAR DUFOUR ET MULAT

ILLUSTRÉ PAR G. STAAL, J.-A. BEAUCÉ, COPPIN, LANCELOT, ETC.

SIXIÈME PARTIE

PARIS — 1855

CHEZ MARESCQ ET Cⁱᵉ, LIBRAIRES

— 5, RUE DU PONT-DE-LODI, 5 —

1861

LE COMTE DE MONTE-CHRISTO

SIXIÈME PARTIE

CHAPITRE PREMIER

L'APPARITION.

omme l'avait dit le procureur du roi à madame Danglars, Valentine n'était point encore remise.

Brisée par la fatigue, elle gardait en effet le lit, et ce fut dans sa chambre et de la bouche de madame de Villefort qu'elle apprit les événements que nous venons de raconter, c'est-à-dire la fuite d'Eugénie et l'arrestation d'Andrea Cavalcanti, ou plutôt de Benedetto, ainsi que l'accusation d'assassinat portée contre lui.

Mais Valentine était si faible, que ce récit ne lui fit peut-être point tout l'effet qu'il eût produit sur elle dans son état de santé habituel.

En effet, ce ne fut que quelques idées vagues, quelques formes indécises de plus mêlées aux idées étranges et aux fantômes fugitifs qui naissaient dans son cerveau malade ou qui passaient devant ses yeux, et bientôt même tout s'effaça pour laisser reprendre toutes leurs forces aux sensations personnelles.

Pendant la journée, Valentine était encore maintenue dans la réalité par la présence de Noirtier, qui se faisait porter chez sa petite-fille et demeurait là, couvant Valentine de son regard paternel.

Puis, lorsqu'il était revenu du Palais, c'était Villefort à son tour qui passait une heure ou deux entre son père et son enfant.

A six heures, Villefort se retirait dans son cabinet.

A huit heures arrivait M. d'Avrigny, qui lui-même apportait la potion nocturne préparée pour la jeune fille.

Puis on emmenait Noirtier.

Une garde du choix du docteur remplaçait tout le monde et ne se retirait elle-même que lorsque, vers dix ou onze heures, Valentine était endormie.

En descendant, elle remettait les clefs de la chambre de Valentine à M. de Villefort lui-même, de sorte qu'on ne pouvait plus entrer chez la malade qu'en traversant l'appartement de madame de Villefort et la chambre du petit Édouard.

Chaque matin Morrel venait chez Noirtier prendre des nouvelles de Valentine ; mais Morrel, chose extraordinaire, semblait de jour en jour moins inquiet.

D'abord de jour en jour Valentine, quoique en proie à une violente exaltation nerveuse, allait mieux.

Puis Monte-Christo ne lui avait-il pas dit, lorsqu'il était accouru tout éperdu chez lui, que, si dans deux heures Valentine n'était pas morte, Valentine était sauvée?

Or, Valentine vivait encore, et quatre jours s'étaient écoulés.

Cette exaltation nerveuse dont nous avons parlé poursuivait Valentine jusque dans son sommeil, ou plutôt dans l'état de somnolence qui succédait à sa veille.

C'était alors que, dans le silence de la nuit et de la demi-obscurité que laissait régner la veilleuse posée sur la cheminée et brûlant dans son enveloppe d'albâtre, elle voyait passer ces ombres qui viennent peupler la chambre des malades, et que secoue la fièvre de ses ailes frissonnantes.

Alors il lui semblait voir apparaître tantôt sa belle-mère qui la menaçait, tantôt Morrel qui lui tendait les bras, tantôt des êtres presque étrangers à sa vie habituelle, comme le comte de Monte-Christo ; il n'y avait pas jusqu'aux meubles qui, dans ces moments de délire, ne parussent mobiles et errants, et cela durait ainsi jusqu'à deux ou trois heures du matin, moment où un sommeil de plomb venait s'emparer de la jeune fille et la conduisait jusqu'au jour.

Le soir qui suivit cette matinée où Valentine avait appris la fuite d'Eugénie et l'arrestation de Benedetto, et où, après s'être mêlés un instant aux sensations de sa propre existence, ces événements commençaient à sortir peu à peu de sa pensée, après la retraite successive de Villefort, de d'Avrigny et de Noirtier, tandis que onze heures sonnaient à Saint-Philippe du Roule, et que la garde, ayant placé sous la main de la malade le breuvage préparé par le docteur, et fermé la porte de sa chambre, écoutait en frémissant, à l'office où elle s'était retirée, les commentaires des domestiques, et meublait sa mémoire des lugubres histoires qui, depuis trois mois, défrayaient les soirées de l'antichambre du procureur du roi, une scène inattendue se passait dans cette chambre si soigneusement fermée.

Il y avait déjà dix minutes à peu près que la garde s'était retirée.

Valentine, en proie depuis une heure à cette fièvre qui revenait chaque nuit, laissait sa tête, insoumise à sa volonté, continuer ce travail actif, monotone et implacable du cerveau, qui s'épuise à reproduire incessamment les mêmes pensées ou à enfanter les mêmes images.

De la mèche de la veilleuse s'élançaient mille et mille rayonnements tous empreints de significations étranges, quand tout à coup, à son reflet tremblant, Valentine crut voir sa bibliothèque, placée à côté de la cheminée dans un renfoncement du mur, s'ouvrir lentement, sans que les gonds sur lesquels elle semblait rouler produisissent le moindre bruit.

Dans un autre moment, Valentine eût saisi sa sonnette et eût tiré le cordonnet de soie en appelant au secours ; mais rien ne l'étonnait plus dans la situation où elle se trouvait.

Elle avait la conscience que toutes ces visions qui l'entouraient étaient les filles de son délire, et cette conviction lui était venue de ce que le matin aucune trace n'était restée jamais de tous ces fantômes de la nuit qui disparaissaient avec le jour.

Derrière la porte parut une figure humaine.

Valentine était, grâce à sa fièvre, trop familiarisée avec ces sortes d'apparitions pour s'épouvanter.

Elle ouvrit seulement de grands yeux, espérant reconnaître Morrel.

La figure continua de s'avancer vers son lit, puis elle s'arrêta, et parut écouter avec une attention profonde.

En ce moment, un reflet de la veilleuse se joua sur le visage du nocturne visiteur.

— Ce n'est pas lui ! murmura-t-elle.

Et elle attendit, convaincue qu'elle rêvait, que cet homme, comme cela arrive dans les songes, disparût ou se changeât en quelque autre personne.

Seulement elle toucha son pouls, et, le sentant battre violemment, elle se souvint que le meilleur moyen de faire disparaître ces visions importunes était de boire : la fraîcheur de la boisson, composée d'ailleurs dans le but de calmer les agitations dont Valentine s'était plainte au docteur, apportait, en faisant tomber la fièvre, un renouvellement des sensations du cerveau; quand elle avait bu, pour un moment elle souffrait moins.

Valentine étendit donc la main afin de prendre son verre sur la coupe de cristal où il reposait.

Mais, tandis qu'elle allongeait hors du lit son bras frissonnant, l'apparition fit encore, et plus vivement que jamais, deux pas vers le lit, et arriva si près de la jeune fille, qu'elle entendit son souffle et qu'elle crut sentir la pression de sa main.

Cette fois l'illusion ou plutôt la réalité dépassait tout ce que Valentine avait éprouvé jusque-là.

Elle commença à se croire bien éveillée et bien vivante; elle eut la conscience qu'elle jouissait de toute sa raison, et elle frémit.

La pression que Valentine avait ressentie avait pour but de lui arrêter le bras.

Valentine le retira lentement à elle.

Alors cette figure, dont le regard ne pouvait se détacher, et qui d'ailleurs paraissait plutôt protectrice que menaçante, cette figure prit le verre, s'approcha de la veilleuse et regarda le breuvage, comme si elle eût voulu en juger la transparence et la limpidité.

Mais cette première épreuve ne suffit pas.

Cet homme, ou plutôt ce fantôme, car il marchait si doucement, que le tapis étouffait le bruit de ses pas, cet homme puisa dans le verre une cuillerée du breuvage et l'avala.

Valentine regardait ce qui se passait devant ses yeux avec un profond sentiment de stupeur.

Elle croyait bien que tout cela était près de disparaître pour faire place à un autre tableau.

Mais l'homme, au lieu de s'évanouir comme une ombre, se rapprocha d'elle, et tendant le verre à Valentine, et d'une voix pleine d'émotion :

— Maintenant, dit-il, buvez.

Valentine tressaillit.

C'était la première fois qu'une de ses visions lui parlait avec ce timbre vivant.

Elle ouvrit la bouche pour pousser un cri.

L'homme posa un doigt sur ses lèvres.

— M. le comte de Monte-Christo! murmura-t-elle.

A l'effroi qui se peignit dans les yeux de la jeune fille, au tremblement de ses mains, au geste rapide qu'elle fit pour se blottir sous ses draps, on pouvait reconnaître la dernière lutte du doute contre la conviction.

Cependant, la présence de M. de Monte-Christo chez elle à une pareille heure, son entrée mystérieuse, fantastique, inexplicable, par un mur, semblaient des impossibilités à la raison ébranlée de Valentine.

— N'appelez pas, ne vous effrayez pas, dit le comte; n'ayez pas même au fond du cœur l'éclair d'un soupçon ou l'ombre d'une inquiétude, l'homme que vous voyez devant vous (car cette fois, vous avez raison, Valentine, et ce n'est point une illusion), l'homme que vous voyez devant vous est le plus tendre père et le plus respectueux ami que vous puissiez rêver.

Valentine ne trouva rien à répondre.

Elle avait une si grande peur de cette voix qui lui révélait la présence réelle de celui qui parlait, qu'elle redoutait d'y associer la sienne; mais son regard effrayé voulait dire : — Si vos intentions sont pures, pourquoi êtes-vous ici?

Avec sa merveilleuse sagacité, le comte comprit tout ce qui se passait dans le cœur de la jeune fille.

— Écoutez-moi, dit-il, ou plutôt regardez-moi : voyez mes yeux rougis et mon visage, plus pâle encore que d'habitude; c'est que, depuis quatre nuits, je n'ai pas fermé l'œil un seul instant; depuis quatre nuits, je veille sur vous, je vous protège, je vous conserve à notre ami Maximilien.

Un flot de sang joyeux monta rapidement aux joues de la malade; car le nom que venait de prononcer le comte lui enlevait le reste de défiance qu'il lui avait inspirée.

— Maximilien!... répéta Valentine, tant ce nom lui paraissait doux à prononcer; Maximilien! il vous a donc tout avoué?

— Tout. Il m'a dit que votre vie était la sienne, et je lui ai promis que vous vivriez.

— Vous lui avez promis que je vivrais?

— Oui.

— En effet, monsieur, vous venez de parler de vigilance et de protection. Êtes-vous donc médecin?

— Oui, et le meilleur que le ciel puisse vous envoyer en ce moment, croyez-moi.

— Vous dites que vous avez veillé? demanda Valentine inquiète; où cela? je ne vous ai pas vu.

Le comte étendit la main dans la direction de la bibliothèque.

— J'étais caché derrière cette porte, dit-il; cette porte donne dans la maison voisine, que j'ai louée.

Valentine, par un mouvement de fierté pudique, détourna les yeux, et avec une souveraine terreur :

— Monsieur, dit-elle, ce que vous avez fait est d'une démence sans exemple, et cette protection

— Chut ! mon enfant ! j'ai dit le poison ; oui, j'ai dit la mort.

que vous m'avez accordée ressemble fort à une insulte.

— Valentine, dit-il, pendant cette longue veille, voici les seules choses que j'aie vues, quels gens venaient chez vous, quels aliments on vous préparait, quelles boissons on vous a servies ; puis, quand ces boissons me paraissaient dangereuses, j'entrais comme je viens d'entrer, je vidais votre verre, et je substituais au poison un breuvage bienfaisant, qui, au lieu de la mort qui vous était préparée, faisait circuler la vie dans vos veines.

— Le poison ! la mort ! s'écria Valentine, se croyant de nouveau sous l'empire de quelque fiévreuse hallucination ; que dites-vous donc là, monsieur ?

— Chut ! mon enfant ! dit Monte-Christo en portant de nouveau le doigt à ses lèvres, j'ai dit le poison : oui, j'ai dit la mort, et je répète la mort, mais buvez d'abord ceci.

Le comte tira de sa poche un flacon contenant une liqueur rouge dont il versa quelques gouttes dans le verre.

— Et, quand vous aurez bu, ne prenez plus rien de la nuit.

Elle vit alors une femme qui vidait dans son verre une liqueur préparée d'avance. — PAGE 7

Valentine avança la main.

Mais, à peine eut-elle touché le verre, qu'elle la retira avec effroi.

Monte-Christo prit le verre, en but la moitié, et le présenta à Valentine, qui avala en souriant le reste de la liqueur qu'il contenait.

— Oh! oui, dit elle, je reconnais le goût de mes breuvages nocturnes, de cette eau qui rendait un peu de fraîcheur à ma poitrine, un peu de calme à mon cerveau. Merci, monsieur, merci.

— Voilà comment vous avez vécu quatre nuits, Valentine, dit le comte. Mais moi, comment vivais-je? Oh! les cruelles heures que vous m'avez fait passer! Oh! les effroyables tortures que vous m'avez fait subir, quand je voyais verser dans votre verre le poison mortel, quand je tremblais que vous n'eussiez le temps de le boire avant que j'eusse celui de le répandre dans la cheminée!

— Vous dites, monsieur, reprit Valentine, au comble de la terreur, que vous avez subi mille tortures en voyant verser dans mon verre le poison mortel? Mais, si vous avez vu verser le poison dans mon verre, vous avez dû voir la personne qui le versait?

— Oui.

Valentine se souleva sur son séant, et, ramenant sur sa poitrine plus pâle que la neige la batiste brodée, encore moite de la sueur froide du délire, à laquelle commençait à se mêler la sueur plus glacée encore de la terreur ·

— Vous l'avez vue? répéta la jeune fille.

— Oui, dit une seconde fois le comte.

— Ce que vous me dites est horrible, monsieur, ce que vous voulez me faire croire a quelque chose d'infernal. Quoi! dans la maison de mon père, quoi! dans ma chambre, quoi! sur mon lit de souffrance on continue de m'assassiner? Oh! retirez-vous, monsieur, vous tentez ma conscience, vous blasphémez la bonté divine; c'est impossible, cela ne se peut pas!

— Êtes-vous donc la première que cette main frappe, Valentine? N'avez-vous pas vu tomber autour de vous M. de Saint-Méran, madame de Saint-Méran, Barrois? N'auriez-vous pas vu tomber M. Noirtier, si le traitement qu'il suit depuis près de trois ans ne l'avait protégé en combattant le poison par l'habitude du poison?

— O mon Dieu! dit Valentine, c'est pour cela que, depuis près d'un mois, bon papa exige que je partage toutes ses boissons?

— Et ces boissons, s'écria Monte-Christo, ont un goût amer comme celui d'une écorce d'orange à moitié séchée, n'est-ce pas?

— Oui, mon Dieu, oui!

— Oh! cela m'explique tout, dit Monte-Christo; lui aussi sait qu'on empoisonne ici, et peut-être qui empoisonne.

Il vous a prémunie, vous son enfant bien-aimée, contre la substance mortelle, et la substance mortelle est venue s'émousser contre ce commencement d'habitude; voilà comment vous vivez encore, ce que je ne m'expliquais pas, après avoir été empoisonnée il y a quatre jours avec un poison qui d'ordinaire ne pardonne pas.

— Mais quel est donc l'assassin, le meurtrier?

— A votre tour je vous demanderai : — N'avez-vous donc jamais vu entrer quelqu'un la nuit dans votre chambre?

— Si fait.

Souvent j'ai cru voir passer comme des ombres, ces ombres s'approcher, s'éloigner, disparaître, mais je les prenais pour des visions de ma fièvre, et tout à l'heure, quand vous êtes entré vous-même, eh bien! j'ai cru longtemps ou que j'avais le délire, ou que je rêvais.

— Ainsi, vous ne connaissez pas la personne qui en veut à votre vie?

— Non, dit Valentine, pourquoi quelqu'un désirerait-il ma mort?

— Vous allez la connaître alors, dit Monte-Christo en prêtant l'oreille.

— Comment cela? demanda Valentine en regardant avec terreur autour d'elle.

— Parce que ce soir vous n'avez plus ni fièvre ni délire, parce que ce soir vous êtes bien éveillée, parce que voilà minuit qui sonne et que c'est l'heure des assassins.

— Mon Dieu! mon Dieu! dit Valentine en essuyant avec sa main la sueur qui perlait à son front.

En effet, minuit sonnait lentement et tristement, on eût dit que chaque coup du marteau de bronze frappait sur le cœur de la jeune fille.

— Valentine, continua le comte, appelez toutes vos forces à votre secours, comprimez votre cœur dans votre poitrine, arrêtez votre voix dans votre gorge, feignez le sommeil, et vous verrez, vous verrez.

Valentine saisit la main du comte.

— Il me semble que j'entends du bruit, dit-elle, retirez-vous!

— Adieu, ou plutôt au revoir, répondit le comte.

Puis, avec un sourire si triste et si paternel, que le cœur de la jeune fille en fut pénétré de reconnaissance, il regagna sur la pointe du pied la porte de la bibliothèque.

Mais se retournant avant que de la refermer sur lui :

— Pas un geste, dit-il, pas un mot; qu'on vous croie endormie; sans quoi peut-être vous tuera-t-on avant que j'eusse le temps d'accourir.

Et, sur cette effrayante injonction, le comte disparut derrière la porte, qui se referma silencieusement sur lui.

Valentine resta seule

CHAPITRE II.

LOCUSTE.

Deux autres pendules, en retard sur celle de Saint-Philippe du Roule, sonnèrent encore minuit à des distances différentes.

Puis, à part le bruissement de quelques voitures lointaines, tout retomba dans le silence.

Alors toute l'attention de Valentine se concentra sur la pendule de sa chambre, dont le balancier marquait les secondes.

Elle se mit à compter ces secondes, et remarqua qu'elles étaient du double plus lentes que les battements de son cœur.

Et cependant elle doutait encore.

L'inoffensive Valentine ne pouvait se figurer que quelqu'un désirât sa mort; pourquoi? dans quel but? quel mal avait-elle fait qui pût lui susciter un ennemi?

Il n'y avait pas de crainte qu'elle s'endormît.

Une seule idée, une idée terrible, tenait son esprit tendu : c'est qu'il existait une personne au monde qui avait tenté de l'assassiner, et qui allait le tenter encore.

Si cette fois cette personne, lassée de voir l'inefficacité du poison, allait, comme l'avait dit Monte-Christo, avoir recours au fer! si le comte n'allait pas avoir le temps d'accourir! si elle touchait à son dernier moment! si elle ne devait plus revoir Morrel!

A cette pensée, qui la couvrait à la fois d'une pâleur livide et d'une sueur glacée, Valentine était prête à saisir le cordon de sa sonnette et à appeler au secours.

Mais il lui semblait, à travers la porte de la bibliothèque, voir étinceler l'œil du comte, cet œil qui pesait sur son souvenir, et qui, lorsqu'elle y songeait, l'écrasait d'une telle honte, qu'elle se demandait si jamais la reconnaissance parviendrait à effacer ce pénible effet de l'indiscrète amitié du comte.

Vingt minutes, vingt éternités, s'écoulèrent ainsi, puis dix autres minutes encore.

Enfin la pendule, criant une seconde à l'avance, finit par frapper un coup sur le timbre sonore.

En ce moment même, un grattement imperceptible de l'ongle contre le bois de la bibliothèque, apprit à Valentine que le comte veillait et lui recommandait de veiller.

En effet, du côté opposé, c'est-à-dire vers la chambre d'Édouard, il sembla à Valentine qu'elle entendait crier le parquet.

Elle prêta l'oreille, retenant sa respiration presque étouffée, le bouton de la serrure grinça, et la porte tourna sur ses gonds.

Valentine s'était soulevée sur son coude, elle n'eut que le temps de se laisser retomber sur son lit et de cacher ses yeux sous son bras.

Puis, tremblante, agitée, le cœur serré d'un indicible effroi, elle attendit.

Quelqu'un s'approcha du lit et effleura les rideaux.

Valentine rassembla toutes ses forces et laissa entendre ce murmure régulier de la respiration qui annonce un sommeil tranquille.

— Valentine! dit tout bas une voix.

La jeune fille frissonna jusqu'au fond du cœur, mais ne répondit point.

— Valentine! répéta la même voix.

Même silence.

Valentine avait promis de ne point se réveiller.

Puis tout demeura immobile.

Seulement Valentine entendit le bruit presque insensible d'une liqueur tombant dans le verre qu'elle venait de vider.

Alors elle osa, sous le rempart de son bras étendu, entr'ouvrir sa paupière.

Elle vit alors une femme en peignoir blanc, qui vidait dans son verre une liqueur préparée d'avance dans une fiole.

Pendant ce court instant, Valentine retint peut-être sa respiration, ou fit sans doute quelque mouvement, car la femme, inquiète, s'arrêta et se pencha sur son lit pour mieux voir si elle dormait réellement.

C'était madame de Villefort.

Valentine, en reconnaissant sa belle-mère, fut

— Et maintenant, au revoir mon enfant, vous êtes sauvée. — Page 11.

saisie d'un frisson aigu qui imprima un mouvement à son lit.

Madame de Villefort s'effaça aussitôt le long du mur, et là, abritée derrière le rideau du lit, muette, attentive, elle épia jusqu'au moindre mouvement de Valentine.

Celle-ci se rappela les terribles paroles de Monte-Christo.

Il lui avait semblé, dans la main qui ne tenait pas la fiole, voir briller une espèce de couteau long et affilé.

Alors Valentine, appelant toute la puissance de sa volonté à son secours, s'efforça de fermer les yeux; mais cette fonction du plus craintif de nos sens, cette fonction si simple d'ordinaire, devenait en ce moment presque impossible à accomplir; tant l'avide curiosité faisait d'efforts pour repousser cette paupière et attirer la vérité.

Cependant, assurée, par le silence dans lequel avait recommencé à se faire entendre le bruit égal de la respiration de Valentine, que celle-ci dormait, madame de Villefort étendit de nouveau le bras, et,

Madame de Villefort rentra chez elle la sueur et l'angoisse au front. — Page 14.

en demeurant à demi dissimulée par les rideaux rassemblés au chevet du lit, elle acheva de vider dans le verre de Valentine le contenu de sa fiole.

Puis elle se retira, sans que le moindre bruit avertît Valentine qu'elle était partie.

Elle avait vu disparaître le bras, voilà tout : ce bras frais et arrondi d'une femme de vingt-cinq ans, jeune et belle, et qui versait la mort.

Il est impossible d'exprimer ce que Valentine avait éprouvé pendant cette minute et demie que madame de Villefort était restée dans sa chambre.

Le grattement de l'ongle sur la bibliothèque tira la jeune fille de cet état de torpeur dans lequel elle était ensevelie, et qui ressemblait à de l'engourdissement.

Elle souleva la tête avec effort.

La porte, toujours silencieuse, roula une seconde fois sur ses gonds, et le comte de Monte-Christo reparut.

— Eh bien! demanda le comte, doutez-vous encore

— O mon Dieu! murmura la jeune fille

— Vous avez vu?

— Hélas !

— Vous avez reconnu ?

Valentine poussa un gémissement.

— Oui, dit-elle, mais je n'y puis croire.

— Vous aimez mieux mourir alors, et faire mourir Maximilien !...

— Mon Dieu ! mon Dieu ! répéta la jeune fille presque égarée ; mais ne puis-je donc pas quitter la maison, me sauver ?...

— Valentine, la main qui vous poursuit vous atteindra partout : à force d'or, on séduira vos domestiques, et la mort s'offrira à vous déguisée sous tous les aspects, dans l'eau que vous boirez à la source, dans le fruit que vous cueillerez à l'arbre.

— Mais n'avez-vous donc pas dit que la précaution de bon papa m'avait prémunie contre le poison ?

— Contre un poison, et encore non pas employé à forte dose ; on changera de poison ou l'on augmentera la dose.

Il prit le verre et y trempa ses lèvres.

— Et, tenez, dit-il, c'est déjà fait. Ce n'est plus avec de la brucine qu'on vous empoisonne, c'est avec un simple narcotique. Je reconnais le goût de l'alcool dans lequel on l'a fait dissoudre. Si vous aviez bu ce que madame de Villefort vient de verser dans ce verre, Valentine, Valentine, vous étiez perdue.

— Mais, mon Dieu ! s'écria la jeune fille, pourquoi me poursuit-elle ainsi ?

— Comment ! vous êtes si douce, si bonne, si peu croyante au mal, que vous n'avez pas compris, Valentine !

— Non, dit la jeune fille ; je ne lui ai jamais fait de mal.

— Mais vous êtes riche, Valentine, mais vous avez deux cent mille livres de rente, et ces deux cent mille francs de rente, vous les enlevez à son fils.

— Comment cela ? Ma fortune n'est point la sienne et me vient de mes parents.

— Sans doute, et voilà pourquoi M. et madame de Saint-Méran sont morts : c'était pour que vous héritassiez de vos parents ; voilà pourquoi, du jour où il vous a faite son héritière, M. Noirtier avait été condamné ; voilà pourquoi, à votre tour, vous devez mourir, Valentine ; c'est afin que votre père hérite de vous, et que votre frère, devenu fils unique, hérite de votre père.

— Édouard ! pauvre enfant, et c'est pour lui qu'on commet tous ces crimes !

— Ah ! vous comprenez, enfin.

— Ah ! mon Dieu ! pourvu que tout cela ne retombe pas sur lui !

— Vous êtes un ange, Valentine.

— Mais mon grand-père, on a donc renoncé à le tuer, lui ?

— On a réfléchi que, vous morte, à moins d'exhérédation, la fortune revenait naturellement à votre frère, et l'on a pensé que le crime, au bout du compte, étant inutile, il était doublement dangereux de le commettre.

— Et c'est dans l'esprit d'une femme qu'une pareille combinaison a pris naissance ! O mon Dieu !

— Rappelez-vous Pérouse, la treille de l'auberge de la poste, l'homme au manteau brun, que votre belle-mère interrogeait sur l'aquatophana ; eh bien ! dès cette époque, tout cet infernal projet mûrissait dans son cerveau.

— O monsieur ! s'écria la douce jeune fille en fondant en larmes, je vois bien, s'il en est ainsi, que je suis condamnée à mourir.

— Non, Valentine, non, car j'ai prévu tous les complots, non, car notre ennemie est vaincue puisqu'elle est devinée ; non, vous vivrez, Valentine, vous vivrez pour aimer et être aimée, vous vivrez pour être heureuse et rendre un noble cœur heureux ; mais, pour vivre, Valentine, il faut avoir toute confiance en moi.

— Ordonnez, monsieur, que faut-il faire ?

— Il faut prendre aveuglément ce que je vous donnerai.

— Oh ! Dieu m'est témoin, s'écria Valentine, que, si j'étais seule, j'aimerais mieux me laisser mourir.

— Vous ne vous confierez à personne, pas même à votre père.

— Mon père n'est pas de cet affreux complot, n'est-ce pas, monsieur ? dit Valentine en joignant les mains.

— Non, et cependant votre père, l'homme habitué aux accusations juridiques, votre père doit se douter que toutes ces morts qui s'abattent sur sa maison ne sont point naturelles. Votre père, c'est lui qui aurait dû veiller sur vous, c'est lui qui devrait être à cette heure à la place que j'occupe ; c'est lui qui devrait déjà avoir vidé ce verre ; c'est lui qui devrait déjà s'être dressé contre l'assassin. Spectre contre spectre, murmura-t-il, en achevant tout bas sa phrase.

— Monsieur, dit Valentine, je ferai tout pour vivre, car il existe deux êtres au monde qui m'aiment à en mourir si je mourais : mon grand-père et Maximilien.

— Je veillerai sur eux comme j'ai veillé sur vous.

— Eh bien ! monsieur, disposez de moi, dit Valentine.

Puis, à voix basse :

— O mon Dieu ! mon Dieu ! dit-elle, que va-t-il m'arriver ?

— Quelque chose qui vous arrive, Valentine, ne vous épouvantez point ; si vous souffrez, si vous perdez la vue, l'ouïe, le tact, ne craignez rien ; si vous vous réveillez sans savoir où vous êtes, n'ayez pas peur, dussiez-vous, en vous réveillant, vous trouver dans quelque caveau sépulcral ou clouée dans quelque bière ; rappelez soudain votre esprit, et dites-vous : — En ce moment, un ami, un père, un homme qui veut mon bonheur et celui de Maximilien, cet homme veille sur moi.

— Hélas ! hélas ! quelle terrible extrémité !

— Valentine, aimez-vous mieux dénoncer votre belle-mère ?

— J'aimerais mieux mourir cent fois ! oh ! oui, mourir !

— Non, vous ne mourrez pas, et, quelque chose qui vous arrive, vous me le promettez, vous ne vous plaindrez pas, vous espérerez ?

— Je penserai à Maximilien.

— Vous êtes ma fille bien-aimée, Valentine ; seul, je puis vous sauver, et je vous sauverai.

Valentine, au comble de la terreur, joignit les mains (car elle sentait que le moment était venu de demander à Dieu du courage) et se dressa pour prier, murmurant des mots sans suite, et oubliant que ses blanches épaules n'avaient d'autre voile que sa longue chevelure, et que l'on voyait battre son cœur sous la fine dentelle de son peignoir de nuit.

Le comte appuya doucement la main sur le bras de la jeune fille, ramena jusque sur son cou la courte-pointe de velours, et avec un sourire paternel :

— Ma fille, dit-il, croyez en mon dévouement, comme vous croyez en la bonté de Dieu et dans l'amour de Maximilien.

Valentine attacha sur lui un regard plein de reconnaissance, et demeura docile comme un enfant sous ses voiles.

Alors le comte tira de la poche de son gilet le drageoir en émeraude, souleva son couvercle d'or, et versa dans la main droite de Valentine une petite pastille ronde de la grosseur d'un pois.

Valentine la prit avec l'autre main, et regarda le comte attentivement.

Il y avait sur les traits de cet intrépide protecteur un reflet de la majesté et de la puissance divines.

Il était évident que Valentine l'interrogeait du regard.

— Oui, répondit celui-ci.

Valentine porta la pastille à sa bouche et l'avala.

— Et maintenant, au revoir, mon enfant, dit-il, je vais essayer de dormir, car vous êtes sauvée.

— Allez, dit Valentine, quelque chose qui m'arrive, je vous promets de n'avoir pas peur.

Monte-Christo tint longtemps ses yeux fixés sur la jeune fille, qui s'endormait peu à peu, vaincue par la puissance du narcotique que le comte venait de lui donner.

Alors il prit le verre, le vida aux trois quarts dans la cheminée, pour que l'on pût croire que Valentine avait bu ce qu'il en manquait, et le reposa sur la table de nuit.

Puis, regagnant la porte de la bibliothèque, il disparut après avoir jeté un dernier regard vers Valentine, qui s'endormait avec la confiance et la candeur d'un ange couché aux pieds du Seigneur.

CHAPITRE III.

VALENTINE.

L a veilleuse continuait de brûler sur la cheminée de Valentine, épuisant les dernières gouttes d'huile qui surnageaient encore sur l'eau.

Déjà un cercle plus rougeâtre colorait l'albâtre du globe, déjà la flamme plus vive laissait échapper ces derniers petillements qui semblent chez les êtres inanimés ces dernières convulsions de l'agonie qu'on a si souvent comparées à celle des pauvres créatures humaines.

Un jour bas et sinistre venait teindre d'un reflet d'opale les rideaux blancs et les draps de la jeune fille.

Tous les bruits de la rue étaient éteints pour cette fois, et le silence de l'intérieur était effrayant.

La porte de la chambre d'Édouard s'ouvrit alors, et une tête, que nous avons déjà vue, parut dans la glace opposée à la porte.

C'était madame de Villefort, qui rentrait pour voir l'effet du breuvage.

Elle s'arrêta sur le seuil, écouta le petillement de la lampe, seul bruit perceptible dans cette chambre, qu'on eût crue déserte, puis elle s'avança doucement vers la table de nuit pour voir si le verre de Valentine était vide.

Il était encore plein au quart, comme nous l'avons dit.

Madame de Villefort le prit et alla le vider dans les cendres, qu'elle remua pour faciliter l'absorption de la liqueur, puis elle rinça soigneusement le cristal, l'essuya avec son propre mouchoir, et le replaça sur la table de nuit.

Quelqu'un dont le regard eût pu plonger dans l'intérieur de la chambre eût pû voir alors l'hésitation de madame de Villefort à fixer ses yeux sur Valentine et à s'approcher du lit.

Cette lueur lugubre, ce silence, cette terrible poésie de la nuit, venaient sans doute se combiner avec l'épouvantable poésie de sa conscience : l'empoisonneuse avait peur de son œuvre.

Enfin elle s'enhardit, écarta le rideau, s'appuya au chevet du lit, et regarda Valentine.

La jeune fille ne respirait plus, ses dents à demi desserrées ne laissaient échapper aucun atome de ce souffle qui décèle la vie.

Ses lèvres blanchissantes avaient cessé de frémir.

Ses yeux, noyés dans une vapeur violette qui semblait avoir filtré sous la peau, formaient une saillie plus blanche à l'endroit où le globe enflait la paupière, et ses longs cils noirs rayaient une peau déjà mate comme la cire.

Madame de Villefort contempla ce visage d'une expression si éloquente dans son immobilité.

Elle s'enhardit alors, et, soulevant la couverture, elle appuya sa main sur le cœur de la jeune fille.

Il était muet et glacé.

Ce qui battait sous sa main, c'était l'artère de ses doigts.

Elle retira sa main avec un frisson.

Le bras de Valentine pendait hors du lit.

Ce bras, dans toute la partie qui se rattachait à l'épaule et s'étendait jusqu'à la saignée, semblait moulé sur celui d'une des Grâces de Germain Pillon; mais l'avant-bras était légèrement déformé par une crispation, et le poignet, d'une forme si pure, s'appuyait, un peu roidi et les doigts écartés, sur l'acajou.

La naissance des ongles était bleuâtre.

Pour madame de Villefort, il n'y avait plus de doute : tout était fini, l'œuvre terrible, la dernière qu'elle eût à accomplir, était enfin consommée.

L'empoisonneuse n'avait plus rien à faire dans cette chambre

Elle recula avec tant de précaution, qu'il était visible qu'elle redoutait le craquement de ses pieds

— Au secours! cria la garde-malade, au secours! — Page 14.

sur le tapis; mais, tout en reculant, elle tenait encore le rideau soulevé, absorbant ce spectacle de la mort, qui porte en soi son irrésistible attraction, tant que la mort n'est pas la décomposition, mais seulement l'immobilité, tant qu'elle demeure le mystère, et n'est pas encore le dégoût.

Les minutes s'écoulaient, madame de Villefort ne pouvait lâcher ce rideau, qu'elle tenait suspendu comme un linceul au-dessus de la tête de Valentine.

Elle paya son tribut à la rêverie

La rêverie du crime, ce doit être le remords.

En ce moment, les petillements de la veilleuse redoublèrent.

Madame de Villefort, à ce bruit, tressaillit et laissa retomber le rideau.

Au même instant la veilleuse s'éteignit, et la chambre fut plongée dans une effrayante obscurité.

Au milieu de cette obscurité, la pendule s'éveilla et sonna quatre heures et demie.

L'empoisonneuse, épouvantée de ces commotions

successives, regagna en tâtonnant la porte, et rentra chez elle la sueur et l'angoisse au front.

L'obscurité continua encore deux heures.

Puis, peu à peu, un jour blafard envahit l'appartement, filtrant aux lames des persiennes.

Puis, peu à peu encore, il se fit grand, et vint rendre une couleur et une forme aux objets et aux corps.

C'est à ce moment que le toux de la garde-malade retentit sur l'escalier, et que cette femme entra chez Valentine une tasse à la main.

Pour un père, pour un amant, le premier regard eût été décisif, Valentine était morte; pour cette mercenaire, Valentine n'était qu'endormie.

— Bon, dit-elle en s'approchant de la table de nuit, elle a bu une partie de sa potion, le verre est aux deux tiers vide.

Puis elle alla à la cheminée, ralluma le feu, s'installa dans son fauteuil, et, quoiqu'elle sortît de son lit, elle profita du sommeil de Valentine pour dormir encore quelques instants.

La pendule l'éveilla en sonnant huit heures.

Alors, étonnée de ce sommeil obstiné dans lequel demeurait la jeune fille, effrayée de ce bras pendant hors du lit, et que la dormeuse n'avait point ramené à elle, elle s'avança vers le lit, et ce fut alors seulement qu'elle remarqua ces lèvres froides et cette poitrine glacée.

Elle voulut ramener le bras près du corps, mais le bras n'obéit qu'avec cette roideur effrayante à laquelle ne pouvait pas se tromper une garde-malade.

Elle poussa un horrible cri.

Puis, courant à la porte

— Au secours! cria-t-elle, au secours!

— Comment, au secours! répondit du bas de l'escalier la voix de M. d'Avrigny

C'était l'heure où le docteur avait l'habitude de venir.

— Comment, au secours! s'écria la voix de Villefort, sortant alors précipitamment de son cabinet; docteur, n'avez-vous pas entendu crier au secours?

— Oui, oui, montons, répondit d'Avrigny; montons vite! c'est chez Valentine.

Mais, avant que le médecin et le père ne fussent entrés, les domestiques qui se trouvaient au même étage, dans les chambres ou dans les corridors, étaient entrés, et, voyant Valentine pâle et immobile sur son lit, levaient les mains au ciel et chancelaient comme frappés de vertige.

— Appelez madame de Villefort! réveillez madame de Villefort! cria le procureur du roi de la porte de la chambre, dans laquelle il semblait n'oser entrer.

Mais les domestiques, au lieu de répondre, regardaient M. d'Avrigny, qui était entré, lui, qui avait couru à Valentine et qui la soulevait dans ses bras.

— Encore celle-ci!... murmura-t-il en la laissant tomber. O mon Dieu! mon Dieu! quand vous lasserez-vous?

Villefort s'élança dans l'appartement.

— Que dites-vous? mon Dieu! s'écria-t-il en levant les deux mains au ciel. Docteur!... docteur!...

— Je dis que Valentine est morte! répondit d'Avrigny d'une voix solennelle et terrible dans sa solennité.

M. de Villefort s'abattit, comme si ses jambes étaient brisées, et tomba sur le lit de Valentine.

Aux paroles du docteur, aux cris du père, les domestiques terrifiés s'enfuirent avec de sourdes imprécations.

On entendit par les escaliers et les corridors leurs pas précipités, puis un grand mouvement dans les cours.

Puis, ce fut tout.

Le bruit s'éteignit.

Depuis le premier jusqu'au dernier, ils avaient déserté la maison maudite.

En ce moment, madame de Villefort, le bras à moitié passé dans son peignoir du matin, souleva la tapisserie.

Un instant elle demeura sur le seuil, ayant l'air d'interroger les assistants et appelant à son aide quelques larmes rebelles.

Tout à coup elle fit un pas, ou plutôt un bond en avant, les bras étendus vers la table.

Elle venait de voir d'Avrigny se pencher curieusement sur cette table et y prendre le verre qu'elle était certaine d'avoir vidé pendant la nuit.

Le verre se trouvait au tiers plein, juste comme il était quand elle avait jeté le contenu dans les cendres.

Le spectre de Valentine dressé devant l'empoisonneuse eût produit moins d'effet sur elle.

En effet, c'est bien la couleur du breuvage qu'elle a versé dans le verre de Valentine et que Valentine a bu.

C'est bien ce poison qui ne peut tromper l'œil de M. d'Avrigny et que M. d'Avrigny regarde attentivement.

C'est bien un miracle que Dieu a fait sans doute pour qu'il restât, malgré les précautions de l'assassin, une trace, une preuve, une dénonciation du crime.

Cependant, tandis que madame de Villefort était restée immobile comme la statue de la Terreur, tandis que Villefort, la tête cachée dans les draps du lit mortuaire, ne voyait rien de ce qui se passait autour de lui, d'Avrigny s'approchait de la fenêtre pour mieux examiner de l'œil le contenu du verre et en déguster une goutte prise au bout du doigt.

— Ah ! murmura-t-il, ce n'est plus de la brucine, maintenant ; voyons ce que c'est.

Alors il courut à une des armoires de la chambre de Valentine, armoire transformée en pharmacie, et, tirant de sa petite case d'argent un flacon d'acide nitrique, il en laissa tomber quelques gouttes dans l'opale de la liqueur, qui se changea aussitôt en un demi-verre de sang vermeil.

— Ah ! fit d'Avrigny avec l'horreur du juge à qui se révèle la vérité, mêlée à la joie du savant à qui se dévoile un problème.

Madame de Villefort tourna un instant sur elle-même.

Ses yeux lancèrent des flammes, puis s'éteignirent.

Elle chercha, chancelante, la porte de la main, et disparut.

Un instant après, on entendit le bruit éloigné d'un corps qui tombait sur le parquet.

Mais personne n'y fit attention.

La garde était occupée à regarder l'analyse chimique.

Villefort était toujours anéanti.

M. d'Avrigny seul avait suivi des yeux madame de Villefort et avait remarqué sa sortie précipitée.

Il souleva la tapisserie de la chambre de Valentine, et son regard, à travers celle d'Édouard, put plonger dans l'appartement de madame de Villefort, qu'il vit étendue sans mouvement sur le parquet.

— Allez secourir madame de Villefort, dit-il à la garde ; madame de Villefort se trouve mal.

— Mais mademoiselle Valentine ? balbutia celle-ci.

— Mademoiselle Valentine n'a plus besoin de secours, dit d'Avrigny, puisque mademoiselle Valentine est morte.

— Morte ! morte ! soupira Villefort dans le paroxysme d'une douleur d'autant plus déchirante qu'elle était nouvelle, inconnue, inouïe, pour ce cœur de bronze.

— Morte ! dites-vous ? s'écria une troisième voix ; qui a dit que Valentine était morte ?

Les deux hommes se retournèrent, et, sur la porte, aperçurent Morrel debout, pâle, bouleversé, terrible.

Voici ce qui était arrivé :

A son heure habituelle, et, par la petite porte qui conduisait chez Noirtier, Morrel s'était présenté.

Contre la coutume, il trouva la porte ouverte.

Il n'eut donc pas besoin de sonner.

Il entra.

Dans le vestibule, il attendit un instant, appelant un domestique quelconque qui l'introduisît près du vieux Noirtier.

Mais personne n'avait répondu.

Les domestiques, on le sait, avaient déserté la maison.

Morrel n'avait ce jour-là aucun motif particulier d'inquiétude.

Il avait la promesse de Monte-Christo que Valentine vivrait, et, jusque-là, la promesse avait été fidèlement tenue.

Chaque soir, le comte lui avait donné de bonnes nouvelles, que confirmait le lendemain Noirtier lui-même.

Cependant cette solitude lui parut singulière.

Il appela une seconde fois, une troisième fois...

Même silence.

Alors il se décida à monter.

La porte de Noirtier était ouverte comme les autres portes.

La première chose qu'il vit fut le vieillard dans son fauteuil, à sa place habituelle.

Ses yeux dilatés semblaient exprimer un effroi intérieur que confirmait encore la pâleur étrange répandue sur ses traits.

— Comment allez-vous, monsieur ? demanda le jeune homme, non sans un certain serrement de cœur.

— Bien, fit le vieillard avec son clignement d'yeux, bien.

Mais sa physionomie sembla croître en inquiétude.

— Vous êtes préoccupé, continua Morrel ; vous avez besoin de quelque chose. Voulez-vous que j'appelle quelqu'un de vos gens ?

— Oui, fit Noirtier.

Morrel se suspendit au cordon de la sonnette, mais, il eut beau le tirer à le rompre, personne ne vint.

Il se retourna vers Noirtier.

La pâleur et l'angoisse allaient croissant sur le visage du vieillard.

— Mon Dieu ! mon Dieu ! fit Morrel, mais pourquoi ne vient-on pas ? Est-ce qu'il y a quelqu'un de malade dans la maison ?

Les yeux de Noirtier parurent prêts à jaillir de leur orbite.

— Mais qu'avez-vous donc ? continua Morrel, vous m'effrayez !... Valentine ! Valentine !..

— Oui ! oui ! fit Noirtier.

Maximilien ouvrit la bouche pour parler, mais sa langue ne put articuler aucun son.

Il chancela et se retint à la boiserie.

Puis il étendit la main vers la porte.

— Oui ! oui ! oui ! continua le vieillard.

Maximilien s'élança dans le petit escalier, qu'il franchit en deux bonds, tandis que Noirtier semblait lui crier des yeux :

— Morte! qui a dit que Valentine était morte? — Page 15.

— Plus vite! plus vite!

Une minute suffit au jeune homme pour traverser plusieurs chambres, solitaires comme le reste de la maison, et pour arriver jusqu'à celle de Valentine.

.. n'eut pas besoin de pousser la porte, elle était toute grande ouverte.

Un sanglot fut le premier bruit qu'il perçut.

Il vit, comme à travers un nuage, une figure noire, agenouillée et perdue dans un amas confus de draperies blanches.

La crainte, l'effroyable crainte, le clouait sur le seuil.

Ce fut alors qu'il entendit une voix qui disait.
Valentine est morte, et une seconde voix qui, comme un écho, répondait :

— Morte! morte!

On vit Morrel qui, avec une force surhumaine, apportait le vieillard au premier étage de la maison. — PAGE 18.

CHAPITRE IV.

MAXIMILIEN.

illefort se releva presque honteux d'avoir été surpris dans l'accès de cette douleur.

Le terrible état qu'il exerçait depuis vingt-cinq ans était arrivé à en faire plus ou moins qu'un homme. Son regard, un instant égaré, se fixa sur Morrel.

— Qui êtes-vous, monsieur, dit-il, vous qui oubliez qu'on n'entre pas ainsi dans une maison qu'habite la mort? Sortez! monsieur! sortez!

Mais Morrel demeurait immobile.

Il ne pouvait détacher ses yeux du spectacle effrayant de ce lit en désordre et de la pâle figure qui était couchée dessus.

— Sortez! entendez-vous! cria Villefort, tandis que d'Avrigny s'avançait de son côté pour faire sortir Morrel.

Celui-ci regarda d'un air égaré ce cadavre, ces deux hommes, toute la chambre, sembla hésiter un instant, ouvrit la bouche.

Puis, enfin, ne trouvant pas un mot à répondre, malgré l'innombrable essaim d'idées fatales qui envahissaient son cerveau, il rebroussa chemin en enfonçant ses mains dans ses cheveux, de telle sorte que Villefort et d'Avrigny, un instant distraits de leurs préoccupations, échangèrent, après l'avoir suivi des yeux, un regard qui voulait dire :

— Il est fou !

Mais, avant que cinq minutes se fussent écoulées, on entendit gémir l'escalier sous un poids considérable, et l'on vit Morrel qui, avec une force surhumaine, soulevant le fauteuil de Noirtier entre ses bras, apportait le vieillard au premier étage de la maison.

Arrivé au haut de l'escalier, Morrel posa le fauteuil à terre et le roula rapidement jusque dans la chambre de Valentine.

Toute cette manœuvre s'exécuta avec une force décuplée par l'exaltation frénétique du jeune homme.

Mais une chose était effrayante surtout, c'était la figure de Noirtier, s'avançant vers le lit de Valentine, poussé par Morrel, la figure de Noirtier, en qui l'intelligence déployait toutes ses ressources, dont les yeux réunissaient toute leur puissance pour suppléer aux autres facultés.

Aussi ce visage pâle, au regard enflammé, fut-il pour Villefort une effrayante apparition.

Chaque fois qu'il s'était trouvé en contact avec son père, il s'était toujours passé quelque chose de terrible.

— Voyez ce qu'ils en ont fait ! cria Morrel une main encore appuyée au dossier du fauteuil qu'il venait de pousser jusqu'au lit, et l'autre étendue vers Valentine ; voyez, mon père, voyez !

Villefort recula d'un pas et regarda avec étonnement ce jeune homme qui lui était presque inconnu, et qui appelait Noirtier son père.

En ce moment, toute l'âme du vieillard sembla passer dans ses yeux, qui s'injectèrent de sang.

Puis les veines de son cou se gonflèrent ; une teinte bleuâtre, comme celle qui envahit la peau de l'épileptique, couvrit son cou, ses joues et ses tempes.

Il ne manquait à cette explosion intérieure de tout l'être qu'un cri.

Ce cri sortit pour ainsi dire de tous les pores, effrayant dans son mutisme, déchirant dans son silence.

D'Avrigny se précipita vers le vieillard et lui fit respirer un violent révulsif.

— Monsieur ! s'écria alors Morrel en saisissant la main inerte du paralytique, on demande ce que je suis et quel droit j'ai d'être ici. Oh ! vous qui le savez, dites-le, vous, dites-le !

Et la voix du jeune homme s'éteignit dans les sanglots.

Quant au vieillard, sa respiration haletante secouait sa poitrine.

On eût dit qu'il était en proie à ces agitations qui précèdent l'agonie.

Enfin, les larmes vinrent jaillir des yeux de Noirtier, plus heureux que le jeune homme qui sanglotait sans pleurer.

Sa tête ne pouvant se pencher, ses yeux se fermèrent.

— Dites, continua Morrel d'une voix étranglée, dites que j'étais son fiancé !

Dites qu'elle était ma noble amie, mon seul amour sur la terre !

Dites, dites, dites que ce cadavre m'appartient !

Et le jeune homme, donnant le terrible spectacle d'une grande force qui se brise, tomba lourdement à genoux devant ce lit que ses doigts crispés étreignirent avec violence.

Cette douleur était si poignante, que d'Avrigny se détourna pour cacher son émotion, et que Villefort, sans demander d'autre explication, attiré par ce magnétisme qui nous pousse vers ceux qui ont aimé ceux que nous pleurons, tendit sa main au jeune homme.

Mais Morrel ne voyait rien ; il avait saisi la main glacée de Valentine, et, ne pouvant parvenir à pleurer, il mordait les draps en rugissant.

Pendant quelque temps, on n'entendit dans cette chambre que le conflit des sanglots, des imprécations et de la prière.

Et cependant un bruit dominait tous ceux-là : c'était l'aspiration rauque et déchirante qui semblait, à chaque reprise d'air, rompre un des ressorts de la vie dans la poitrine de Noirtier.

Enfin Villefort, le plus maître de tous, après avoir pour ainsi dire cédé pendant quelque temps sa place à Maximilien, Villefort prit la parole.

— Monsieur, dit-il à Maximilien, vous aimiez Valentine, dites-vous ; vous étiez son fiancé ; j'ignorais cet amour, j'ignorais cet engagement, et cependant, moi, son père, je vous le pardonne ; car, je le vois, votre douleur est grande, réelle et vraie.

D'ailleurs, chez moi aussi la douleur est trop grande pour qu'il reste en mon cœur place pour la colère.

Mais, vous le voyez, l'ange que vous espériez a quitté la terre ; elle n'a plus que faire des adorations des hommes, elle qui, à cette heure, adore le Seigneur ; faites donc vos adieux, monsieur, à la triste dépouille qu'elle a oubliée parmi nous ; prenez une dernière fois sa main que vous attendiez, et séparez-vous d'elle à jamais ; Valentine n'a plus besoin maintenant que du prêtre qui doit la bénir.

— Vous vous trompez ! monsieur, s'écria Morrel

en se relevant sur un genou, le cœur traversé par une douleur plus aiguë qu'aucune de celles qu'il eût encore ressenties; vous vous trompez : Valentine, morte comme elle est morte, a non-seulement besoin d'un prêtre, mais encore d'un vengeur!

Monsieur de Villefort, envoyez chercher le prêtre, moi je serai le vengeur.

— Que voulez-vous dire, monsieur? murmura Villefort, tremblant à cette nouvelle inspiration du délire de Morrel.

— Je veux dire, continua Morrel, qu'il y a deux hommes en vous, monsieur. Le père a assez pleuré; que le procureur du roi commence son office.

Les yeux de Noirtier étincelèrent, d'Avrigny se rapprocha

— Monsieur, continua le jeune homme en recueillant des yeux tous les sentiments qui se révélaient sur les visages des assistants, je sais ce que je dis; et vous savez tout aussi bien que moi ce que je vais dire :

« Valentine est morte assassinée! »

Villefort baissa la tête; d'Avrigny avança d'un pas encore: Noirtier fit oui des yeux.

— Or, monsieur, continua Morrel, au temps où nous vivons, une créature, ne fût-elle pas jeune, ne fût-elle pas belle, ne fût-elle pas adorable comme était Valentine, une créature ne disparaît pas violemment du monde sans que l'on demande compte de sa disparition.

Allons! monsieur le procureur du roi, ajouta Morrel avec une véhémence croissante, pas de pitié! je vous dénonce le crime, cherchez l'assassin!

Et son œil implacable interrogeait Villefort, qui, de son côté, sollicitait du regard tantôt Noirtier, tantôt d'Avrigny.

Mais, au lieu de trouver secours dans son père et dans le docteur, Villefort ne rencontra en eux qu'un regard aussi inflexible que celui de Morrel.

— Oui, fit le vieillard.

— Certes! dit d'Avrigny.

— Monsieur, répliqua Villefort essayant de lutter contre cette triple volonté et contre sa propre émotion; monsieur, vous vous trompez, il ne se commet pas de crimes chez moi; la fatalité me frappe, Dieu m'éprouve : c'est horrible à penser; mais on n'assassine personne!

Les yeux de Noirtier flamboyèrent, d'Avrigny ouvrit la bouche pour parler.

Morrel étendit le bras en commandant le silence.

— Et moi je vous dis que l'on tue ici! s'écria Morrel, dont la voix baissa sans rien perdre de sa vibration terrible.

Je vous dis que voilà la quatrième victime frappée depuis quatre mois!

Je vous dis qu'on avait déjà une fois, il y a quatre jours de cela, essayé d'empoisonner Valentine, et que l'on avait échoué, grâce aux précautions qu'avaient prises M. Noirtier!

Je vous dis que l'on a doublé la dose ou changé la nature du poison, et que cette fois on a réussi!

Je vous dis que vous savez tout cela aussi bien que moi, enfin, puisque monsieur que voilà vous en a prévenu et comme médecin et comme ami.

— Oh! vous êtes en délire, monsieur! dit Villefort essayant vainement de se débattre dans le cercle où il se sentait pris.

— Je suis en délire! s'écria Morrel; eh bien! j'en appelle à M. d'Avrigny lui-même.

Demandez-lui, monsieur, s'il se souvient encore des paroles qu'il a prononcées dans votre jardin, dans le jardin de cet hôtel, le soir même de la mort de madame de Saint-Méran, alors que tous deux, vous et lui, vous croyant seuls, vous vous entreteniez de cette mort tragique, dans laquelle cette fatalité dont vous parlez, et Dieu que vous accusez injustement, ne peuvent être comptés que pour une chose, c'est-à-dire pour avoir créé l'assassin de Valentine!

Villefort et d'Avrigny se regardèrent.

— Oui, oui, rappelez-vous, dit Morrel; car ces paroles, que vous croyiez livrées au silence et à la solitude, sont tombées dans mon oreille.

Certes, ce soir-là, en voyant la coupable complaisance de M. Villefort pour les siens, j'eusse dû tout découvrir à l'autorité; je ne serais pas complice comme je le suis en ce moment de ta mort, Valentine! ma Valentine bien-aimée! mais le complice deviendra le vengeur; ce quatrième meurtre est flagrant et visible aux yeux de tous, et, si ton père t'abandonne, Valentine, c'est moi, c'est moi, je te le jure, qui poursuivrai l'assassin.

Et cette fois, comme si la nature avait enfin pitié de cette vigoureuse organisation prête à se briser par sa propre force, les dernières paroles de Morrel s'éteignirent dans sa gorge; sa poitrine éclata en sanglots, ses larmes, si longtemps rebelles, jaillirent de ses yeux, il s'affaissa sur lui-même, et retomba à genoux pleurant près du lit de Valentine.

Alors ce fut le tour de d'Avrigny.

— Et moi aussi, dit-il d'une voix forte, moi aussi je me joins à M. Morrel pour demander justice du crime; car mon cœur se soulève à l'idée que ma lâche complaisance a encouragé l'assassin!

— O mon Dieu! mon Dieu! murmura Villefort anéanti.

Morrel releva la tête, et, lisant dans les yeux du vieillard, qui lançaient une flamme surnaturelle :

— Tenez, dit-il, tenez, M. Noirtier veut parler.

— Oui, fit Noirtier avec une expression d'autant plus terrible, que toutes les facultés de ce pauvre vieillard impuissant étaient concentrées dans son regard.

— Vous connaissez l'assassin? dit Morrel.

— Oui, répliqua Noirtier.

— Et vous allez nous guider? s'écria le jeune homme. Écoutons! monsieur d'Avrigny, écoutons!

Noirtier adressa au malheureux Morrel un sourire mélancolique, un de ces doux sourires des yeux qui tant de fois avaient rendu Valentine heureuse, et fixa son attention.

Puis, ayant rivé pour ainsi dire les yeux de son interlocuteur aux siens, il les détourna vers la porte.

— Vous voulez que je sorte, monsieur? s'écria douloureusement Morrel.

— Oui, fit Noirtier.

— Hélas! hélas! monsieur; mais ayez donc pitié de moi!

Les yeux du vieillard demeurèrent impitoyablement fixés vers la porte.

— Pourrai-je revenir, au moins? demanda Morrel.

— Oui.

— Dois-je sortir seul?

— Non.

— Qui dois-je emmener avec moi? M. le procureur du roi?

— Non.

— Le docteur?

— Oui.

— Vous voulez rester seul avec M de Villefort?

— Oui.

— Mais pourra-t-il vous comprendre, lui?

— Oui.

— Oh! dit Villefort presque joyeux de ce que l'enquête allait se faire en tête à tête, oh! soyez tranquille, je comprends très-bien mon père.

Et, en disant cela avec cette expression de joie que nous avons signalée, les dents du procureur du roi s'entre-choquaient avec violence.

D'Avrigny prit le bras de Morrel et entraîna le jeune homme dans la chambre voisine.

Il se fit alors dans toute cette maison un silence plus profond que celui de la mort.

Enfin, au bout d'un quart d'heure, un pas chancelant se fit entendre, et Villefort parut sur le seuil du salon où se tenaient d'Avrigny et Morrel, l'un absorbé, l'autre suffoquant.

— Venez, dit-il.

Et il les ramena près du fauteuil de Noirtier.

Morrel, alors, regarda attentivement Villefort.

La figure du procureur du roi était livide; de larges taches couleur de rouille sillonnaient son front.

Entre ses doigts, une plume tordue de mille façons criait en se déchiquetant en lambeaux.

— Messieurs, dit-il d'une voix étranglée à d'A-vrigny et à Morrel, messieurs, votre parole d'honneur que l'horrible secret demeurera enseveli entre nous?

Les deux hommes firent un mouvement.

— Je vous en conjure!... continua Villefort.

— Mais,... dit Morrel, le coupable!... le meurtrier!... l'assassin!...

— Soyez tranquille, monsieur, justice sera faite, dit Villefort.

Mon père m'a révélé le nom du coupable; mon père a soif de vengeance comme vous, et cependant mon père vous conjure, comme moi, de garder le secret du crime.

— N'est-ce pas, mon père?

— Oui, fit résolûment Noirtier.

Morrel laissa échapper un mouvement d'horreur et d'incrédulité.

— Oh! s'écria Villefort en arrêtant Maximilien par le bras, oh! monsieur, si mon père, l'homme inflexible que vous connaissez, vous fait cette demande, c'est qu'il sait que Valentine sera terriblement vengée.

N'est-ce pas, mon père?

Le vieillard fit signe que oui.

Villefort continua.

— Il me connaît, lui, et c'est à lui que j'ai engagé ma parole.

Rassurez-vous donc, messieurs; trois jours, je vous demande trois jours, c'est moins que ne vous demanderait la justice, et, dans trois jours, la vengeance que j'aurai tirée du meurtre de mon enfant fera frissonner jusqu'au fond de leur cœur les plus indifférents des hommes.

N'est-ce pas, mon père?

Et, en disant ces paroles, il grinçait des dents et secouait la main engourdie du vieillard.

— Tout ce qui est promis sera-t-il tenu, monsieur Noirtier? demanda Morrel, tandis que d'Avrigny interrogeait du regard.

— Oui, fit Noirtier avec un regard de sinistre joie.

— Jurez donc, messieurs, dit Villefort en joignant les mains de d'Avrigny et de Morrel, jurez que vous aurez pitié de l'honneur de ma maison, et que vous me laisserez le soin de le venger?

D'Avrigny se détourna et murmura un oui bien faible; mais Morrel arracha sa main de celles du magistrat, se précipita vers le lit, imprima ses lèvres sur les lèvres glacées de Valentine, et s'enfuit avec le long gémissement d'une âme qui s'engloutit dans le désespoir.

Nous avons dit que tous les domestiques avaient disparu.

M. de Villefort fut donc forcé de prier d'Avrigny de se charger des démarches, si nombreuses et si délicates, qu'entraîne la mort dans nos grandes villes, et surtout la mort accompagnée de circonstances aussi suspectes.

Il s'enfuit avec le long gémissement d'une âme qui s'engloutit dans le désespoir. — Page 20.

Quant à Noirtier, c'était quelque chose de terrible à voir que cette douleur sans mouvement, que ce désespoir sans gestes, que ces larmes sans voix.

Villefort rentra dans son cabinet; d'Avrigny alla chercher le médecin de la mairie, qui remplit les fonctions d'inspecteur après décès, et que l'on nomme assez énergiquement le médecin des morts.

Noirtier ne voulut point quitter sa fille.

Au bout d'une demi-heure, M. d'Avrigny revint avec son confrère.

On avait fermé les portes de la rue, et, comme le concierge avait disparu avec les autres serviteurs, ce fut Villefort lui-même qui alla ouvrir.

Mais il s'arrêta sur le palier, il n'avait plus le courage d'entrer dans la chambre mortuaire.

Les deux docteurs pénétrèrent donc seuls jusqu'à Valentine.

Noirtier était près du lit, pâle comme la morte, immobile et muet comme elle.

Le médecin des morts s'approcha avec l'indifférence de l'homme qui passe la moitié de sa vie avec les cadavres, souleva le drap qui recouvrait la jeune fille, et entr'ouvrit seulement les lèvres.

— Oh! dit d'Avrigny en soupirant, pauvre jeune fille! elle est bien morte, allez.

— Oui, répondit laconiquement le médecin en laissant retomber le drap qui couvrait le visage de Valentine.

Noirtier fit entendre un sourd râlement.

D'Avrigny se retourna, les yeux du vieillard étincelaient.

Le bon docteur comprit que Noirtier réclamait la vue de son enfant.

Il se rapprocha du lit, et, tandis que le médecin des morts trempait dans de l'eau chlorurée les doigts qui avaient touché les lèvres de la trépassée, il découvrit ce calme et pâle visage qui semblait celui d'un ange endormi.

Une larme qui reparut au coin de l'œil de Noirtier fut le remercîment que reçut le bon docteur.

Le médecin des morts dressa son procès-verbal sur le coin d'une table, dans la chambre même de Valentine, et, cette formalité suprême accomplie, sortit reconduit par le docteur.

Villefort les entendit descendre et reparut à la porte de son cabinet.

En quelques mots il remercia le médecin, et, se retournant vers d'Avrigny :

— Et maintenant, dit-il, le prêtre?

— Avez-vous un ecclésiastique que vous désirez plus particulièrement charger de prier près de Valentine? demanda d'Avrigny.

— Non, dit Villefort, allez chez le plus proche.

— Le plus proche, dit le médecin, est un bon abbé italien qui est venu demeurer dans la maison voisine de la vôtre. Voulez-vous que je le prévienne en passant?

— D'Avrigny, dit Villefort, veuillez, je vous prie, accompagner monsieur. Voici la clef, pour que vous puissiez entrer et sortir à volonté. Vous ramènerez le prêtre, et vous vous chargerez de l'installer dans la chambre de ma pauvre enfant.

— Désirez-vous lui parler, mon ami?

— Je désire être seul. Vous m'excuserez, n'est-ce pas? Un prêtre doit comprendre toutes les douleurs, même la douleur paternelle.

Et M. de Villefort, donnant un passe-partout à d'Avrigny, salua une dernière fois le docteur étranger et rentra dans son cabinet, où il se mit à travailler.

Pour certaines organisations, le travail est le remède à toutes les douleurs.

Au moment où ils descendaient dans la rue, ils aperçurent un homme vêtu d'une soutane qui se tenait sur le seuil de la porte voisine.

— Voici celui dont je vous parlais, dit le médecin des morts à d'Avrigny.

D'Avrigny aborda l'ecclésiastique.

— Monsieur, lui dit-il, seriez-vous disposé à rendre un grand service à un malheureux père qui vient de perdre sa fille, à M. le procureur du roi Villefort?

— Ah! monsieur, répondit le prêtre avec un accent italien des plus prononcés, oui, je sais, la mort est dans sa maison.

— Alors je n'ai point à vous apprendre quel genre de service il ose attendre de vous.

— J'allais aller m'offrir, monsieur, dit le prêtre; c'est notre mission d'aller au-devant de nos devoirs.

— C'est une jeune fille.

— Oui, je sais cela, je l'ai appris des domestiques, que j'ai vus fuyant la maison. J'ai su qu'elle s'appelait Valentine, et j'ai déjà prié pour elle.

— Merci, merci, monsieur, dit d'Avrigny, et, puisque vous avez déjà commencé d'exercer votre saint ministère, daignez le continuer. Venez vous asseoir près de la morte, et toute une famille plongée dans le deuil vous sera bien reconnaissante.

— J'y vais, monsieur, répondit l'abbé, et j'ose dire que jamais prières ne seront plus ardentes que les miennes.

D'Avrigny prit l'abbé par la main, et, sans rencontrer Villefort, enfermé dans son cabinet, il le conduisit jusqu'à la chambre de Valentine, dont les ensevelisseurs devaient s'emparer seulement la nuit suivante.

En entrant dans la chambre, le regard de Noirtier avait rencontré celui de l'abbé, et sans doute il crut y lire quelque chose de particulier, car il ne le quitta plus.

D'Avrigny recommanda au prêtre non-seulement la morte, mais le vivant, et le prêtre promit à d'Avrigny de donner ses prières à Valentine et ses soins à Noirtier.

L'abbé s'y engagea solennellement, et, sans doute pour n'être pas dérangé dans ses prières, et pour que Noirtier ne fût pas dérangé dans sa douleur, il alla, dès que M. d'Avrigny eut quitté la chambre, fermer non-seulement les verrous de la porte par laquelle le docteur venait de sortir, mais encore les verrous de celle qui conduisait chez madame de Villefort.

CHAPITRE V.

LA SIGNATURE DANGLARS.

e jour du lendemain se leva triste et nuageux. Les ensevelisseurs avaient, pendant la nuit, accompli leur funèbre office, et cousu le corps déposé sur le lit dans le suaire qui drape lugubrement les trépassés en leur prêtant, quelque chose qu'on dise de l'égalité devant la mort, un dernier témoignage du luxe qu'ils aimaient pendant leur vie.

Ce suaire n'était autre chose qu'une pièce de magnifique batiste que la jeune fille avait achetée quinze jours auparavant.

Dans la soirée, des hommes appelés à cet effet avaient transporté Noirtier de la chambre de Valentine dans la sienne, et, contre toute attente, le vieillard n'avait fait aucune difficulté de s'éloigner du corps de son enfant

L'abbé Busoni avait veillé jusqu'au jour, et, au jour, il s'était retiré chez lui sans appeler personne.

Vers huit heures du matin, d'Avrigny était revenu.

Il avait rencontré Villefort qui passait chez Noirtier, et il l'avait accompagné pour savoir comment le vieillard avait passé la nuit.

Ils le trouvèrent dans le grand fauteuil qui lui servait de lit, reposant d'un sommeil doux et presque souriant.

Tous deux s'arrêtèrent étonnés sur le seuil.

— Voyez, dit d'Avrigny à Villefort, qui regardait son père endormi, voyez, la nature sait calmer les plus vives douleurs. Certes, on ne dira pas que M. Noirtier n'aimait pas sa petite-fille, il dort cependant.

— Oui, et vous avez raison, répondit Villefort avec surprise; il dort, et c'est bien étrange, car la moindre contrariété le tient éveillé des nuits entières.

— La douleur l'a terrassé, répliqua d'Avrigny.

Et tous deux regagnèrent pensifs le cabinet du procureur du roi.

— Tenez, moi je n'ai pas dormi, dit Villefort en montrant à d'Avrigny son lit intact; la douleur ne me terrasse pas, moi, il y a deux nuits que je ne me suis couché. Mais, en échange, voyez mon bureau : ai-je écrit, mon Dieu! pendant ces deux jours et ces deux nuits!... ai-je fouillé ce dossier, ai-je annoté cet acte d'accusation de l'assassin Benedetto!... O travail! travail ma passion, ma joie, ma rage, c'est à toi de terrasser toutes mes douleurs.

Et il serra convulsivement la main de d'Avrigny.

— Avez-vous besoin de moi? demanda le docteur.

— Non, dit Villefort; seulement, revenez à onze heures, je vous prie; c'est à midi qu'a lieu... le départ... Mon Dieu! ma pauvre enfant! ma pauvre enfant!

Et le procureur du roi, redevenant homme, leva les yeux au ciel et poussa un soupir.

— Vous tiendrez-vous donc au salon de réception?

— Non, j'ai un cousin qui se charge de ce triste honneur. Moi, je travaillerai, docteur; quand je travaille, tout disparaît.

En effet, le docteur n'était point à la porte que déjà le procureur du roi s'était remis au travail.

Sur le perron, d'Avrigny rencontra ce parent dont lui avait parlé Villefort, personnage insignifiant dans cette histoire comme dans la famille, un de ces êtres voués en naissant à jouer le rôle d'utilité dans le monde.

Il était ponctuel, vêtu de noir, avait un crêpe au bras, et s'était rendu chez son cousin avec une figure qu'il s'était faite, qu'il comptait garder que besoin serait, et quitter ensuite.

A onze heures, les voitures funèbres roulèrent sur le pavé de la cour, et la rue du Faubourg-Saint Honoré s'emplit des murmures de la foule égale-

Peu à peu le salon mortuaire s'emplit.

ment avide des joies ou du deuil des riches, et qui court à un enterrement pompeux avec la même hâte qu'à un mariage de duchesse.

Peu à peu le salon mortuaire s'emplit, et l'on vit arriver d'abord une partie de nos anciennes connaissances, c'est-à-dire Debray, Château-Renaud, Beauchamp, puis toutes les illustrations du parquet, de la littérature et de l'armée, car M. de Villefort occupait, moins encore par sa position sociale que par son mérite personnel, un des premiers rangs dans le monde parisien

Le cousin se tenait à la porte et faisait entrer

tout le monde, et c'était pour les indifférents un grand soulagement, il faut le dire, que de voir là une figure indifférente, qui n'exigeait point des conviés une physionomie menteuse ou de fausses larmes, comme eussent fait un père, un frère ou un fiancé.

Ceux qui se connaissaient s'appelaient du regard et se réunissaient en groupes.

Un de ces groupes était composé de Debray, de Château-Renaud et de Beauchamp.

— Pauvre jeune fille ! dit Debray, payant, comme chacun au reste le faisait malgré soi, un tribut à ce

—Cinq millions! peste! comme vous y allez, seigneur Crésus! — PAGE 27.

douloureux événement; pauvre jeune fille! si riche! si belle! Eussiez-vous pensé cela, Château-Renaud, quand nous vînmes, il y a combien?... trois semaines ou un mois tout au plus, pour signer ce contrat qui ne fut pas signé?

— Ma foi non, dit Château-Renaud.

— La connaissiez-vous?

— J'avais causé une fois ou deux avec elle au bal de madame de Morcerf; elle m'avait paru charmante, quoique d'un esprit un peu mélancolique. Où est la belle-mère? savez-vous?

— Elle est allée passer la journée avec la femme de ce digne monsieur qui nous reçoit.

— Qu'est-ce que c'est ça?

— Qui, ça?

— Le monsieur qui nous reçoit. Un député?

— Non, dit Beauchamp; je suis condamné à voir nos honorables tous les jours, et sa tête m'est inconnue.

— Avez-vous parlé de cette mort dans votre journal?

— L'article n'est pas de moi, mais on en a parlé;

je doute même qu'il soit agréable à M. de Villefort. Il est dit, je crois, que, si quatre morts successives avaient eu lieu autre part que dans la maison de M. le procureur du roi, M. le procureur du roi s'en fût certes plus ému.

— Au reste, dit Château-Renaud, le docteur d'Avrigny, qui est le médecin de ma mère, le prétend fort désespéré.

— Mais qui cherchez-vous donc, Debray?

— Je cherche M. de Monte-Christo, répondit le jeune homme.

— Je l'ai rencontré sur le boulevard en venant ici. Je le crois sur son départ, il allait chez son banquier, dit Beauchamp.

— Chez son banquier? Son banquier n'est-ce pas Danglars? demanda Château-Renaud à Debray.

— Je crois que oui, répondit le secrétaire intime avec un léger trouble; mais M. de Monte-Christo n'est pas le seul qui manque ici. Je ne vois pas Morrel.

— Morrel! est-ce qu'il les connaissait? demanda Château-Renaud. Je crois qu'il avait été présenté à madame de Villefort seulement.

— N'importe, il aurait dû venir, dit Debray; de quoi causera-t-il ce soir? cet enterrement, c'est la nouvelle de la journée! mais, chut! taisons-nous, voici M. le ministre de la justice et des cultes, il va se croire obligé de faire son petit *speech* au cousin larmoyant.

Et les trois jeunes gens se rapprochèrent de la porte pour entendre le petit *speech* de M. le ministre de la justice et des cultes.

Beauchamp avait dit vrai.

En se rendant à l'invitation mortuaire, il avait rencontré Monte-Christo, qui, de son côté, se dirigeait vers l'hôtel de Danglars, rue de la Chaussée-d'Antin.

Le banquier avait, de sa fenêtre, aperçu la voiture du comte entrant dans la cour, et il était venu au-devant de lui avec un visage attristé, mais affable.

— Eh bien! comte, dit-il en tendant la main à Monte-Christo, vous venez me faire vos compliments de condoléances. En vérité, le malheur est dans ma maison; c'est au point que lorsque je vous ai aperçu je m'interrogeais moi-même pour savoir si je n'avais pas souhaité malheur à ces pauvres Morcerf, ce qui eût justifié le proverbe : « Qui mal veut, mal lui arrive. » Eh bien! sur ma parole, non, je ne souhaitais pas de mal à Morcerf; il était peut-être un peu orgueilleux pour un homme parti de rien, comme moi, se devant tout à lui-même, comme moi; mais chacun a ses défauts. Ah! tenez-vous bien, comte, les gens de notre génération... Mais pardon, vous n'êtes pas de notre génération, vous, vous êtes un jeune homme... Les gens de notre génération ne sont point heureux cette année : témoin

notre puritain de procureur du roi, témoin Villefort, qui vient encore de perdre sa fille. Ainsi, récapitulez : Villefort, comme nous disions, perdant toute sa famille d'une façon étrange; Morcerf déshonoré et tué; moi, couvert de ridicule par la scélératesse de ce Benedetto, puis...

— Puis quoi? demanda le comte.

— Hélas! vous l'ignorez donc?

— Quelque nouveau malheur?

— Ma fille...

— Mademoiselle Danglars?

— Eugénie nous quitte.

— O mon Dieu! que me dites-vous là?

— La vérité, mon cher comte. Mon Dieu! que vous êtes heureux de n'avoir ni femme, ni enfants, vous!

— Vous trouvez?

— Ah! mon Dieu!

— Et vous dites que mademoiselle Eugénie...

— Elle n'a pu supporter l'affront que nous a fait ce misérable, et m'a demandé la permission de voyager.

— Et elle est partie?

— L'autre nuit.

— Avec madame Danglars?

— Non, avec une parente.... Mais nous ne la perdrons pas moins, cette chère Eugénie, car je doute qu'avec le caractère que je lui connais elle consente jamais à revenir en France?

— Que voulez-vous, mon cher baron? dit Monte-Christo, chagrins de famille, chagrins qui seraient écrasants pour un pauvre diable dont l'enfant serait toute sa fortune, mais supportables pour un millionnaire. Les philosophes ont beau dire, les hommes pratiques leur donneront toujours un démenti là-dessus : l'argent console de bien des choses; et vous, vous devez être plus vite consolé que qui que ce soit, si vous admettez la vertu de ce baume souverain; vous, le roi de la finance, le point d'intersection de tous les pouvoirs

Danglars lança un coup d'œil oblique au comte, pour voir s'il raillait ou s'il parlait sérieusement.

— Oui, dit-il, le fait est que, si la fortune console, je dois être consolé : je suis riche.

— Si riche, mon cher baron, que votre fortune ressemble aux Pyramides; voulût-on les démolir, on n'oserait; osât-on, l'on ne pourrait.

Danglars sourit de cette confiante bonhomie du comte.

— Cela me rappelle, dit-il, que, lorsque vous êtes entré, j'étais en train de faire cinq petits bons; j'en avais déjà signé deux; voulez-vous me permettre de faire les trois autres.

— Faites, mon cher baron, faites.

Il y eut un instant de silence, pendant lequel on entendit crier la plume du banquier, tandis que

Monte-Christo regardait les moulures dorées du plafond.

— Des bons d'Espagne, dit Monte-Christo, des bons d'Haïti, des bons de Naples?

— Non, dit Danglars en riant de son rire suffisant, des bons au porteur, des bons sur la Banque de France. Tenez, ajouta-t-il, monsieur le comte, vous qui êtes l'empereur de la finance, comme j'en suis le roi, avez-vous vu beaucoup de chiffons de papier de cette grandeur-là valoir chacun un million?

Monte-Christo prit dans sa main, comme pour les peser, les cinq chiffons de papier que lui présentait orgueilleusement Danglars, et lut :

« Plaise à M. le régent de la Banque de faire payer à mon ordre, et sur les fonds déposés par moi, la somme d'un million, valeur en compte,

« Baron Danglars. »

— Un, deux, trois, quatre, cinq, fit Monte-Christo ; cinq millions! peste! comme vous y allez, seigneur Crésus!

— Voilà comme je fais les affaires, moi! dit Danglars.

— C'est merveilleux, si surtout, comme je n'en doute pas, cette somme est payée comptant.

— Elle le sera, dit Danglars.

— C'est beau d'avoir un pareil crédit; en vérité, il n'y a qu'en France qu'on voie de ces choses-là : cinq chiffons de papier valant cinq millions ; et il faut le voir pour le croire.

— Vous en doutez?

— Non.

— Vous dites cela avec un accent... Tenez, donnez-vous-en le plaisir : conduisez mon commis à la Banque, et vous l'en verrez sortir avec des bons du Trésor pour la même somme.

— Non, dit Monte-Christo pliant les cinq billets, ma foi non, la chose est trop curieuse, et j'en ferai l'expérience moi-même. Mon crédit chez vous était de six millions, j'ai pris neuf cent mille francs, c'est cinq millions cent mille francs que vous restez me devoir. Je prends vos cinq chiffons de papier que je tiens pour bons à la seule vue de votre signature, et voici un reçu général de six millions qui régularise notre compte. Je l'avais préparé d'avance, car il faut vous dire que j'ai fort besoin d'argent aujourd'hui.

Et, d'une main, Monte-Christo mit les cinq billets dans sa poche, tandis que de l'autre il tendait son reçu au banquier.

La foudre tombant aux pieds de Danglars ne l'eût pas écrasé d'une terreur plus grande.

— Quoi! balbutia-t-il, quoi, monsieur le comte, vous prenez cet argent? Mais, pardon, pardon, c'est de l'argent que je dois aux hospices, un dépôt, et j'avais promis de payer ce matin.

— Ah! dit Monte-Christo, c'est différent. Je ne tiens pas précisément à ces cinq billets, payez-moi en autres valeurs ; c'était par curiosité que j'avais pris celles-ci, afin de pouvoir dire de par le monde, que, sans avis aucun, sans me demander cinq minutes de délai, la maison Danglars m'avait payé cinq millions comptant! c'eût été remarquable! Mais voici vos valeurs ; je vous le répète, donnez-m'en d'autres.

Et il tendait les cinq effets à Danglars, qui, livide, allongea d'abord la main, ainsi qu'un vautour allonge la griffe par les barreaux de sa cage pour retenir la chair qu'on lui enlève.

Tout à coup il se ravisa, fit un effort violent et se contint.

Puis, on le vit sourire, arrondir peu à peu les traits de son visage bouleversé.

— Au fait, dit-il, votre reçu, c'est de l'argent.

— Oh! mon Dieu, oui! et, si vous étiez à Rome, sur mon reçu, la maison Thomson et French ne ferait pas plus de difficulté de vous payer que vous n'en avez fait vous-même.

— Pardon, monsieur le comte, pardon!

— Je puis donc garder cet argent?

— Oui, dit Danglars en essuyant la sueur qui perlait à la racine de ses cheveux, gardez, gardez.

Monte-Christo remit les cinq billets dans sa poche avec cet intraduisible mouvement de physionomie qui veut dire :

— Dame! réfléchissez ; si vous vous repentez, il est encore temps.

— Non, dit Danglars, non, décidément, gardez mes signatures. Mais, vous le savez, rien n'est formaliste comme un homme d'argent ; je destinais cet argent aux hospices, et j'eusse cru les voler en ne leur donnant pas précisément celui-là, comme si un écu n'en valait pas un autre. Excusez!

Et il se mit à rire bruyamment, mais des nerfs.

— J'excuse, répondit gracieusement Monte-Christo, et j'empoche.

Et il plaça les bons dans son portefeuille.

— Mais, dit Danglars, nous avons une somme de cent mille francs?

— Oh! bagatelle, dit Monte-Christo. L'agio doit monter à peu près à cette somme ; gardez-la, et nous serons quittes.

— Comte, dit Danglars, parlez-vous sérieusement?

— Je ne ris jamais avec les banquiers, répliqua Monte-Christo avec un sérieux qui frisait l'impertinence.

Et il s'achemina vers la porte, juste au moment où le valet de chambre annonçait :

Monte-Christo échangea un cérémonieux salut avec M. de Boville.

— M. de Boville, receveur général des hospices.

— Ma foi, dit Monte-Christo, il paraît que je suis arrivé à temps pour jouir de vos signatures, on se les dispute.

Danglars pâlit une seconde fois, et se hâta de prendre congé du comte.

Le comte de Monte-Christo échangea un cérémonieux salut avec M. de Boville, qui se tenait debout dans le salon d'attente, et qui, M. de Monte-Christo passé, fut immédiatement introduit dans le cabinet de M. Danglars.

On eût pu voir le visage si sérieux du comte s'illuminer d'un éphémère sourire à l'aspect du porte-feuille que tenait à la main M. le receveur des hospices.

A la porte, il retrouva sa voiture, et se fit conduire sur-le-champ à la Banque.

Pendant ce temps, Danglars, comprimant toute émotion, venait à la rencontre du receveur général.

Il va sans dire que le sourire et la gracieuseté étaient stéréotypés sur ses lèvres.

Ils se serrèrent la main — PAGE 31.

— Bonjour, dit-il, mon cher créancier, car je gagerais que c'est le créancier qui m'arrive.

— Vous avez deviné juste, monsieur le baron, dit M. de Boville, les hospices se présentent à vous dans ma personne; les veuves et les orphelins viennent, par mes mains, vous demander une aumône de cinq millions.

— Et l'on dit que les orphelins sont à plaindre! dit Danglars en prolongeant la plaisanterie; pauvres enfants!

— Me voici donc venu en leur nom, dit M. de Boville. Vous avez dû recevoir ma lettre hier?

— Oui.

— Me voici avec mon reçu.

— Mon cher monsieur de Boville, dit Danglars, vos veuves et vos orphelins auront, si vous le voulez bien, la bonté d'attendre vingt-quatre heures, attendu que M. de Monte-Christo, que vous venez de voir sortir d'ici... vous l'avez vu, n'est-ce pas?

— Oui; eh bien?

— Eh bien! M. de Monte-Christo emportait leurs cinq millions!

— Comment cela?

— Le comte avait un crédit illimité sur moi, crédit ouvert par la maison Thomson et French, de Rome. Il est venu me demander une somme de cinq millions d'un seul coup, je lui ai donné un bon sur la Banque : c'est là que sont déposés mes fonds; et, vous comprenez, je craindrais, en retirant des mains de M. le régent dix millions le même jour, que cela ne lui parût bien étrange.

En deux jours, ajouta Danglars en souriant, je ne dis pas.

— Allons donc! s'écria M. de Boville avec le ton de la plus complète incrédulité; cinq millions à ce monsieur qui sortait tout à l'heure, et qui m'a salué en sortant, comme si je le connaissais?

— Peut-être vous connaît-il sans que vous le connaissiez, vous. M. de Monte-Christo connaît tout le monde.

— Cinq millions!

— Voilà son reçu. Faites comme saint Thomas : voyez et touchez.

M. de Boville prit le papier que lui présentait Danglars, et lut

« Reçu de M. le baron Danglars la somme de cinq millions cent mille francs, dont il se remboursera à volonté sur la maison Thomson et French, de Rome. »

— C'est ma foi vrai! dit celui-ci.

— Connaissez-vous la maison Thomson et French?

— Oui, dit M. de Boville, j'ai fait autrefois une affaire de deux cent mille francs avec elle; mais je n'en ai pas entendu parler depuis.

— C'est une des meilleures maisons d'Europe, dit Danglars en rejetant négligemment sur son bureau le reçu qu'il venait de prendre des mains de M. de Boville.

— Et il avait comme cela cinq millions, rien que sur vous; ah çà! mais c'est donc un nabab que ce comte de Monte-Christo?

— Ma foi! je ne sais pas ce que c'est; mais il avait trois crédits illimités : un sur moi, un sur Rothschild, un sur Laffitte, et, ajouta négligemment Danglars, comme vous voyez, il m'a donné la préférence en me laissant cent mille francs pour l'agio.

M. de Boville donna tous les signes de la plus grande admiration.

— Il faudra que je l'aille visiter, dit-il, et que j'obtienne quelque fondation pieuse pour nous.

— Oh! c'est comme si vous la teniez; ses aumônes seules montent à plus de vingt mille francs par mois.

— C'est magnifique; d'ailleurs, je lui citerai l'exemple de madame de Morcerf et de son fils.

— Quel exemple?

— Ils ont donné toute leur fortune aux hospices.

— Quelle fortune?

— Leur fortune, celle du général de Morcerf, du défunt.

— Et à quel propos?

— A propos qu'ils ne voulaient pas d'un bien si misérablement acquis.

— De quoi vont-ils vivre?

— La mère se retire en province et le fils s'engage.

— Tiens! tiens! dit Danglars, en voilà des scrupules!

— J'ai fait enregistrer l'acte de donation hier.

— Et combien possédaient-ils?

— Oh! pas grand'chose, douze à treize cent mille francs. Mais, revenons à nos millions.

— Volontiers, dit Danglars le plus naturellement du monde; vous êtes donc bien pressé de cet argent?

— Mais oui; la vérification de nos caisses se fait demain.

— Demain! Que ne disiez-vous cela tout de suite, mais c'est un siècle, demain! A quelle heure cette vérification?

— A deux heures.

— Envoyez à midi, dit Danglars avec son sourire.

M. de Boville ne répondait pas grand'chose.

Il faisait oui de la tête, et remuait son portefeuille.

— Eh! mais j'y songe, dit Danglars, faites mieux.

— Que voulez-vous que je fasse?

— Le reçu de M. de Monte-Christo vaut de l'argent; passez ce reçu chez Rothschild ou chez Laffitte; ils vous le prendront à l'instant même.

— Quoique remboursable sur Rome?

— Certainement; il vous en coûtera seulement un escompte de cinq à six mille francs.

Le receveur fit un bond en arrière.

— Ma foi non, j'aime mieux attendre à demain. Comme vous y allez!

— J'ai cru un instant, pardonnez-moi, dit Danglars avec une suprême impudence, j'ai cru que vous aviez un petit déficit à combler.

— Ah! fit le receveur.

— Écoutez, cela s'est vu, et, dans ce cas, on fait un sacrifice.

— Dieu merci! non, dit M. de Boville.

— Alors, à demain; n'est-ce pas, mon cher receveur?

— Oui, à demain; mais sans faute?

— Ah çà! mais vous riez! A midi, envoyez, et la Banque sera prévenue.

— Je viendrai moi-même.

— Mieux encore, puisque cela me procurera le plaisir de vous voir.

Ils se serrèrent la main.

— A propos, dit M. de Boville, n'allez-vous donc point à l'enterrement de cette pauvre mademoiselle de Villefort, que j'ai rencontré sur le boulevard ?

— Non, dit le banquier, je suis encore un peu ridicule depuis l'affaire de Benedetto, et je fais un plongeon.

— Bah! vous avez tort : est-ce qu'il y a de votre faute dans tout cela?

— Écoutez, mon cher receveur, quand on porte un nom sans tache comme le mien, on est susceptible.

— Tout le monde vous plaint, soyez-en persuadé, et, surtout, tout le monde plaint mademoiselle votre fille.

— Pauvre Eugénie! fit Danglars avec un profond soupir. Vous savez qu'elle entre en religion, monsieur ?

— Non.

— Helas! ce n'est malheureusement que trop vrai. Le lendemain de l'événement, elle s'est décidée à partir avec une religieuse de ses amies : elle va chercher un couvent bien sévère en Italie ou en Espagne.

— Oh ! c'est terrible !

Et M. de Boville se retira sur cette exclamation, en faisant au père mille compliments de condoléance.

Mais il ne fut pas plutôt dehors, que Danglars, avec une énergie de geste que comprendront ceux-là seulement qui ont vu représenter Robert Macaire par Frédérick, s'écria

— Imbécile!!!

Et serrant la quittance de Monte-Christo dans un petit portefeuille :

— Viens à midi, ajouta-t-il; à midi, je serai loin.

Puis il s'enferma à double tour, vida tous les tiroirs de sa caisse, réunit une cinquantaine de mille francs en billets de banque, brûla différents papiers, en mit d'autres en évidence, et commença d'écrire une lettre qu'il cacheta, et sur laquelle il mit pour suscription ·

« A madame la baronne Danglars. »

— Ce soir, murmura-t-il, je la placerai moi-même sur sa toilette.

Puis, tirant un passe-port de son tiroir :

— Bon, dit-il, il est encore valable pour deux mois.

C'était Morrel qui s'était adossé à un arbre situé sur un tertre dominant le mausolée. — PAGE 54.

CHAPITRE VI.

LE CIMETIÈRE DU PÈRE-LACHAISE.

onsieur de Boville avait, en effet, rencontré le convoi funèbre qui conduisait Valentine à sa dernière demeure.

Le temps était sombre et nuageux; un vent tiède encore, mais déjà mortel pour les feuilles jaunies, les arrachait aux branches peu à peu dépouillées et les faisait tourbillonner sur la foule immense qui encombrait les boulevards.

M. de Villefort, Parisien pur, regardait le cimetière du Père-Lachaise comme le seul digne de recevoir la dépouille mortelle d'une famille parisienne; les autres lui paraissaient des cimetières de campagne, des hôtels garnis de la mort.

Au Père-Lachaise seulement, un trépassé de bonne compagnie pouvait être logé chez lui.

Morrel courba son front jusque sur la pierre et murmura : « Oh ! Valentine ! » — Page 55.

Il avait acheté là, comme nous l'avons vu, la concession à perpétuité sur laquelle s'élevait le monument peuplé si promptement par tous les membres de sa première famille.

On lisait sur le fronton du mausolée : FAMILLE SAINT-MÉRAN ET VILLEFORT ; car tel avait été le dernier vœu de la pauvre Renée, mère de Valentine.

C'était donc vers le Père-Lachaise que s'acheminait le pompeux cortége parti du faubourg Saint-Honoré.

On traversa tout Paris, on prit le faubourg du Temple, puis les boulevards extérieurs jusqu'au cimetière.

Plus de cinquante voitures de maîtres suivaient vingt voitures de deuil, et, derrière ces cinquante voitures, plus de cinq cents personnes encore marchaient à pied.

C'étaient presque tous des jeunes gens que la mort de Valentine avaient frappés d'un coup de foudre, et qui, malgré la vapeur glaciale du siècle et le prosaïsme de l'époque, subissaient l'influence poétique de cette belle, de cette chaste, de cette adorable jeune fille enlevée en sa fleur.

A la sortie de Paris, on vit arriver un rapide attelage de quatre chevaux qui s'arrêtèrent soudain en roidissant leurs jarrets nerveux comme des ressors d'acier : c'était M. de Monte-Christo.

Le comte descendit de sa calèche et vint se mêler à la foule qui suivait à pied le char funéraire.

Château-Renaud l'aperçut; il descendit aussitôt de son coupé et vint se joindre à lui.

Beauchamp quitta de même le cabriolet de remise dans lequel il se trouvait.

Le comte regardait attentivement par tous les interstices que laissait la foule; il cherchait visiblement quelqu'un.

Enfin, il n'y tint pas.

— Où est Morrel? demanda-t-il. Quelqu'un de vous, messieurs, sait-il où il est?

— Nous nous sommes déjà fait cette question à la maison mortuaire, dit Château-Renaud; car personne de nous ne l'a aperçu.

Le comte se tut, mais continua à regarder autour de lui.

Enfin, on arriva au cimetière.

L'œil perçant de Monte-Christo sonda tout d'un coup les bosquets d'ifs et de pins, et bientôt il perdit toute inquiétude : une ombre avait glissé sous les noires charmilles, et Monte-Christo venait sans doute de reconnaître ce qu'il cherchait.

On sait ce que c'est qu'un enterrement dans cette magnifique nécropole : des groupes noirs et disséminés dans les blanches allées, le silence du ciel et de la terre, troublé par l'éclat de quelques branches rompues, de quelque haie enfoncée autour d'une tombe; puis le chant mélancolique des prêtres, auquel se mêle çà et là un sanglot échappé d'une touffe de fleurs, sous laquelle on voit quelque femme, abîmée et les mains jointes.

L'ombre qu'avait remarquée Monte-Christo traversa rapidement le quinconce jeté derrière la tombe d'Héloïse et d'Abeilard, vint se placer, avec les valets de la mort, à la tête des chevaux qui traînaient le corps, et du même pas parvint à l'endroit choisi pour la sépulture.

Chacun regardait quelque chose.

Monte-Christo ne regardait que cette ombre à peine remarquée de ceux qui l'avoisinaient.

Deux fois le comte sortit des rangs pour voir si les mains de cet homme ne cherchaient pas quelque arme cachée sous ses habits.

Cette ombre, quand le cortège s'arrêta, fut reconnue pour être Morrel, qui, avec sa redingote noire boutonnée jusqu'en haut, son front livide, ses joues creusées, son chapeau froissé par ses mains convulsives, s'était adossé à un arbre situé sur un tertre dominant le mausolée, de manière à ne perdre aucun des détails de la funèbre cérémonie qui allait s'accomplir.

Tout se passa selon l'usage.

Quelques hommes, et, comme toujours, c'étaient les moins impressionnés, quelques hommes prononcèrent des discours.

Les uns plaignaient cette mort prématurée, les autres s'étendaient sur la douleur de son père.

Il y en eut d'assez ingénieux pour trouver que cette jeune fille avait plus d'une fois sollicité M. de Villefort pour les coupables sur la tête desquels il tenait suspendu le glaive de la justice.

Enfin, on épuisa les métaphores fleuries et les périodes douloureuses, en commentant de toute façon les stances de Malherbe à Dupérier.

Monte-Christo n'écoutait rien, ne voyait rien, ou plutôt il ne voyait que Morrel, dont le calme et l'immobilité formaient un spectacle effrayant pour celui qui seul pouvait lire ce qui se passait au fond du cœur du jeune officier.

— Tiens, dit tout à coup Beauchamp à Debray, voilà Morrel! Où diable s'est-il fourré là!

Et ils le firent remarquer à Château-Renaud.

— Comme il est pâle! dit celui-ci en tressaillant.

— Il a froid, répliqua Debray.

— Non pas, dit lentement Château-Renaud; je crois, moi, qu'il est ému. C'est un homme très-impressionnable que Maximilien.

— Bah! dit Debray, à peine s'il connaissait mademoiselle de Villefort... Vous l'avez dit vous-même.

— C'est vrai. Cependant je me rappelle qu'à ce bal chez madame de Morcerf il a dansé trois fois avec elle; vous savez, comte, à ce bal où vous produisîtes tant d'effet.

— Non, je ne sais pas, répondit Monte-Christo, sans savoir même à quoi ni à qui il répondait, occupé qu'il était de surveiller Morrel, dont les joues s'animaient comme il arrive à ceux qui compriment ou retiennent leur respiration.

— Les discours sont finis : adieu, messieurs, dit brusquement le comte.

Et il donna le signal du départ en disparaissant, sans que l'on sût par où il était passé.

La fête mortuaire était terminée, les assistants reprirent le chemin de Paris.

Château-Renaud seul chercha un instant Morrel des yeux; mais, tandis qu'il avait suivi du regard le comte qui s'éloignait, Morrel avait quitté sa place, et Château-Renaud, après l'avoir cherché vainement, avait suivi Debray et Beauchamp.

Monte-Christo s'était jeté dans un taillis, et, caché derrière une large tombe, il guettait jusqu'au moindre mouvement de Morrel, qui, peu à peu, s'était approché du mausolée abandonné des curieux, puis des ouvriers.

Morrel regarda autour de lui lentement et vaguement; mais, au moment où son regard embrassait la portion du cercle opposée à la sienne, Monte-

LE COMTE DE MONTE-CHRISTO. 55

Christo se rapprocha encore d'une dizaine de pas sans avoir été vu.

Le jeune homme s'agenouilla.

Le comte, le cou tendu, l'œil fixe et dilaté, les jarrets pliés comme pour s'élancer au premier signal, continuait à se rapprocher de Morrel.

Morrel courba son front jusque sur la pierre, embrassa la grille de ses deux mains, et murmura :

— Oh ! Valentine !

Le cœur du comte fut brisé par l'explosion de ces deux mots.

Il fit un pas encore, et frappant sur l'épaule de Morrel :

— C'est vous, cher ami ! dit-il, je vous cherchais.

Monte-Christo s'attendait à un éclat, à des reproches, à des récriminations : il se trompait.

Morrel se tourna de son côté, et avec l'apparence du calme :

— Vous voyez, dit-il, je priais !

Et son regard scrutateur parcourut le jeune homme des pieds à la tête.

Après cet examen, il parut plus tranquille.

— Voulez-vous que je vous remène à Paris ? dit-il.

— Non, merci.

— Enfin, désirez-vous quelque chose ?

— Laissez-moi prier.

Le comte s'éloigna sans faire une seule objection, mais ce fut pour prendre un nouveau poste, d'où il ne perdait pas un seul geste de Morrel, qui, enfin, se releva, essuya ses genoux blanchis par la pierre, et reprit le chemin de Paris sans tourner une seule fois la tête.

Il descendit lentement la rue de la Roquette.

Le comte, renvoyant sa voiture, qui stationnait au Père-Lachaise, le suivit à cent pas.

Maximilien traversa le canal et rentra rue Meslay par les boulevards.

Cinq minutes après que la porte se fut refermée pour Morrel, elle se rouvrit pour Monte-Christo.

Julie était à l'entrée du jardin, où elle regardait, avec la plus profonde attention, maître Peneton, qui, prenant sa profession de jardinier au sérieux, faisait des boutures de rosiers du Bengale.

— Ah ! monsieur le comte de Monte-Christo ! s'écria-t-elle avec cette joie que manifestait d'ordinaire chaque membre de la famille quand Monte-Christo faisait sa visite dans la rue Meslay.

— Maximilien vient de rentrer, n'est-ce pas, madame ? demanda le comte.

— Je crois l'avoir vu passer, oui, reprit la jeune femme ; mais, je vous prie, appelez Emmanuel.

— Pardon, madame ; mais il faut que je monte à l'instant même chez Maximilien, répliqua Monte-Christo, j'ai quelque chose à lui dire de la plus haute importance.

— Allez donc, dit-elle en l'accompagnant de son charmant sourire jusqu'à ce qu'il eût disparu dans l'escalier.

Monte-Christo eut bientôt franchi les deux étages qui séparaient le rez-de-chaussée de l'appartement de Maximilien.

Parvenu sur le palier, il écouta : nul bruit ne se faisait entendre.

Comme dans la plupart des anciennes maisons habitées par un seul maître, le palier n'était fermé que par une porte vitrée.

Seulement, à cette porte vitrée, il n'y avait pas de clef.

Maximilien s'était enfermé en dedans ; mais il était impossible de voir au delà de la porte, un rideau de soie rouge doublant les vitres.

L'anxiété du comte se traduisit par une vive rougeur, symptôme d'émotion peu ordinaire chez cet homme impassible.

— Que faire ? murmura-t-il.

Et il réfléchit un instant.

— Sonner ? reprit-il, oh ! non ! souvent le bruit d'une sonnette, c'est-à-dire d'une visite, accélère la résolution de ceux qui se trouvent dans la situation où Maximilien doit être en ce moment, et alors au bruit de la sonnette répond un autre bruit.

Monte-Christo frissonna des pieds à la tête, et, comme chez lui la décision avait la rapidité de l'éclair, il frappa un coup de coude dans un des carreaux de la porte vitrée, qui vola en éclats ; puis il souleva le rideau et vit Morrel, qui, devant son bureau, une plume à la main, venait de bondir sur sa chaise au fracas de la vitre brisée.

— Ce n'est rien, dit le comte, mille pardons, mon cher ami ! j'ai glissé, et, en glissant, j'ai donné du coude dans votre carreau ; puisqu'il est cassé, je vais en profiter pour entrer chez vous ; ne vous dérangez pas, ne vous dérangez pas.

Et, passant le bras par la vitre brisée, le comte ouvrit la porte.

Morrel se leva évidemment contrarié, et vint au-devant de Monte-Christo, moins pour le recevoir que pour lui barrer le passage.

— Ma foi ! c'est la faute de vos domestiques, dit Monte-Christo en se frottant le coude, vos parquets sont reluisants comme des miroirs.

— Vous êtes-vous blessé, monsieur ? demanda froidement Morrel.

— Je ne sais. Mais que faisiez-vous donc là ? Vous écriviez ?

— Moi ?

— Vous avez les doigts tachés d'encre.

— C'est vrai, répondit Morrel, j'écrivais ; cela m'arrive quelquefois, tout militaire que je suis.

Monte-Christo fit quelques pas dans l'appartement.

Force fut à Maximilien de le laisser passer ; mais il le suivit.

— Vous écriviez? reprit Monte-Christo avec un regard fatigant de fixité.

— J'ai déjà eu l'honneur de vous dire que oui, fit Morrel.

Le comte jeta un regard autour de lui.

— Vos pistolets à côté de l'écritoire! dit-il en montrant du doigt à Morrel les armes posées sur son bureau.

— Je pars pour un voyage, répondit Maximilien.

— Mon ami! dit Monte-Christo avec une voix d'une douceur infinie.

— Monsieur!

— Mon ami! mon cher Maximilien! pas de résolutions extrêmes, je vous en supplie!

— Moi, des résolutions extrêmes! dit Morrel en haussant les épaules, et en quoi, je vous prie, un voyage est-il une résolution extrême?

— Maximilien, dit Monte-Christo, posons chacun de notre côté le masque que nous portons.

Maximilien, vous ne m'abusez pas avec ce calme de commande plus que je ne vous abuse, moi, avec ma frivole sollicitude.

Vous comprenez bien, n'est-ce pas? que, pour avoir fait ce que j'ai fait, pour avoir enfoncé des vitres, violé le secret de la chambre d'un ami; vous comprenez, dis-je, que, pour avoir fait tout cela, il fallait que j'eusse une inquiétude réelle, ou plutôt une conviction terrible.

Morrel, vous voulez vous tuer.

— Bon! dit Morrel tressaillant, où prenez-vous de ces idées-là, monsieur le comte?

— Je vous dit que vous voulez vous tuer, continua le comte du même son de voix, et en voici la preuve.

Et, s'approchant du bureau, il souleva la feuille blanche que le jeune homme avait jetée sur une lettre commencée, et prit la lettre.

Morrel s'élança pour la lui arracher des mains.

Mais Monte-Christo prévoyait ce mouvement, et le prévint en saisissant Maximilien par le poignet et en l'arrêtant comme la chaîne d'acier arrête le ressort au milieu de son évolution.

— Vous voyez bien que vous vouliez vous tuer, Morrel, dit le comte, c'est écrit!

— Eh bien! s'écria Morrel, passant sans transition de l'apparence du calme à l'expression de la violence; eh bien! quand cela serait, quand j'aurais décidé de tourner sur moi le canon de ce pistolet, qui m'en empêcherait?

Qui aurait le courage de m'en empêcher?

Quand je dirai :

Toutes mes espérances sont ruinées, mon cœur est brisé, ma vie est éteinte, il n'y a plus que deuil et dégoût autour de moi; la terre est devenue de la cendre, toute voix humaine me déchire.

Quand je dirai :

C'est pitié que de me laisser mourir, car, si vous ne me laissez mourir, je perdrai la raison, je deviendrai fou.

Voyons, dites, monsieur; quand je dirai cela, quand on verra que je le dis avec les angoisses et les larmes de mon cœur, me répondra-t-on :

« Vous avez tort. »

M'empêchera-t-on de n'être pas le plus malheureux?

Dites, monsieur, dites; est-ce vous qui aurez ce courage?

— Oui, Morrel, fit Monte-Christo d'une voix dont le calme contrastait étrangement avec l'exaltation du jeune homme; oui, ce sera moi.

— Vous! s'écria Morrel avec une expression croissante de colère et de reproches; vous qui m'avez leurré d'un espoir absurde; vous qui m'avez retenu, bercé, endormi par de vaines promesses, lorsque j'eusse pu, par quelque coup d'éclat, par quelque résolution extrême, la sauver, ou du moins la voir mourir dans mes bras; vous qui affectez toutes les ressources de l'intelligence, toutes les puissances de la matière; vous qui jouez ou plutôt qui faites semblant de jouer le rôle de la Providence, et qui n'avez pas même eu le pouvoir de donner du contre-poison à une jeune fille empoisonnée! Ah! en vérité, monsieur, vous me feriez pitié si vous ne me faisiez horreur!

— Morrel!...

— Oui, vous m'avez dit de poser le masque; eh bien! soyez satisfait, je le pose.

Oui, quand vous m'avez suivi au cimetière, je vous ai encore répondu, car mon cœur est bon.

Quand vous êtes entré ici, je vous ai laissé venir jusqu'ici..

Mais, puisque vous abusez, puisque vous venez me braver jusque dans cette chambre où je m'étais retiré comme dans ma tombe.

Puisque vous m'apportez une nouvelle torture, à moi qui croyais les avoir épuisées toutes, comte de Monte-Christo, mon prétendu bienfaiteur; comte de Monte-Christo, le sauveur universel, soyez satisfait, vous allez voir mourir votre ami!...

Et Morrel, le rire de la folie sur les lèvres, s'élança une seconde fois vers les pistolets.

Monte-Christo, pâle comme un spectre, mais l'œil éblouissant d'éclairs, étendit la main sur les armes, et dit à l'insensé :

— Et moi, je vous répète que vous ne vous tuerez pas!

— Empêchez-m'en donc! répliqua Morrel avec un dernier élan, qui, comme le premier, vint se briser contre le bras d'acier du comte.

— Je vous en empêcherai!

— Mais qui êtes-vous donc, à la fin, pour vous arroger ce droit tyrannique sur des créatures libres et pensantes? s'écria Maximilien.

— Qui je suis? répéta Monte-Christo.

Écoutez :

Monte-Christo le prévint en saisissant Maximilien par le poignet et en l'arrêtant. — PAGE 36.

Je suis, poursuivit Monte-Christo, le seul homme au monde qui ait le droit de vous dire :

« Morrel, je ne veux pas que le fils de ton père meure aujourd'hui ! »

Et Monte-Christo, majestueux, transfiguré, sublime, s'avança les deux bras croisés vers le jeune homme palpitant, qui, vaincu malgré lui par la presque divinité de cet homme, recula d'un pas.

— Pourquoi parlez-vous de mon père ? balbutiat-il ; pourquoi mêler le souvenir de mon père à ce qui m'arrive aujourd'hui ?

— Parce que je suis celui qui a déjà sauvé la vie à ton père un jour qu'il voulait se tuer comme tu veux te tuer aujourd'hui, parce que je suis l'homme qui a envoyé la bourse à ta jeune sœur et le *Pharaon* au vieux Morrel ; parce que je suis Edmond Dantès, qui te fit jouer, enfant, sur ses genoux.

Morrel fit encore un pas en arrière, chancelant, suffoqué, haletant, écrasé.

Puis, tout à coup, ses forces l'abandonnèrent, et, avec un grand cri, il tomba prosterné aux pieds de Monte-Christo.

Puis, tout à coup, dans cette admirable nature, il se fit un mouvement de régénération soudaine et complète.

Il se releva, bondit hors de la chambre, et se précipita dans l'escalier en criant de toute la puissance de sa voix :

— Julie! Julie! Emmanuel! Emmanuel!

Monte-Christo voulut s'élancer à son tour, mais Maximilien se fût fait tuer plutôt que de quitter les gonds de la porte qu'il repoussait sur le comte.

Aux cris de Maximilien, Julie, Emmanuel, Peneton et quelques domestiques accoururent épouvantés.

Morrel les prit par les mains, et, rouvrant la porte :

— A genoux! s'écria-t-il d'une voix étranglée par les sanglots; à genoux! c'est le bienfaiteur, c'est le sauveur de notre père! c'est...

Il allait dire :

C'est Edmond Dantès!

Le comte l'arrêta en lui saisissant le bras.

Julie s'élança sur la main du comte, Emmanuel l'embrassa comme un Dieu tutélaire; Morrel tomba, pour la seconde fois, à genoux, et frappa le parquet de son front.

Alors l'homme de bronze sentit son cœur se dilater dans sa poitrine, un jet de flamme dévorante jaillit de sa gorge à ses yeux, il inclina la tête et pleura!

Ce fut dans cette chambre, pendant quelques instants, un concert de larmes et de gémissements sublimes, qui dut paraître harmonieux aux anges même les plus chéris du Seigneur!

Julie fut à peine revenue de l'émotion si profonde qu'elle venait d'éprouver, qu'elle s'élança hors de la chambre, descendit un étage, courut au salon avec une joie enfantine, et souleva le globe de cristal qui protégeait la bourse donnée par l'inconnu des allées de Meilhan.

Pendant ce temps, Emmanuel, d'une voix entre-coupée, disait au comte :

— Oh! monsieur le comte, comment, nous voyant si souvent parler de notre bienfaiteur inconnu, comment nous voyant entourer un souvenir de tant de reconnaissance et d'adoration, comment avez-vous attendu jusqu'aujourd'hui pour vous faire connaître? Oh! c'est de la cruauté envers nous, et j'oserai presque le dire, monsieur le comte, envers vous-même.

— Écoutez, mon ami, dit le comte, et je puis vous appeler ainsi, car, sans vous en douter, vous êtes mon ami depuis onze ans; la découverte de ce secret a été amenée par un grand événement que vous devez ignorer. Dieu m'est témoin que je désirais l'enfouir pendant toute ma vie au fond de mon âme; votre frère Maximilien me l'a arraché par des violences dont il se repent, j'en suis sûr.

Puis, voyant que Maximilien s'était rejeté de côté sur un fauteuil, tout en demeurant néanmoins à genoux :

— Veillez sur lui, ajouta tout bas Monte-Christo en pressant d'une façon significative la main d'Emmanuel.

— Pourquoi cela? demanda le jeune homme étonné.

— Je ne puis vous le dire; mais veillez sur lui.

Emmanuel embrassa la chambre d'un regard circulaire et aperçut les pistolets de Morrel.

— Ses yeux se fixèrent effrayés sur ces armes, qu'il désigna à Monte-Christo en levant lentement le doigt à leur hauteur.

Monte-Christo inclina la tête.

Emmanuel fit un mouvement vers les pistolets.

— Laissez, dit le comte.

Puis allant à Morrel, il lui prit la main.

Les mouvements tumultueux qui avaient un instant secoué le cœur du jeune homme avaient fait place à une stupeur profonde.

Julie remonta, elle tenait à la main la bourse de soie, et deux larmes brillantes et joyeuses roulaient sur ses joues comme deux gouttes de matinale rosée.

— Voici la relique, dit-elle; ne croyez pas qu'elle me soit moins chère depuis que le sauveur nous a été révélé.

— Mon enfant, répondit Monte-Christo en rougissant, permettez-moi de reprendre cette bourse; depuis que vous connaissez les traits de mon visage, je ne veux être rappelé à votre souvenir que par l'affection que je vous prie de m'accorder.

— Oh! dit Julie en pressant la bourse sur son cœur, non, non, je vous en supplie, car un jour vous pourriez nous quitter, car un jour, malheureusement, vous nous quitterez, n'est-ce pas?

— Vous avez deviné juste, madame, répondit Monte-Christo en souriant; dans huit jours, j'aurai quitté ce pays où tant de gens qui avaient mérité la vengeance du ciel vivaient heureux, tandis que mon père expirait de faim et de douleur.

En annonçant son prochain départ, Monte-Christo tenait ses yeux fixés sur Morrel, et il remarqua que ces mots, j'aurai quitté ce pays, avaient passé sans tirer Morrel de sa léthargie.

Il comprit alors que c'était une dernière lutte qu'il lui fallait soutenir avec la douleur de son ami; et, prenant les mains de Julie et d'Emmanuel qu'il réunit en les pressant dans les siennes, il leur dit avec la douce autorité d'un père :

— Mes bons amis, laissez-moi seul, je vous prie, avec Maximilien.

C'était un moyen pour Julie d'emporter cette relique précieuse dont oubliait de reparler Monte-Christo.

Elle entraîna vivement son mari.

— Laissons-les, dit-elle.

Le comte resta avec Morrel, qui demeurait immobile comme une statue.

— Voyons, dit le comte en lui touchant l'épaule avec son doigt de flamme ; redeviens-tu enfin un homme, Maximilien?

— Oui, car je recommence à souffrir.

Le front du comte se plissa, livré qu'il paraissait être à une sombre hésitation.

— Maximilien ! Maximilien ! dit-il, ces idées où tu te plonges sont indignes d'un chrétien !

— Oh ! tranquillisez-vous, ami, dit Morrel en relevant la tête et en montrant au comte un sourire empreint d'une ineffable tristesse, ce n'est plus moi qui chercherai la mort.

— Ainsi, dit Monte-Christo, plus d'armes, plus de désespoir?

— Non, car j'ai mieux, pour me guérir de ma douleur, que le canon d'un pistolet ou la pointe d'un couteau.

— Pauvre fou !... Qu'avez-vous donc?

— J'ai ma douleur elle-même, qui me tuera.

— Ami, dit Monte-Christo avec une mélancolie égale à la sienne, écoutez-moi :

Un jour, dans un moment de désespoir égal au tien, puisqu'il amenait une résolution semblable, j'ai, comme toi, voulu me tuer.

Un jour ton père, également désespéré, a voulu se tuer aussi.

Si l'on avait dit à ton père, au moment où il dirigeait le canon du pistolet vers son front.

Si l'on m'avait dit à moi, au moment où j'écartais de mon lit le pain du prisonnier auquel je n'avais pas touché depuis trois jours.

Si l'on nous avait dit enfin à tous deux, en ce moment suprême .

Vivez! un jour viendra où vous serez heureux et où vous bénirez la vie.

De quelque part que vînt la voix, nous l'eussions accueillie avec le sourire du doute ou avec l'angoisse de l'incrédulité, et cependant, combien de fois, en t'embrassant, ton père a-t-il béni la vie, combien de fois moi-même...

— Ah! s'écria Morrel, interrompant le comte, vous n'aviez perdu que votre liberté, vous; mon père n'avait perdu que sa fortune, lui; et moi, j'ai perdu Valentine

— Regarde-moi, Morrel, dit Monte-Christo avec cette solennité qui, dans certaines occasions, le faisait si grand et si persuasif; regarde-moi, je n'ai ni larmes dans les yeux, ni fièvre dans les veines, ni battements funèbres dans le cœur; cependant je te vois souffrir, toi, Maximilien, toi que j'aime comme j'aimerais mon fils; eh bien! cela ne te dit-il pas, Morrel, que la douleur est comme la vie, et qu'il y a toujours quelque chose d'inconnu au delà? Or, si je te prie, si je t'ordonne de vivre, Morrel,

c'est dans la conviction qu'un jour tu me remercieras de t'avoir conservé la vie.

— Mon Dieu ! s'écria le jeune homme, mon Dieu ! que me dites-vous là, comte? Prenez-y garde ! peut-être n'avez-vous jamais aimé, vous?

— Enfant! répondit le comte.

— D'amour, reprit Morrel, je m'entends.

Moi, voyez-vous, je suis un soldat depuis que je suis un homme; je suis arrivé jusqu'à vingt-neuf ans sans aimer, car aucun des sentiments que j'ai éprouvés jusque-là ne mérite le nom d'amour. Eh bien! à vingt-neuf ans j'ai vu Valentine : donc, depuis près de deux ans je l'aime, depuis près de deux ans j'ai pu lire les vertus de la fille et de la femme écrites par la main même du Seigneur dans ce cœur ouvert pour moi comme un livre.

Comte, il y avait pour moi, avec Valentine, un bonheur infini, immense, inconnu, un bonheur trop grand, trop complet, trop divin pour ce monde ; puisque ce monde ne me l'a pas donné, comte, c'est vous dire que sans Valentine il n'y a pour moi sur la terre que désespoir et désolation.

— Je vous ai dit d'espérer, Morrel, répéta le comte.

— Prenez garde alors, répéterai-je aussi, dit Morrel, car vous cherchez à me persuader, et, si vous me persuadez, vous me ferez perdre la raison, car vous me ferez croire que je puis revoir Valentine.

Le comte sourit.

— Mon ami, mon père! s'écria Morrel exalté, prenez-garde, vous redirai-je pour la troisième fois, car l'ascendant que vous prenez sur moi m'épouvante.

Prenez garde au sens de vos paroles, car voilà mes yeux qui se raniment, voilà mon cœur qui se rallume et qui renaît.

Prenez garde, car vous me feriez croire à des choses surnaturelles.

J'obéirais si vous me commandiez de lever la pierre du sépulcre qui recouvre la fille de Jaïre, je marcherais sur les flots comme l'apôtre, si vous me faisiez de la main signe de marcher sur les flots.

Prenez garde, j'obéirais.

— Espère, mon ami, répéta le comte.

— Ah! dit Morrel en retombant de toute la hauteur de son exaltation dans l'abîme de sa tristesse; ah! vous vous jouez de moi : vous faites comme ces bonnes mères, ou plutôt comme ces mères égoïstes, qui calment avec des paroles mielleuses la douleur de l'enfant, parce que ses cris les fatiguent.

Non, mon ami, j'avais tort de vous dire de prendre garde.

Non, ne craignez rien, j'enterrerai ma douleur avec tant de soin dans le plus profond de ma poitrine, je la rendrai si obscure, si secrète, que vous n'aurez plus même le souci d'y compatir.

Adieu! mon ami; adieu!

— A genoux! à genoux! c'est le sauveur de notre père! — Page 58.

— Au contraire, dit le comte ; à partir de cette heure, Maximilien, tu vivras près de moi et avec moi, tu ne me quitteras plus, et dans huit jours nous aurons laissé derrière nous la France.

— Et vous me dites toujours d'espérer?

— Je te dis d'espérer, parce que je sais un moyen de te guérir.

— Comte, vous m'attristez davantage encore, s'il est possible.

Vous ne voyez, comme résultat du coup qui me frappe, qu'une douleur banale, et vous croyez me consoler par un moyen banal, le voyage.

Et Morrel secoua la tête avec une dédaigneuse incrédulité.

— Que veux-tu que je te dise? reprit Monte-Christo.

J'ai foi dans mes promesses, laisse-moi faire l'expérience.

— Comte, vous prolongez mon agonie, voilà tout.

— Ainsi, dit le comte, faible cœur que tu es, tu n'as pas la force de donner à ton ami quelques jours pour l'épreuve qu'il tente!

Voyons, sais-tu de quoi le comte de Monte-Christo est capable?

Monte-Christo attira le jeune homme sur son cœur et l'y retint longtemps. — Page 42.

Sais-tu qu'il commande à bien des puissances terrestres?

Sais-tu qu'il a assez de foi en Dieu pour obtenir des miracles de celui qui a dit qu'avec la foi l'homme pouvait soulever une montagne?

Eh bien! ce miracle que j'espère, attends le, ou bien...

— Ou bien... répéta Morrel.

— Ou bien, prends-y garde, Morrel, je t'appellerai ingrat.

— Ayez pitié de moi, comte.

— J'ai tellement pitié de toi, Maximilien, écoutemoi, tellement pitié, que, si je ne te guéris pas dans un mois, jour pour jour, heure pour heure, retiens bien mes paroles, Morrel, je te placerai moimême en face de ces pistolets tout chargés et d'une coupe du plus sûr poison d'Italie, d'un poison plus sûr et plus prompt, crois-moi, que celui qui a tué Valentine.

— Vous me le promettez?

— Oui, car je suis homme, car moi aussi, comme je te l'ai dit, j'ai voulu mourir, et souvent, même depuis que le malheur s'est éloigné de moi, j'ai rêvé les délices de l'éternel sommeil.

— Oh! bien sûr, vous me promettez cela, comte? s'écria Maximilien enivré.

— Je ne te le promets pas, je te le jure, dit Monte-Christo en étendant la main.

— Dans un mois, sur votre honneur, si je ne suis pas consolé, vous me laissez libre de ma vie, et, quelque chose que j'en fasse, vous ne m'appellerez pas ingrat?

— Dans un mois, jour pour jour, Maximilien; dans un mois, heure pour heure, et la date est sacrée, Maximilien, je ne sais pas si tu y as songé, nous sommes aujourd'hui le 5 septembre.

Il y a aujourd'hui dix ans que j'ai sauvé ton père, qui voulait mourir.

Morrel saisit les mains du comte et les baisa.

Le comte le laissa faire, comme s'il comprenait que cette adoration lui était due.

— Dans un mois, continua Monte-Christo, tu auras sur la table où nous serons assis l'un et l'autre de bonnes armes et une douce mort; mais, en re-vanche, tu me promets d'attendre jusque-là et de vivre?

— Oh! à mon tour, s'écria Morrel, je vous le jure!

Monte-Christo attira le jeune homme sur son cœur, et l'y retint longtemps.

— Et maintenant, lui dit-il, à partir d'aujourd'hui, tu vas venir demeurer chez moi; tu prendras l'appartement d'Haydée, et ma fille au moins sera remplacée par mon fils.

— Haydée! dit Morrel; qu'est devenue Haydée?

— Elle est partie cette nuit.

— Pour te quitter?

— Pour m'attendre...

Tiens-toi donc prêt à venir me rejoindre rue des Champs-Élysées, et fais-moi sortir d'ici sans qu'on me voie.

Maximilien baissa la tête, et obéit comme un enfant ou comme un apôtre.

CHAPITRE VII.

LE PARTAGE.

ans cet hôtel de la rue Saint-Germain-des-Prés, qu'avait choisi pour sa mère et pour lui Albert de Morcerf, le premier étage, composé d'un petit appartement complet, était loué à un personnage fort mystérieux.

Ce personnage était un homme dont jamais le concierge lui-même n'avait pu voir la figure, soit qu'il entrât ou qu'il sortît; car l'hiver il s'enfonçait le menton dans une de ces cravates rouges comme en ont les cochers de bonne maison qui attendent leurs maîtres à la sortie des spectacles, et l'été il se mouchait toujours précisément au moment où il eût pu être aperçu en passant devant la loge.

Il faut dire que, contrairement à tous les usages reçus, cet habitant de l'hôtel n'était épié par personne, et que le bruit qui courait que son incognito cachait un individu très-haut placé, *et ayant le bras long*, avait fait respecter ses mystérieuses apparitions.

Ses visites étaient ordinairement fixes, quoique parfois elles fussent avancées ou retardées; mais presque toujours, hiver ou été, c'était vers quatre heures qu'il prenait possession de son appartement, dans lequel il ne passait jamais la nuit.

A trois heures et demie, l'hiver, le feu était allumé par la servante discrète qui avait l'intendance du petit appartement.

A trois heures et demie, l'été, des glaces étaient montées par la même servante.

A quatre heures, comme nous l'avons dit, le personnage mystérieux arrivait.

Vingt minutes après lui, une voiture s'arrêtait devant l'hôtel.

Une femme vêtue de noir ou de bleu foncé, mais toujours enveloppée d'un grand voile, en descendait, passait comme une ombre devant la loge, montait l'escalier, sans que l'on entendît craquer une seule marche sous son pied léger.

Jamais il n'était arrivé qu'on lui demandât où elle allait.

Son visage, comme celui de l'inconnu, était donc parfaitement étranger aux deux gardiens de la porte, ces concierges modèles, les seuls peut-être, dans l'immense confrérie des portiers de la capitale, capables d'une pareille discrétion.

Il va sans dire qu'elle ne montait pas plus haut que le premier.

Elle grattait à une porte d'une façon particulière.

La porte s'ouvrait, puis se refermait hermétiquement, et tout était dit.

Pour quitter l'hôtel, même manœuvre que pour y entrer.

L'inconnue sortait la première, toujours voilée, et remontait dans sa voiture, qui tantôt disparaissait par un bout de la rue, tantôt par l'autre, puis, vingt minutes après, l'inconnu sortait à son tour, enfoncé dans sa cravate ou caché par son mouchoir, et il disparaissait.

Le lendemain du jour où le comte de Monte-Christo avait été rendre visite à Danglars, jour de l'enterrement de Valentine, l'habitant mystérieux entra vers dix heures du matin, au lieu d'entrer, comme d'habitude, vers quatre heures de l'après-midi.

Presque aussitôt, et sans garder l'intervalle ordinaire, une voiture de place arriva, et la dame voilée monta rapidement l'escalier.

La porte s'ouvrit et se referma.

Mais, avant même que la porte ne fût refermée, la dame s'était écriée :

— O Lucien! ô mon ami!

De sorte que le concierge, qui, sans le vouloir, avait entendu cette exclamation, sut alors pour la première fois que son locataire s'appelait Lucien; mais, comme c'était un portier modèle, il se promit de ne pas même le dire à sa femme.

— Eh bien! qu'y a-t-il, chère amie? demanda celui dont le trouble ou l'empressement de la dame voilée avait révélé le nom; parlez, dites.

— Mon ami, puis-je compter sur vous?

— Certainement, et vous le savez bien.

Mais qu'y a-t-il?

Votre billet de ce matin m'a jeté dans une perplexité terrible.

Cette précipitation, ce désordre dans votre écriture : voyons, rassurez-moi ou effrayez-moi tout à fait.

— Lucien, un grand événement! dit la dame en attachant sur Lucien un regard interrogateur; M. Danglars est parti cette nuit.

— Parti! M. Danglars parti! Et où est-il allé?

— Je l'ignore.

— Comment! vous l'ignorez? Il est donc parti pour ne plus revenir?

— Sans doute!

A dix heures du soir, ses chevaux l'ont conduit à la barrière de Charenton; là, il a trouvé une berline de poste tout attelée; il est monté dedans avec son valet de chambre, en disant à son cocher qu'il allait à Fontainebleau.

— Eh bien! que disiez-vous donc?

— Attendez, mon ami. Il m'avait laissé une lettre.

— Une lettre?

— Oui; lisez.

Et la baronne tira de sa poche une lettre décachetée qu'elle présenta à Debray.

Debray, avant de la lire, hésita un instant, comme s'il eût cherché à deviner ce qu'elle contenait, ou plutôt comme si, quelque chose qu'elle contînt, il était décidé à prendre d'avance un parti.

Au bout de quelques secondes, ses idées étaient sans doute arrêtées, car il lut.

Voici ce que contenait ce billet, qui avait jeté un si grand trouble dans le cœur de madame Danglars :

« Madame et très-fidèle épouse. »

Sans y songer, Debray s'arrêta et regarda la baronne, qui rougit jusqu'aux yeux.

— Lisez! dit-elle

Debray continua :

« Quand vous recevrez cette lettre, vous n'aurez plus de mari!

« Oh! ne prenez pas trop chaudement l'alarme; vous n'aurez plus de mari comme vous n'aurez plus de fille, c'est-à-dire que je serai sur une des trente ou quarante routes qui conduisent hors de France.

« Je vous dois des explications, et, comme vous êtes femme à les comprendre parfaitement, je vous les donnerai.

« Écoutez donc :

« Un remboursement de cinq millions m'est survenu ce matin, je l'ai opéré; un autre de même somme l'a suivi presque immédiatement, je l'ajourne à demain.

« Aujourd'hui, je pars pour éviter ce demain, qui me serait trop désagréable à supporter.

« Vous comprenez cela, n'est-ce pas, madame et très-précieuse épouse?

« Je dis :

« Vous comprenez, parce que vous savez aussi bien que moi mes affaires; vous les savez même mieux que moi, attendu que, s'il s'agissait de dire où a passé une bonne moitié de ma fortune, naguère encore assez belle, j'en serais incapable, tandis que vous, au contraire, j'en suis certain, vous vous en acquitteriez parfaitement.

« Car les femmes ont des instincts d'une sûreté infaillible, elles expliquent par une algèbre qu'elles ont inventée le merveilleux lui-même.

« Moi, qui ne connaissais que mes chiffres, je n'ai plus rien su du jour où mes chiffres m'ont trompé.

« Avez-vous quelquefois admiré la rapidité de ma chute, madame?

« Avez-vous été un peu éblouie de cette incandescente fusion de mes lingots?

« Moi, je l'avoue, je n'y ai vu que du feu; espérons que vous avez retrouvé un peu d'or dans les cendres.

« C'est avec ce consolant espoir que je m'éloigne, madame et très-prudente épouse, sans que ma conscience me reproche le moins du monde de vous abandonner.

« Il vous reste des amis, les cendres en question, et, pour comble de bonheur, la liberté, que je m'empresse de vous rendre.

« Cependant, madame, le moment est arrivé de placer dans ce paragraphe un mot d'explication intime.

« Tant que j'ai espéré que vous travailliez au bien-être de notre maison, à la fortune de notre fille, j'ai philosophiquement fermé les yeux; mais, comme vous avez fait de la maison une vaste ruine, je ne veux pas servir de fondation à la fortune d'autrui.

« Je vous ai prise riche, mais peu honorée.

« Pardonnez-moi de vous parler avec cette franchise; mais, comme je ne parle que pour nous deux probablement, je ne vois pas pourquoi je farderais mes paroles.

« J'ai augmenté notre fortune, qui, pendant plus de quinze ans, a été croissant jusqu'au moment où des catastrophes inconnues et inintelligibles encore pour moi sont venues la prendre corps à corps et la renverser, sans que, je puis le dire, il y ait eu aucunement de ma faute.

« Vous, madame, vous avez travaillé seulement à

Vue de Charenton. — Page 44.

accroître la vôtre, chose à laquelle vous avez réussi, j'en suis moralement convaincu.

« Je vous laisse donc comme je vous ai prise, riche, mais peu honorable.

« Adieu.

« Moi aussi je vais, à partir d'aujourd'hui, travailler pour mon compte.

« Croyez à toute ma reconnaissance pour l'exemple que vous m'avez donné, et que je vais suivre.

« Votre mari bien dévoué,
« Baron Danglars. »

La baronne avait suivi des yeux Debray pendant cette longue et pénible lecture.

Elle avait vu, malgré sa puissance bien connue sur lui-même, le jeune homme changer de couleur une ou deux fois.

Lorsqu'il eut fini, il ferma lentement le papier dans ses plis, et reprit son attitude pensive.

— Eh bien? demanda madame Danglars avec une anxiété facile à comprendre.

— Eh bien? madame, répéta machinalement Debray.

— Quelle idée vous inspire cette lettre?

— C'est bien simple, madame; elle m'inspire l'idée que M. Danglars est parti avec des scupçons.

— Sans doute; mais est-ce tout ce que vous avez à me dire?

— Je ne comprends pas, dit Debray avec un froid glacial.

— Il est parti, parti tout à fait, parti pour ne plus revenir!

— Oh! fit Debray, ne croyez pas cela, baronne.

— Non, vous dis-je, il ne reviendra pas; je le connais, c'est un homme inébranlable dans toutes les résolutions qui émanent de son intérêt.

S'il m'eût jugée utile à quelque chose, il m'eût emmenée.

Il me laisse à Paris, c'est que notre séparation peut servir ses projets : elle est donc irrévocable, et je suis libre à jamais, ajouta madame Danglars avec la même expression de prière.

Mais Debray, au lieu de répondre, la laissa dans cette anxieuse interrogation du regard et de la pensée.

— Quoi! dit-elle enfin, vous ne me répondez pas, monsieur?

— Mais je n'ai qu'une question à vous faire : que comptez-vous devenir?

— J'allais vous le demander, répondit la baronne le cœur palpitant.

— Ah! fit Debray, c'est donc un conseil que vous me demandez?

— Oui, c'est un conseil que je vous demande, dit la baronne le cœur serré.

— Alors, si c'est un conseil que vous me demandez, répondit froidement le jeune homme, je vous conseille de voyager.

— De voyager! murmura madame Danglars.

— Certainement.

Comme l'a dit M. Danglars, vous êtes riche et parfaitement libre.

Une absence de Paris sera nécessaire absolument, à ce que je crois du moins, après le double écart du mariage rompu de mademoiselle Eugénie et de la disparition de M. Danglars.

Il importe seulement que tout le monde vous sache abandonnée et vous croie pauvre; car on ne pardonnerait pas à la femme du banqueroutier son opulence et son grand état de maison.

Pour le premier cas, il suffit que vous restiez seulement quinze jours à Paris, répétant à tout le monde que vous êtes abandonnée, et racontant à vos meilleures amies, qui iront le répéter dans le monde, comment cet abandon a eu lieu.

Puis, vous quitterez votre hôtel, vous y laisserez vos bijoux, vous abandonnerez votre douaire, et chacun vantera votre désintéressement et chantera vos louanges

Alors on vous saura abandonnée, et l'on vous croira pauvre; car moi seul connais votre situation financière, et suis prêt à vous rendre mes comptes en loyal associé.

La baronne, pâle, atterrée, avait écouté ce discours avec autant d'épouvante et de désespoir que Debray avait mis de calme et d'indifférence à le prononcer.

— Abandonnée! répéta-t-elle, oh! bien abandonnée... Oui, vous avez raison, monsieur, et personne ne doutera de mon abandon.

Ce furent les seules paroles que cette femme, si fière et si violemment éprise, put répondre à Debray.

— Mais riche, très-riche même, poursuivit Debray en tirant de son portefeuille et en étalant sur la table quelques papiers qu'il renfermait.

Madame Danglars le laissa faire, tout occupée d'étouffer les battements de son cœur et de retenir les larmes qu'elle sentait poindre au bord de ses paupières.

Mais, enfin, le sentiment de la dignité l'emporta chez la baronne; et, si elle ne réussit point à comprimer son cœur, elle parvint du moins à ne pas verser une larme.

— Madame, dit Debray, il y a six mois à peu près que nous nous sommes associés.

Vous avez fourni une mise de fonds de cent mille francs.

C'est au mois d'avril de cette année qu'a eu lieu notre association.

En mai, nos opérations ont commencé.

En mai, nous avons gagné quatre cent cinquante mille francs.

En juin, le bénéfice a monté à neuf cent mille.

En juillet, nous y avons ajouté dix-sept cent mille francs.

C'est, vous le savez, le mois des bons d'Espagne.

En août, nous perdîmes, au commencement du mois, trois cent mille francs; mais le 15 du mois nous nous étions rattrapés, et, à la fin, nous avions pris notre revanche; car nos comptes, mis au net depuis le jour de notre association jusqu'à hier où je les ai arrêtés, nous donnent un actif de deux millions quatre cent mille francs, c'est-à-dire de douze cent mille francs pour chacun de nous.

Maintenant, continua Debray compulsant son carnet avec la méthode et la tranquillité d'un agent de change, nous trouvons quatre-vingt mille francs pour les intérêts composés de cette somme restée entre mes mains.

— Mais, interrompit la baronne, que veulent dire ces intérêts, puisque jamais vous n'avez fait valoir cet argent?

— Je vous demande pardon, madame, dit froidement Debray : j'avais vos pouvoirs pour le faire valoir, et j'ai usé de vos pouvoirs.

C'est donc quarante mille francs d'intérêts pour

votre moitié, plus les cent mille francs de mise de fonds première, c'est-à-dire treize cent quarante mille francs pour votre part.

Or, madame, continua Debray, j'ai eu la précaution de mobiliser votre argent avant-hier; il n'y a pas longtemps, comme vous voyez, et l'on eût dit que je me doutais d'être incessamment appelé à vous rendre mes comptes.

Votre argent est là, moitié en billets de banque, moitié en bons au porteur.

Je dis là, et c'est vrai, car, comme je ne jugeais pas ma maison assez sûre, comme je ne trouvais pas les notaires assez discrets, et que les propriétés parlent encore plus haut que les notaires; comme, enfin, vous n'avez le droit de rien acheter ni de rien posséder en dehors de la communauté conjugale, j'ai gardé toute cette somme, aujourd'hui votre seule fortune, dans un coffre scellé au fond de cette armoire, et, pour plus grande sécurité, j'ai fait le maçon moi-même.

Maintenant, continua Debray en ouvrant l'armoire d'abord et la caisse ensuite, maintenant, madame, voilà huit cents billets de mille francs chacun, qui ressemblent, comme vous voyez, à un gros album relié en fer.

J'y joins un coupon de rente de vingt-cinq mille francs.

Puis, pour l'appoint, qui fait quelque chose, je crois, comme cent dix mille francs, voici un bon à vue sur mon banquier, et, comme mon banquier n'est pas M. Danglars, le bon sera payé, vous pouvez être tranquille.

Madame Danglars prit machinalement le bon à vue, le coupon de rentes et la liasse de billets de banque.

Cette énorme fortune paraissait bien peu de chose étalée là sur une table.

Madame Danglars, les yeux secs mais la poitrine gonflée de sanglots, la ramassa et enferma l'étui d'acier dans son sac, mit le coupon de rente et le bon à vue dans son portefeuille, et, debout, pâle, muette, elle attendit une douce parole qui la consolât d'être si riche.

Mais elle attendit vainement.

— Maintenant, madame, dit Debray, vous avez une existence magnifique, quelque chose comme soixante mille livres de rente, ce qui est énorme pour une femme qui ne pourra pas tenir maison d'ici à un an au moins.

C'est un privilége pour toutes les fantaisies qui vous passeront par l'esprit.

Sans compter que, si vous trouvez votre part insuffisante, eu égard au passé qui vous échappe, vous pouvez puiser dans la mienne, madame; et je suis disposé à vous offrir, oh! à titre de prêt, bien entendu, tout ce que je possède, c'est-à-dire un million soixante mille francs.

— Merci, monsieur, répondit la baronne, merci; vous comprenez que vous me remettez là beaucoup plus qu'il ne faut à une pauvre femme qui ne compte pas, d'ici à longtemps, du moins, reparaître dans le monde.

Debray fut étonné un moment, mais il se remit et fit un geste qui pouvait se traduire par la formule la plus polie d'exprimer cette idée :

— Comme il vous plaira!

Madame Danglars avait peut-être jusque-là espéré encore quelque chose; mais, quand elle vit le geste insouciant qui venait d'échapper à Debray, et le regard oblique dont ce geste était accompagné, ainsi que la révérence profonde et le silence significatif qui les suivit, elle releva la tête, ouvrit la porte, et, sans fureur, sans secousse, mais aussi sans hésitation, elle s'élança dans l'escalier, dédaignant même d'adresser un dernier salut à celui qui la laissait partir de cette façon.

— Bah! dit Debray lorsqu'elle fut partie; beaux projets que tout cela! elle restera dans son hôtel, lira des romans et jouera au lansquenet, ne pouvant plus jouer à la Bourse.

Et il reprit son carnet, biffant avec le plus grand soin les sommes qu'il venait de payer.

— Il me reste un million soixante mille francs, dit-il. Quel malheur que mademoiselle de Villefort soit morte! cette femme-là me convenait sous tous les rapports, et je l'eusse épousée.

Et, flegmatiquement, selon son habitude, il attendit que madame Danglars fût partie depuis vingt minutes pour se décider à partir à son tour.

Pendant ces vingt minutes, Debray fit des chiffres, sa montre posée à côté de lui.

Ce personnage diabolique, que toute imagination aventureuse eût créé avec plus ou moins de bonheur si Lesage n'en avait acquis la priorité dans un chef-d'œuvre, Asmodée, qui enlevait la croûte des maisons pour en voir l'intérieur, eût joui d'un singulier spectacle s'il eût enlevé, au moment où Debray faisait ses chiffres, la croûte du petit hôtel de la rue Saint-Germain-des-Prés.

Au-dessus de cette chambre où Debray venait de partager avec madame Danglars deux millions et demi, il y avait une autre chambre peuplée aussi d'habitants de notre connaissance, lesquels ont joué un rôle assez important dans les événements que nous venons de raconter pour que nous les retrouvions avec quelque intérêt.

Il y avait dans cette chambre Mercédès et Albert.

Mercédès était bien changée depuis quelques jours, non pas que, même au temps de sa plus grande fortune, elle eût jamais étalé le faste orgueilleux qui tranche visiblement avec toutes les conditions, et fait qu'on ne reconnaît plus la femme aussitôt qu'elle vous apparaît sous des habits plus simples; non, pas davantage, qu'elle fût tombée à cet état de dépression où l'on est contraint de re-

Il y avait dans cette chambre Mercédès et Albert. — PAGE 47.

vêtir la livrée de la misère, non : Mercédès était changée, parce que son œil ne brillait plus, parce que sa bouche ne souriait plus, parce qu'enfin un perpétuel embarras arrêtait sur ses lèvres le mot rapide que lançait autrefois un esprit toujours préparé.

Ce n'était pas la pauvreté qui avait flétri l'esprit de Mercédès, ce n'était pas le manque de courage qui lui rendait pesante sa pauvreté.

Mercédès, descendue du milieu dans lequel elle vivait, perdue dans la nouvelle sphère qu'elle s'é-tait choisie, comme ces personnes qui sortent d'un salon splendidement éclairé pour passer subite-ment dans les ténèbres, Mercédès semblait une reine descendue de son palais dans une chaumière, et qui, réduite au strict nécessaire, ne se reconnaît ni à la vaisselle d'argile qu'elle est obligée d'appor-ter elle-même sur sa table, ni au grabat qui a suc-cédé à son lit.

En effet, la belle Catalane ou la noble comtesse n'avait plus ni son regard fier, ni son charmant sourire, parce qu'en arrêtant ses yeux sur ce qui

Debray vint donner une énergique poignée de main à son interlocuteur. — PAGE 52.

l'entourait elle ne voyait que d'affligeants objets

C'était une chambre tapissée d'un de ces papiers gris sur gris, que les propriétaires économes choisissent de préférence comme étant les moins salissants.

C'était un carreau sans tapis.

C'étaient des meubles qui appelaient l'attention et forçaient la vue de s'arrêter sur la pauvreté d'un faux luxe, toutes choses, enfin, qui rompaient, par leurs tons criards, l'harmonie si nécessaire à des yeux habitués à un ensemble élégant

Madame de Morcerf vivait là depuis qu'elle avait quitté son hôtel.

La tête lui tournait devant ce silence éternel, comme elle tourne au voyageur arrivé sur le bord d'un abîme.

S'apercevant qu'à toute minute Albert la regardait à la dérobée pour juger de l'état de son cœur, elle s'était astreinte à un monotone sourire des lèvres qui, en l'absence de ce feu si doux du sourire des yeux, fait l'effet d'une simple réverbération de lumière, c'est-à-dire d'une clarté sans chaleur.

De son côté, Albert était préoccupé, mal à l'aise, gêné par un reste de luxe qui l'empêchait d'être de sa condition actuelle.

Il voulait sortir sans gants, et trouvait ses mains trop blanches

Il voulait courir la ville à pied, et trouvait ses bottes trop bien vernies.

Cependant ces deux créatures si nobles et si intelligentes, réunies indissolublement par le lien de l'amour maternel et filial, avaient réussi à se comprendre sans parler de rien et à économiser toutes les préparations que l'on se doit entre amis pour établir cette vérité matérielle d'où dépend la vie.

Albert, enfin, avait pu dire à sa mère sans la faire pâlir.

— Ma mère, nous n'avons plus d'argent.

Jamais Mercédès n'avait véritablement connu la misère.

Elle avait souvent, dans sa jeunesse, parlé elle-même de pauvreté ; mais ce n'est point la même chose : besoin et nécessité sont deux synonymes entre lesquels il y a tout un monde d'intervalle.

Aux Catalans, Mercédès avait besoin de mille choses, mais elle ne manquait jamais de certaines autres.

Tant que les filets étaient bons, on prenait du poisson.

Tant qu'on vendait le poisson, on avait du fil pour entretenir les filets.

Et puis, isolée d'amitié, n'ayant qu'un amour qui n'était pour rien dans les détails matériels de la situation, on pensait à soi, chacun à soi, rien qu'à soi.

Mercédès, du peu qu'elle avait, faisait sa part aussi généreusement que possible.

Aujourd'hui elle avait deux parts à faire, et cela avec rien.

L'hiver approchait.

Mercédès, dans cette chambre nue et déjà froide, n'avait pas de feu, elle dont un calorifère aux mille branches chauffait autrefois la maison depuis les antichambres jusqu'au boudoir.

Elle n'avait pas une pauvre petite fleur, elle dont l'appartement était une serre chaude peuplée à prix d'or !

Mais elle avait son fils..

L'exaltation d'un devoir peut-être exagéré les avait soutenus jusque-là dans les sphères supérieures

L'exaltation est presque l'enthousiasme, et l'enthousiasme rend insensible aux choses de la terre.

Mais l'enthousiasme s'était calmé, et il avait fallu redescendre peu à peu du pays des rêves au monde des réalités.

Il fallait enfin causer du positif, après avoir épuisé tout l'idéal.

— Ma mère, disait Albert au moment même où madame Danglars descendait l'escalier, comptons un peu toutes nos richesses, s'il vous plaît ; j'ai besoin d'un total pour échafauder mes plans.

— Total : rien, dit Mercédès avec un douloureux sourire

— Si fait, ma mère ; total, trois mille francs, d'abord ; et j'ai la prétention, avec ces trois mille francs, de mener à nous deux une adorable vie.

— Enfant ! soupira Mercédès.

— Hélas ! ma bonne mère, dit le jeune homme, je vous ai malheureusement dépensé assez d'argent pour en connaître le prix. C'est énorme, voyez-vous, trois mille francs, et j'ai bâti sur cette somme un avenir miraculeux d'éternelle sécurité.

— Vous dites cela, mon ami, continua la pauvre mère, mais, d'abord, acceptons-nous ces trois mille francs ? dit Mercédès en rougissant.

— Mais c'est convenu, ce me semble, dit Albert d'un ton ferme ; nous les acceptons d'autant plus que nous ne les avons pas, car ils sont, comme vous le savez, enterrés dans le jardin de cette petite maison des allées de Meilhan à Marseille. Avec deux cents francs, dit Albert, nous irons tous deux à Marseille.

— Avec deux cents francs ! dit Mercédès, y songez-vous, Albert ?

— Oh ! quant à ce point, je me suis renseigné aux diligences et aux bateaux à vapeur, et mes calculs sont faits. Vous retenez vos places pour Châlons, dans le coupé : vous voyez, ma mère, que je vous traite en reine, trente-cinq francs.

Albert prit une plume et écrivit :

Coupé, trente-cinq francs, ci.	35 fr.
De Châlons à Lyon, vous allez par le bateau à vapeur, six francs, ci.	6
De Lyon à Avignon le bateau à vapeur encore, seize francs, ci.	16
D'Avignon à Marseille, sept francs, ci.	7
Dépenses de route, cinquante francs, ci.	50
Total.	114 fr.

Mettons cent vingt, ajouta Albert en souriant ; vous voyez que je suis généreux, n'est-ce pas, ma mère ?

— Mais toi, mon pauvre enfant ?

— Moi ! n'avez-vous pas vu que je me réserve quatre-vingts francs ? Un jeune homme, ma mère, n'a pas besoin de toutes ses aises ; d'ailleurs je sais ce que c'est que de voyager.

— Avec ta chaise et ton valet de chambre.

— De toute façon, ma mère.

— Eh bien ! soit, dit Mercédès, mais ces deux cents francs ?

— Ces deux cents francs, les voici, et puis deux cents autres encore.

Tenez, j'ai vendu ma montre cent francs, et les breloques trois cents.

Comme c'est heureux !

Des breloques qui valaient trois fois la montre.

Toujours cette fameuse histoire du superflu !

Nous voilà donc riches, puisque, au lieu de cent quatorze francs qu'il vous fallait pour faire votre route, vous en avez deux cent cinquante.

— Mais nous devons quelque chose dans cet hôtel ?

— Trente francs, mais je les paye sur mes cent cinquante francs.

Cela est convenu ; et, puisqu'il ne me faut à la rigueur que quatre-vingts francs pour faire ma route, vous voyez que je nage dans le luxe.

Mais, ce n'est pas tout ·

Que dites-vous de ceci, ma mère ?

Et Albert tira d'un petit carnet à fermoir d'or, reste de ses anciennes fantaisies ou peut-être même tendre souvenir de quelques-unes de ces femmes mystérieuses et voilées qui frappaient à la petite porte ; Albert tira d'un petit carnet un billet de mille francs.

— Qu'est-ce que ceci ? demanda Mercédès.

— Mille francs, ma mère. Oh ! il est parfaitement carré.

— Mais d'où te viennent ces mille francs ?

— Écoutez ceci, ma mère, et ne vous émotionnez pas trop.

Et Albert, se levant, alla embrasser sa mère sur les deux joues, puis il s'arrêta à la regarder.

— Vous n'avez pas idée, ma mère, comme je vous trouve belle ! dit le jeune homme avec un profond sentiment d'amour filial ; vous êtes, en vérité, la plus belle, comme vous êtes la plus noble des femmes que j'aie jamais vue ?

— Cher enfant ! dit Mercédès essayant en vain de retenir une larme qui pointait au coin de sa paupière.

— En vérité, il ne vous manquait plus que d'être malheureuse pour changer mon amour en adoration.

— Je ne suis pas malheureuse tant que j'ai mon fils, dit Mercédès ; je ne serai point malheureuse tant que je l'aurai

— Ah ! justement, dit Albert ; mais voilà où commence l'épreuve, ma mère ! vous savez ce qui est convenu ?

— Sommes-nous donc convenus de quelque chose ? demanda Mercédès.

— Oui, il est convenu que vous habiterez Marseille, et que moi je partirai pour l'Afrique, où, en place du nom que j'ai quitté, je me ferai le nom que j'ai pris.

Mercédès poussa un soupir.

— Eh bien ! ma mère, depuis hier je suis engagé dans les spahis, ajouta le jeune homme en baissant les yeux avec une certaine honte, car il ne savait pas lui-même tout ce que son abaissement avait de sublime, ou plutôt j'ai cru que mon corps était bien à moi et que je pouvais le vendre : depuis hier je remplace quelqu'un.

Je me suis vendu, comme on dit, et, ajouta-t-il en essayant de sourire, plus cher que je ne croyais valoir, c'est-à-dire deux mille francs.

— Ainsi ces mille francs ?... dit en tressaillant Mercédès.

— C'est la moitié de la somme, ma mère ; l'autre viendra dans un an.

Mercédès leva les yeux au ciel avec une expression que rien ne saurait rendre, et les deux larmes arrêtées au coin de sa paupière, débordant sous l'émotion intérieure, coulèrent silencieusement le long de ses joues.

— Le prix de son sang ! murmura-t-elle.

— Oui, si je suis tué, dit en riant Morcerf.

Mais je t'assure, bonne mère, que je suis, au contraire, dans l'intention de défendre cruellement ma peau ; je ne me suis jamais senti si bonne envie de vivre que maintenant.

— Mon Dieu ! mon Dieu ! fit Mercédès.

— D'ailleurs, pourquoi donc voulez-vous que je sois tué, ma mère ?

Est-ce que Lamoricière, cet autre Ney du Midi, a été tué ?

Est-ce que Changarnier a été tué ?

Est-ce que Bedeau a été tué ?

Est-ce que Morrel, que nous connaissons, a été tué ?

Songez donc à votre joie, ma mère, lorsque vous me verrez revenir avec mon uniforme brodé !

Je vous déclare que je compte être superbe là-dessous, et que j'ai choisi ce régiment-là par coquetterie.

Mercédès soupira tout en essayant de sourire.

Elle comprenait, cette sainte mère, qu'il était mal à elle de laisser porter à son enfant tout le poids du sacrifice.

— Eh bien, donc ! reprit Albert, vous comprenez, ma mère, voilà déjà plus de quatre mille francs assurés pour vous ; avec ces quatre mille francs vous vivrez deux bonnes années.

— Crois-tu ? dit Mercédès.

Ces mots étaient échappés à la comtesse, et avec une douleur si vraie, que leur véritable sens n'échappa point à Albert.

Il sentit son cœur se serrer, et, prenant la main de sa mère qu'il pressa tendrement dans les siennes

— Oui, vous vivrez, dit-il.

— Je vivrai, s'écria Mercédès, mais tu ne partiras point, n'est-ce pas, mon fils ?

— Ma mère, je partirai, dit Albert d'une voix calme et ferme; vous m'aimez trop pour me laisser près de vous oisif et inutile; d'ailleurs, j'ai signé.

— Tu feras selon ta volonté, mon fils, moi je ferai selon celle de Dieu.

— Non pas selon ma volonté, ma mère, mais selon la raison, selon la nécessité. Nous sommes deux créatures désespérées, n'est-ce pas? Qu'est-ce que la vie pour vous aujourd'hui? rien. Qu'est-ce que la vie pour moi? oh! bien peu de chose sans vous, ma mère, croyez-le; car, sans vous, cette vie, je vous le jure, eût cessé le jour où j'ai douté de mon père et renié son nom! Enfin, je vis; si vous me promettez d'espérer encore, si vous me laissez le soin de votre bonheur à venir, vous doublez ma force. Alors je vais trouver là-bas le gouverneur de l'Algérie, c'est un cœur loyal et surtout essentiellement soldat; je lui conte ma lugubre histoire; je le prie de tourner de temps en temps les yeux du côté où je serai, et, s'il me tient parole, s'il me regarde faire, avant six mois je suis officier ou mort. Si je suis officier, votre sort est assuré, ma mère, car j'aurai de l'argent pour vous et pour moi, et, de plus, un nouveau nom dont nous serons fiers tous deux, puisque ce sera votre vrai nom. Si je suis tué... Eh bien! si je suis tué, alors, chère mère, vous mourrez, s'il vous plait, et alors nos malheurs auront leur terme dans leur excès même.

— C'est bien, répondit Mercédès avec son noble et éloquent regard; tu as raison, mon fils: prouvons à certaines gens qui nous regardent et qui attendent nos actes pour nous juger, prouvons-leur que nous sommes au moins dignes d'être plaints.

— Mais pas de funèbres idées, chère mère! s'écria le jeune homme; je vous jure que nous sommes ou du moins que nous pouvons être très-heureux. Vous êtes à la fois une femme pleine d'esprit et de résignation; moi, je suis devenu simple de goûts et sans passions, je l'espère. Une fois au service, me voilà riche; une fois dans la maison de M. Dantès, vous voilà tranquille. Essayons! je vous en prie, ma mère, essayons!

— Oui, essayons, mon fils, car tu dois vivre, car tu dois être heureux, répondit Mercédès.

— Ainsi, ma mère, voilà notre partage fait, ajouta le jeune homme en affectant une grande aisance. Nous pouvons aujourd'hui même partir. Allons, je retiens, comme il est dit, votre place.

— Mais la tienne, mon fils?

— Moi je dois rester deux ou trois jours encore, ma mère; c'est un commencement de séparation, et nous avons besoin de nous y habituer. J'ai besoin de quelques recommandations, de quelques renseignements sur l'Afrique; je vous rejoindrai à Marseille.

— Eh bien! soit, partons! dit Mercédès en s'enveloppant dans le seul châle qu'elle eût emporté, et qui se trouvait par hasard un cachemire noir d'un grand prix; partons!

Albert recueillit à la hâte ses papiers, sonna pour payer les trente francs qu'il devait au maître d'hôtel, et, offrant son bras à sa mère, il descendit l'escalier.

Quelqu'un descendait devant eux; ce quelqu'un, entendant le frôlement d'une robe de soie sur la rampe, se retourna.

— Debray! murmura Albert.

— Vous, Morcerf! répondit le secrétaire du ministre en s'arrêtant sur la marche où il se trouvait.

La curiosité l'emporta chez Debray sur le désir de garder l'incognito; d'ailleurs il était reconnu.

Il semblait piquant, en effet, de retrouver dans cet hôtel ignoré le jeune homme dont la malheureuse aventure venait de faire un si grand éclat dans Paris.

— Morcerf! répéta Debray.

Puis, apercevant dans la demi-obscurité la tournure jeune encore et le voile noir de madame de Morcerf:

— Oh! pardon! ajouta-t-il avec un sourire, je vous laisse, Albert.

Albert comprit la pensée de Debray.

— Ma mère, dit-il en se retournant vers Mercédès, c'est M. Debray, secrétaire du ministre de l'intérieur, un ancien ami à moi.

— Comment! ancien! balbutia Debray; que voulez-vous dire?

— Je dis cela, monsieur Debray, reprit Albert, parce qu'aujourd'hui je n'ai plus d'amis, et que je ne dois plus en avoir. Je vous remercie beaucoup d'avoir bien voulu me reconnaître, monsieur.

Debray remonta deux marches et vint donner une énergique poignée de main à son interlocuteur.

— Croyez, mon cher Albert, dit-il avec l'émotion qu'il était susceptible d'avoir, croyez que j'ai pris une part profonde au malheur qui vous frappe, et que, pour toutes choses, je me mets à votre disposition.

— Merci, monsieur, dit en souriant Albert; mais, au milieu de ce malheur, nous sommes demeurés assez riches pour n'avoir besoin de recourir à personne; nous quittons Paris, et, notre voyage payé, il nous reste cinq mille francs.

Le rouge monta au front de Debray, qui tenait un million dans son portefeuille; et, si peu poétique que fût cet esprit exact, il ne put s'empêcher de réfléchir que la même maison contenait naguère encore deux femmes, dont l'une, justement déshonorée, s'en allait pauvre avec quinze cent mille francs

La cour des Messageries.

sous le pli de son manteau, et dont l'autre, injustement frappée, mais sublime en son malheur, se trouvait riche avec quelques deniers.

Ce parallèle dérouta ses combinaisons de politesse, la philosophie de l'exemple l'écrasa ; il balbutia quelques mots de civilité générale et descendit rapidement.

Ce jour-là les commis du ministère, ses subordonnés, eurent fort à souffrir de son humeur chagrine.

Mais le soir il se rendit acquéreur d'une fort belle maison sise boulevard de la Madeleine, et rapportant cinquante mille livres de rente.

Le lendemain, à l'heure où Debray signait l'acte, c'est-à-dire sur les cinq heures du soir, madame de Morcerf, après avoir tendrement embrassé son fils, et après avoir été tendrement embrassée par lui, montait dans le coupé de la diligence, qui se refermait sur elle.

Un homme était caché dans la cour des messageries Laffitte, derrière une de ces fenêtres cintrées d'entresol qui surmontent chaque bureau ; il vit

Mercédès monter en voiture; il vit partir la diligence; il vit s'éloigner Albert.

Alors il passa la main sur son front chargé de doute en disant :

— Hélas! par quel moyen rendrai-je à ces deux innocents le bonheur que je leur ai ôté?

Dieu m'aidera!

CHAPITRE VIII.

LA FOSSE-AUX-LIONS.

'un des quartiers de la Force, celui qui renferme les détenus les plus compromis et les plus dangereux, s'appelle la cour Saint-Bernard.

Les prisonniers, dans leur langage énergique, l'ont surnommé la Fosse-aux-Lions, probablement parce que les captifs ont des dents qui mordent souvent les barreaux et parfois les gardiens.

C'est dans la prison une prison.

Les murs ont une épaisseur double des autres.

Chaque jour un guichetier sonde avec soin les grilles massives, et l'on reconnaît à la stature herculéenne, aux regards froids et incisifs de ces gardiens, qu'ils ont été choisis pour régner sur leur peuple par la terreur et l'activité de l'intelligence.

Le préau de ce quartier est encadré dans des murs énormes sur lesquels glisse obliquement le soleil lorsqu'il se décide à pénétrer dans ce gouffre de laideurs morales et physiques.

C'est là, sur le pavé, que depuis l'heure du lever errent soucieux, hagards, pâlissants comme des ombres, les hommes que la justice tient courbés sous le couperet qu'elle aiguise.

On les voit se coller, s'accroupir le long du mur qui absorbe et retient le plus de chaleur.

Ils demeurent là, causant deux à deux, plus souvent isolés, l'œil sans cesse attiré vers la porte qui s'ouvre pour appeler quelqu'un des habitants de ce lugubre séjour, ou pour vomir dans le gouffre une nouvelle scorie rejetée du creuset de la société.

La cour Saint-Bernard a son parloir particulier.

C'est un carré long, divisé en deux parties par deux grilles parallèlement plantées à trois pieds l'une de l'autre, de façon à ce que le visiteur ne puisse serrer la main du prisonnier ou lui passer quelque chose.

Ce parloir est sombre, humide, et de tout point horrible, surtout lorsqu'on songe aux épouvantables confidences qui ont glissé sur ces grilles et rouillé le fer des barreaux.

Cependant ce lieu, tout affreux qu'il soit, est le paradis où viennent se retremper, dans une société espérée, savourée, ces hommes dont les jours sont comptés.

Il est si rare qu'on sorte de la Fosse-aux-Lions pour aller autre part qu'à la barrière Saint-Jacques, au bagne ou au cabanon cellulaire!

Dans cette cour que nous venons de décrire, et qui suait d'une froide humidité, se promenait, les mains dans les poches de son habit, un jeune homme considéré avec beaucoup de curiosité par les habitants de la Fosse.

Il eût passé pour un homme élégant, grâce à la coupe de ses habits, si ces habits n'eussent été en lambeaux; cependant ils n'avaient pas été usés: le drap, fin et soyeux aux endroits intacts, reprenait facilement son lustre sous la main caressante du prisonnier, qui essayait d'en faire un habit neuf.

Il appliquait le même soin à fermer une chemise de batiste considérablement changée de couleur depuis son entrée en prison, et sur ses bottes vernies passait le coin d'un mouchoir brodé d'initiales surmontées d'une couronne héraldique.

Quelques pensionnaires de la Fosse-aux-Lions considéraient avec un intérêt marqué les recherches de toilette du prisonnier.

— Tiens, voilà le prince qui se fait beau, dit un des voleurs.

— Il est très-beau naturellement, dit un autre, et, s'il avait seulement un peigne et de la pommade, il éclipserait tous les messieurs à gants blancs.

— Son habit a dû être bien neuf et ses bottes reluisent joliment. C'est flatteur pour nous qu'il y ait des confrères si comme il faut, et ces brigands de gendarmes sont bien vils. Les envieux! avoir déchiré une toilette comme cela!

— Il paraît que c'est un fameux, dit un autre, il a tout fait... et dans le grand genre... Il vient de là-bas si jeune! oh! c'est superbe!

Et l'objet de cette admiration hideuse semblait savourer les éloges ou la vapeur des éloges, car il n'entendait pas les paroles.

Sa toilette terminée, il s'approcha du guichet de la cantine auquel s'adossait un gardien:

— Voyons, monsieur, lui dit-il, prêtez-moi vingt francs, vous les aurez bientôt; avec moi, pas de risques à courir. Songez donc que je tiens à des parents qui ont plus de millions que vous n'avez de deniers... Voyons, vingt francs, je vous en prie, afin que je prenne une pistole et que j'achète une robe de chambre. Je souffre horriblement d'être toujours en habit et en bottes. Quel habit! monsieur, pour un prince Cavalcanti!

Le gardien lui tourna le dos et haussa les épaules.

Il ne rit pas même de ces paroles qui eussent déridé tous les fronts; car cet homme en avait entendu bien d'autres, ou plutôt il avait toujours entendu la même chose.

— Allez, dit Andrea, vous êtes un homme sans entrailles, et je vous ferai perdre votre place.

Ce mot fit retourner le gardien, qui, cette fois, laissa échapper un bruyant éclat de rire.

Alors les prisonniers s'approchèrent et firent cercle.

— Je vous dis, continua Andrea, qu'avec cette misérable somme je pourrai me procurer un habit et une chambre, afin de recevoir d'une façon décente la visite illustre que j'attends d'un jour à l'autre.

— Il a raison! il a raison! dirent les prisonniers... Pardieu! on voit bien que c'est un homme comme il faut.

— Eh bien! prêtez-lui les vingt francs, dit le gardien en s'appuyant sur son autre colossale épaule; est-ce que vous ne devez pas cela à un camarade?

— Je ne suis pas le camarade de ces gens, dit fièrement le jeune homme; ne m'insultez pas; vous n'avez pas ce droit-là.

Les voleurs se regardèrent avec de sourds murmures, et une tempête soulevée par la provocation du gardien, plus encore que par les paroles d'Andrea, commença de gronder sur le prisonnier aristocrate.

Le gardien, sûr de faire le *quos ego* quand les flots seraient trop tumultueux, les laissait monter

Aussitôt les mouchoirs retombèrent.

peu à peu pour jouer un tour au solliciteur importun. et se donner une récréation pendant la longue
garde de sa journée.

Déjà les voleurs se rapprochaient d'Andrea : les
uns se disaient :

— La savate ! la savate !

Cruelle opération qui consiste à rouer de coups
non pas de savate, mais de soulier ferré, un confrère tombé dans la disgrâce de ces messieurs.

D'autres proposaient l'anguille ; autre genre de
récréation consistant à emplir de sable, de cailloux,
de gros sous, quand ils en ont, un mouchoir tordu,

que les bourreaux déchargent comme un fléau sur
les épaules et la tête du patient.

— Fouettons le beau monsieur, dirent quelques-
uns, monsieur l'honnête homme !

Mais Andrea, se retournant vers eux, cligna de
l'œil, enfla sa joue avec sa langue, et fit entendre
ce claquement des lèvres qui équivaut à mille signes
d'intelligence parmi les bandits réduits à se taire.

C'était un signe maçonnique que lui avait indiqué
Caderousse.

Ils reconnurent un des leurs.

Aussitôt les mouchoirs retombèrent.

Le gardien de la Fosse-aux-Lions.

La savate ferrée rentra au pied du principal bourreau.

On entendit quelques voix proclamer que monsieur avait raison, que monsieur pouvait être honnête à sa guise, et que les prisonniers voulaient donner l'exemple de la liberté de conscience.

L'émeute recula.

Le gardien en fut tellement stupéfait, qu'il prit aussitôt Andrea par les mains et se mit à le fouiller, attribuant à quelque manifestation plus significative que la fascination ce changement subit des habitants de la Fosse-aux-Lions.

Andrea se laissa faire, non sans protester.

Tout à coup une voix retentit au guichet.

— Benedetto ! criait un inspecteur.

Le gardien lâcha sa proie.

— On m'appelle ! dit Andrea.

— Au parloir ! dit la voix.

— Voyez-vous, on me rend visite. Ah ! mon cher monsieur, vous allez voir si l'on peut traiter un Cavalcanti comme un homme ordinaire !

Et Andrea, glissant dans la cour comme une ombre noire, se précipita par le guichet entre-bâillé, laissant dans l'admiration ses confrères et le gardien lui-même.

On l'appelait en effet au parloir, et il ne faudrait pas s'en émerveiller moins qu'Andrea lui même; car le rusé jeune homme, depuis son entrée à la Force, au lieu d'user, comme les gens du commun, de ce bénéfice d'écrire pour se faire réclamer, avait gardé le plus stoïque silence.

— Je suis, disait-il, évidemment protégé par quelqu'un de puissant; tout me le prouve; cette fortune soudaine, cette facilité avec laquelle j'ai aplani tous les obstacles, une famille improvisée, un nom illustre devenu ma propriété, l'or pleuvant chez moi, les alliances les plus magnifiques promises à mon ambition. Un malheureux oubli de ma fortune, une absence de mon protecteur, m'a perdu, oui, mais pas absolument, pas à jamais! La main s'est retirée pour un moment, elle doit se tendre vers moi et me ressaisir de nouveau au moment où je me croirai prêt à tomber dans l'abîme.

Pourquoi risquerais-je une démarche imprudente? Je m'aliénerais peut-être le protecteur! Il y a deux moyens pour lui de me tirer d'affaire : l'évasion mystérieuse, achetée à prix d'or, et la main forcée aux juges pour obtenir une absolution.

Attendons pour parler, pour agir, qu'il me soit prouvé qu'on m'a totalement abandonné, et alors...

Andrea avait bâti un plan qu'on peut croire habile.

Le misérable était intrépide à l'attaque et rude à la défense.

La misère de la prison commune, les privations de tout genre, il les avait supportées.

Cependant peu à peu le naturel, ou plutôt l'habitude, avait repris le dessus.

Andrea souffrait d'être nu, d'être sale, d'être affamé; le temps lui durait.

C'est à ce moment d'ennui que la voix de l'inspecteur l'appela au parloir.

Andrea sentit son cœur bondir de joie.

Il était trop tôt pour que ce fût la visite du juge d'instruction et trop tard pour que ce fût un appel du directeur de la prison ou du médecin; c'était donc la visite attendue.

Derrière la grille du parloir où Andrea fut introduit, il aperçut, avec ses yeux dilatés par une curiosité avide, la figure sombre et intelligente de M. Bertuccio, qui regardait aussi, lui, avec un étonnement douloureux, les grilles, les portes verrouillées, et l'ombre qui s'agitait derrière les barreaux entre-croisés.

— Ah! fit Andrea touché au cœur.

— Bonjour, Benedetto, dit Bertuccio de sa voix creuse et sonore.

— Vous! vous! dit le jeune homme en regardant avec effroi autour de lui.

— Tu ne me reconnais pas, dit Bertuccio, malheureux enfant!

— Silence! mais silence donc! fit Andrea, qui connaissait la finesse d'ouïe de ces murailles, mon Dieu! mon Dieu! ne parlez pas si haut!

— Tu voudrais causer avec moi, n'est-ce pas, dit Bertuccio, seul à seul?

— Oh! oui! dit Andrea.

— C'est bien.

Et Bertuccio, fouillant dans sa poche, fit signe à un gardien qu'on apercevait derrière la vitre du guichet.

— Lisez! dit-il

— Qu'est cela? dit Andrea.

— L'ordre de te conduire dans une chambre, de t'y installer et de me laisser communiquer avec toi.

— Oh! fit Andrea bondissant de joie.

Et tout de suite, se repliant en lui-même, il se dit :

— Encore le protecteur inconnu! On ne m'oublie pas! On cherche le secret, puisqu'on veut causer dans une chambre isolée. Je les tiens... Bertuccio a été envoyé par le protecteur.

Le gardien conféra un moment avec un supérieur, puis ouvrit les deux portes grillées et conduisit à une chambre du premier étage, ayant vue sur la cour, Andrea, qui ne se sentait plus de joie.

La chambre était blanchie à la chaux, comme c'est l'usage dans les prisons. Elle avait un aspect de gaieté qui parut rayonnant au prisonnier : un poêle, un lit, une chaise, une table, en formaient le somptueux ameublement.

Bertuccio s'assit sur la chaise, Andrea se jeta sur le lit.

Le gardien se retira.

— Voyons, dit l'intendant, qu'as-tu à me dire?

— Et vous? dit Andrea.

— Mais parle d'abord....

— Oh! non; c'est vous qui avez beaucoup à m'apprendre, puisque vous êtes venu me trouver.

— Eh bien! soit. Tu as continué le cours de tes scélératesses : tu as volé, tu as assassiné.

— Bon. Si c'est pour me dire ces choses-là que vous me faites passer dans une chambre particulière, autant valait ne pas vous déranger. Je sais toutes ces choses. Il en est d'autres que je ne sais pas, au contraire. Parlons de celles-là, s'il vous plaît. Qui vous a envoyé?

— Oh! oh! vous allez vite, monsieur Benedetto.

— N'est-ce pas? et au but. Surtout ménageons les mots inutiles. Qui vous envoie?

— Personne.

— Comment savez-vous que je suis en prison?

— Il y a longtemps que je t'ai reconnu dans le fashionable insolent qui poussait si gracieusement un cheval aux Champs-Élysées.

— Les Champs-Élysées!... Ah! ah! nous brûlons, comme on dit au jeu de la pincette... Les Champs-Élysées !... Çà, parlons un peu de mon père, voulez-vous ?

— Que suis-je donc ?

— Vous, mon brave monsieur, vous êtes mon père adoptif... Mais ce n'est pas vous, j'imagine, qui avez disposé en ma faveur d'une centaine de mille francs que j'ai dévorés en quatre à cinq mois; ce n'est pas vous qui m'avez forgé un père italien et gentilhomme; ce n'est pas vous qui m'avez fait entrer dans le monde et invité à un certain dîner que je crois manger encore, à Auteuil, avec la meilleure compagnie de tout Paris, avec certain procureur du roi dont j'ai eu bien tort de ne pas cultiver la connaissance, qui me serait si utile en ce moment; ce n'est pas vous, enfin, qui me cautionniez pour un ou deux millions quand m'est arrivé l'accident fatal de la découverte du pot aux roses... Allons, parlez, estimable Corse, parlez...

— Que veux-tu que je te dise ?

— Je t'aiderai.

Tu parlais des Champs-Élysées tout à l'heure, mon digne père nourricier.

— Eh bien ?

— Eh bien ! aux Champs-Élysées demeure un monsieur bien riche, bien riche.

— Chez qui tu as volé et assassiné, n'est-ce pas ?

— Je crois que oui.

— M. le comte de Monte-Christo ?

— C'est vous qui l'avez nommé, comme dit M. Racine... Eh bien ! dois-je me jeter entre ses bras, l'étrangler sur mon cœur en criant : « Mon père ! mon père ! » comme dit M. Pixérécourt ?

— Ne plaisantons pas, répondit gravement Bertuccio, et qu'un pareil nom ne soit pas prononcé ici comme vous osez le prononcer.

— Bah ! fit Andrea un peu étourdi de la solennité du maintien de Bertuccio, pourquoi pas ?

— Parce que celui qui porte ce nom est trop favorisé du ciel pour être le père d'un misérable tel que vous.

— Oh ! de grands mots...

— Et de grands effets si vous n'y prenez garde !

— Des menaces ! je ne les crains pas... je dirai...

— Croyez-vous avoir affaire à des pygmées de votre espèce ? dit Bertuccio d'un ton si calme et avec un regard si assuré, qu'Andrea en fut remué jusqu'au fond des entrailles; croyez-vous avoir affaire à vos scélérats routiniers du bagne, ou à vos naïves dupes du bagne? Benedetto, vous êtes dans une main terrible; cette main veut bien s'ouvrir pour vous : profitez-en. Ne jouez pas avec la foudre qu'elle dépose pour un instant, mais qu'elle peut reprendre si vous essayez de la déranger dans son libre mouvement.

— Mon père... je veux savoir qui est mon père!.. dit l'entêté; j'y périrai s'il le faut, mais je le saurai. Que me fait le scandale, à moi? Du bien... de la réputation... des réclames.. comme dit Beauchamp le journaliste. Mais vous autres, gens du grand monde, vous avez toujours quelque chose à perdre au scandale, malgré vos millions et vos armoiries... Çà, qui est mon père?

— Je suis venu pour te le dire...

— Ah ! s'écria Benedetto les yeux étincelants de joie.

A ce moment la porte s'ouvrit, et le guichetier s'adressant à Bertuccio :

— Pardon, monsieur, dit-il, mais le juge d'instruction attend le prisonnier.

— C'est la clôture de mon interrogatoire, dit Andrea au digne intendant... Au diable l'importun !

— Je reviendrai demain, dit Bertuccio.

— Bon ! fit Andrea. Messieurs les gendarmes, je suis tout à vous... Ah ! cher monsieur, laissez donc une dizaine d'écus au greffe pour qu'on me donne ici ce dont j'ai besoin.

— Ce sera fait, répliqua Bertuccio.

Andrea lui tendit la main, Bertuccio garda la sienne dans sa poche, et y fit seulement sonner quelques pièces d'argent.

— C'est ce que je voulais dire, fit Andrea grimaçant un sourire, mais tout à fait subjugué par l'étrange tranquillité de Bertuccio. — Me serais-je trompé? se dit-il en montant dans la voiture oblongue et grillée qu'on appelle le *panier à salade*. Nous verrons! Ainsi, à demain! ajouta-t-il en se tournant vers Bertuccio.

— A demain! répondit l'intendant.

CHAPITRE IX.

LE JUGE.

On se rappelle que l'abbé Busoni était resté seul avec Noirtier dans la chambre mortuaire, et que c'est le vieillard et le prêtre qui s'étaient constitués les gardiens du corps de la jeune fille.

Peut-être les exhortations chrétiennes de l'abbé, peut-être sa douce charité, peut-être sa parole persuasive, avaient-elles rendu le courage au vieillard : car, depuis le moment où il avait pu conférer avec le prêtre, au lieu du désespoir qui s'était d'abord emparé de lui, tout dans Noirtier annonçait une grande résignation, un calme bien surprenant pour tous ceux qui se rappelaient l'affection profonde portée par lui à Valentine.

M. de Villefort n'avait point revu le vieillard depuis le matin de cette mort.

Toute la maison avait été renouvelée.

Un autre valet de chambre avait été engagé pour lui, un autre serviteur pour Noirtier.

Deux femmes étaient entrées au service de madame de Villefort.

Tous, jusqu'au concierge et au cocher, offraient de nouveaux visages qui s'étaient dressés, pour ainsi dire, entre les différents maîtres de cette maison maudite et avaient intercepté les relations déjà assez froides qui existaient entre eux.

D'ailleurs les assises s'ouvraient dans deux ou trois jours, et Villefort, enfermé dans son cabinet, poursuivait avec une fiévreuse activité la procédure entamée contre l'assassin de Caderousse.

Cette affaire, comme toutes celles auxquelles le comte de Monte-Christo se trouvait mêlé, avait fait grand bruit dans le monde parisien.

Les preuves n'étaient pas convaincantes, puisqu'elles reposaient sur quelques mots écrits par un forçat mourant, ancien compagnon de bagne de celui qu'il accusait, et qui pouvait accuser son compagnon par haine ou par vengeance.

La conscience seule du magistrat s'était formée.

Le procureur du roi avait fini par se donner à lui-même cette terrible conviction que Benedetto était coupable, et il devait tirer de cette victoire difficile une de ces jouissances d'amour-propre qui seules réveillaient un peu les fibres de son cœur glacé.

Le procès s'instruisait donc, grâce au travail incessant de Villefort, qui voulait en faire le début des prochaines assises ; aussi avait-il été forcé de se céler plus que jamais pour éviter de répondre à la quantité prodigieuse de demandes qu'on lui adressait à l'effet d'obtenir des billets d'audience.

Et puis, si peu de temps s'était écoulé depuis que la pauvre Valentine avait été déposée dans la tombe, la douleur de la maison était encore si récente, que personne ne s'étonnait de voir le père aussi sévèrement absorbé dans son devoir, c'est-à-dire dans l'unique distraction qu'il pouvait trouver à son chagrin.

Une seule fois, c'était le lendemain du jour où Benedetto avait reçu cette seconde visite de Bertuccio, dans laquelle celui-ci lui avait nommé son père, le lendemain de ce jour, qui était le dimanche, une seule fois, disons-nous, Villefort avait aperçu son père : c'était dans un moment où le magistrat, harassé de fatigue, était descendu dans le jardin de son hôtel, et, sombre, courbé sous une implacable pensée, pareil à Tarquin abattant avec sa badine les têtes des pavots les plus élevés, M. de Villefort abattait avec sa canne les longues et mourantes tiges des roses trémières qui se dressaient le long des allées comme les spectres de ces fleurs si brillantes dans la saison qui venait de s'écouler.

Déjà plus d'une fois il avait touché le fond du jardin, c'est-à-dire cette fameuse grille donnant sur le clos abandonné, revenant toujours par la même allée, reprenant sa promenade du même pas et avec le même geste, quand ses yeux se portèrent machinalement vers la maison, dans laquelle il entendait

— Me serais-je trompé? dit-il en montant dans la voiture qu'on nomme le *panier à salade*. — Page 59.

jouer bruyamment son fils, revenu de sa pension pour passer le dimanche et le lundi près de sa mère.

Dans ce mouvement, il vit à l'une des fenêtres ouvertes M. Noirtier, qui s'était fait rouler dans son fauteuil jusqu'à cette fenêtre pour jouir des derniers rayons d'un soleil encore chaud qui venaient saluer les fleurs mourantes des volubilis et les feuilles rougies des vignes vierges qui tapissaient le balcon.

L'œil du vieillard était rivé, pour ainsi dire, sur un point que Villefort n'apercevait qu'imparfaitement.

Ce regard de Noirtier était si haineux, si sauvage, si ardent d'impatience, que le procureur du roi, habile à saisir toutes les impressions de ce visage qu'il connaissait si bien, s'écarta de la ligne qu'il parcourait pour voir sur quelle personne tombait ce pesant regard.

Alors il vit, sous un massif de tilleuls aux branches déjà presque dégarnies, madame de Villefort, qui, assise, un livre à la main, interrompait de temps à autre sa lecture pour sourire à son fils ou lui renvoyer sa balle élastique, qu'il lançait obstinément du salon dans le jardin.

Villefort pâlit, car il comprenait ce que voulait le vieillard.

Noirtier regardait toujours le même objet; mais soudain son regard se porta de la femme au mari, et ce fut Villefort lui-même qui eut à subir l'attaque de ces yeux foudroyants, qui, en changeant d'objet, avaient aussi changé de langage, sans toutefois rien perdre de leur menaçante expression.

Madame de Villefort, étrangère à toutes ces passions dont les feux croisés passaient au-dessus de sa tête, retenait en ce moment la balle de son fils, lui faisant signe de la venir chercher avec un baiser; mais Édouard se fit prier longtemps, la caresse maternelle ne lui paraissait probablement pas une récompense suffisante au dérangement qu'il allait prendre; enfin il se décida, sauta de la fenêtre au milieu d'un massif d'héliotropes et de reines-marguerites, et accourut à madame de Villefort le front couvert de sueur.

Madame de Villefort essuya son front, posa ses lèvres sur ce moite ivoire, et renvoya l'enfant avec sa balle dans une main et une poignée de bonbons dans l'autre.

Villefort, attiré par une invincible attraction, comme l'oiseau est attiré par le serpent, Villefort s'approcha de la maison.

A mesure qu'il s'approchait, le regard de Noirtier s'abaissait en le suivant, et le feu de ses prunelles semblait prendre un tel degré d'incandescence, que Villefort se sentait dévoré par lui jusqu'au fond du cœur.

En effet, on lisait dans ce regard un sanglant reproche en même temps qu'une terrible menace.

Alors les paupières et les yeux de Noirtier se levèrent au ciel comme s'il rappelait à son fils un serment oublié.

— C'est bon! monsieur, répliqua Villefort du bas de la cour; c'est bon! prenez patience un jour encore; ce que j'ai dit est dit.

Noirtier parut calmé par ces paroles, et ses yeux se tournèrent avec indifférence d'un autre côté.

Villefort déboutonna violemment sa redingote, qui l'étouffait, passa une main livide sur son front et rentra dans son cabinet.

La nuit se passa froide et tranquille.

Tout le monde se coucha et dormit comme à l'ordinaire dans cette maison.

Seul, comme à l'ordinaire aussi, Villefort ne se coucha point en même temps que les autres et travailla jusqu'à cinq heures du matin à revoir les derniers interrogatoires faits la veille par les magistrats instructeurs, à compulser les dépositions des témoins, et à jeter de la netteté dans son acte d'ac-

cusation, l'un des plus énergiques et des plus habilement conçus qu'il eût encore dressés.

C'était le lendemain, lundi, que devait avoir lieu la première séance des assises.

Ce jour-là, Villefort le vit poindre blafard et sinistre, et sa lueur bleuâtre vint faire reluire sur le papier les lignes tracées à l'encre rouge.

Le magistrat s'était endormi un instant tandis que sa lampe rendait les derniers soupirs: il se réveilla à ses petillements, les doigts humides et empourprés comme s'il les eût trempés dans le sang.

Il ouvrit sa fenêtre.

Une grande bande orangée traversait au loin le ciel et coupait en deux les minces peupliers qui se profilaient en noir sur l'horizon.

Dans le champ de luzerne, au delà de la grille des marronniers, une alouette montait au ciel en faisant entendre son chant clair et matinal.

L'air humide de l'aube inonda la tête de Villefort et rafraîchit sa mémoire.

— Ce sera pour aujourd'hui, dit-il avec effort; aujourd'hui l'homme qui va tenir le glaive de la justice doit frapper partout où sont les coupables.

Ses regards allèrent alors malgré lui chercher la fenêtre de Noirtier qui s'avançait en retour, la fenêtre où il avait vu le vieillard la veille.

Le rideau en était tiré.

Et cependant l'image de son père lui était tellement présente, qu'il s'adressa à cette fenêtre fermée comme si elle était ouverte, et que, par cette ouverture, il vit encore le vieillard menaçant.

— Oui, murmura-t-il, oui, sois tranquille!

Sa tête retomba sur sa poitrine, et, la tête ainsi inclinée, il fit quelques tours dans son cabinet; puis, enfin, il se jeta tout habillé sur un canapé, moins pour dormir que pour assouplir ses membres roidis par la fatigue et le froid du travail qui pénètre jusque dans la moelle des os.

Peu à peu tout le monde se réveilla.

Villefort, de son cabinet, entendit les bruits successifs qui constituent pour ainsi dire la vie de la maison, les portes mises en mouvement, le tintement de la sonnette de madame de Villefort qui appelait sa femme de chambre, les premiers cris de l'enfant qui se levait joyeux comme on se lève d'habitude à cet âge.

Villefort sonna à son tour.

Son nouveau valet de chambre entra chez lui et lui apporta les journaux.

En même temps que les journaux, il apporta une tasse de chocolat.

— Que m'apportez-vous là? demanda Villefort.

— Une tasse de chocolat.

— Je ne l'ai point demandée. Qui prend donc ce soin de moi?

— Madame : elle m'a dit que monsieur parlerait sans doute beaucoup aujourd'hui dans cette affaire d'assassinat et qu'il avait besoin de prendre des forces.

Et le valet déposa sur la table dressée près du canapé, table, comme toutes les autres, chargée de papiers, la tasse de vermeil.

Le valet sortit.

Villefort regarda un instant la tasse d'un air sombre ; puis, tout à coup, il la prit avec un mouvement nerveux, et avala d'un seul trait le breuvage qu'elle contenait.

On eût dit qu'il espérait que ce breuvage était mortel et qu'il appelait la mort pour le délivrer d'un devoir qui lui commandait une chose bien plus difficile que de mourir ; puis il se leva et se promena dans son cabinet avec une espèce de sourire qui eût été terrible à voir si quelqu'un l'eût regardé.

Le chocolat était inoffensif, et M. de Villefort n'éprouva rien.

L'heure du déjeuner arrivée, M. de Villefort ne parut point à table.

Le valet de chambre rentra dans le cabinet.

— Madame fait prévenir monsieur, dit-il, qu'onze heures viennent de sonner et que l'audience est pour midi.

— Eh bien ! fit Villefort, après ?

— Madame a fait sa toilette : elle est toute prête, et demande si elle accompagnera monsieur ?

— Où cela ?

— Au Palais.

— Pour quoi faire ?

— Madame dit qu'elle désire beaucoup assister à cette séance.

— Ah ! fit Villefort avec un accent presque effrayant, elle le désire cela !

Le domestique recula d'un pas et dit :

— Si monsieur désire sortir seul, je vais le dire à madame.

Villefort resta un instant muet : il creusait avec ses ongles sa joue pâle sur laquelle tranchait sa barbe d'un noir d'ébène.

— Dites à madame, répondit-il enfin, que je désire lui parler, et que je la prie de m'attendre chez elle.

— Oui, monsieur.

— Puis revenez me raser et m'habiller.

— A l'instant.

Le valet de chambre disparut en effet pour reparaître, rasa Villefort et l'habilla solennellement de noir.

Puis, lorsqu'il eut fini :

— Madame a dit qu'elle attendait monsieur aussitôt sa toilette achevée, dit-il.

— J'y vais.

Et Villefort, les dossiers sous le bras, son chapeau à la main, se dirigea vers l'appartement de sa femme.

A la porte, il s'arrêta un instant, et essuya avec son mouchoir la sueur qui coulait sur son front livide.

Puis il poussa la porte.

Madame de Villefort était assise sur une ottomane, feuilletant avec impatience des journaux et des brochures que le jeune Édouard s'amusait à mettre en pièces avant même que sa mère eût eu le temps d'en achever la lecture.

Elle était complétement habillée pour sortir : son chapeau l'attendait posé sur un fauteuil ; elle avait mis ses gants.

— Ah ! vous voici, monsieur, dit-elle de sa voix naturelle et calme ; mon Dieu ! êtes-vous assez pâle, monsieur ! Vous avez donc encore travaillé toute la nuit ? Pourquoi donc n'êtes-vous pas venu déjeuner avec nous ? Eh bien ! m'emmenez-vous, ou irai-je seule avec Édouard ?

Madame de Villefort avait, comme on le voit, multiplié les demandes pour obtenir une réponse ; mais, à toutes ces demandes, M. de Villefort était resté froid et muet comme une statue.

— Édouard, dit Villefort en fixant sur l'enfant un regard impérieux, allez jouer au salon, mon ami, il faut que je parle à votre mère.

Madame de Villefort, voyant cette froide contenance, ce ton résolu, ces apprêts préliminaires étranges, tressaillit.

Édouard avait levé la tête, avait regardé sa mère ; puis, voyant qu'elle ne confirmait point l'ordre de M. de Villefort, il s'était remis à couper la tête à ses soldats de plomb.

— Édouard ! cria M. de Villefort si durement que l'enfant bondit sur le tapis, m'entendez-vous ? allez !

L'enfant, à qui ce traitement était peu habituel, se releva debout et pâlit.

Il eut été difficile de dire si c'était de colère ou de peur.

Son père alla à lui, le prit par le bras, et le baisa au front.

— Va, dit-il, mon enfant, va !

Édouard sortit.

M. de Villefort alla à la porte et la ferma derrière lui au verrou.

— O mon Dieu ! fit la jeune femme en regardant son mari jusqu'au fond de l'âme et en ébauchant un sourire que glaça l'impassibilité de Villefort, qu'y a-t-il donc ?

— Madame, où mettez-vous le poison dont vous vous servez d'habitude ? articula nettement et sans préambule le magistrat placé entre sa femme et la porte.

Madame de Villefort éprouva ce que doit éprouver l'alouette lorsqu'elle voit le milan resserrer au-dessus de sa tête ses cercles meurtriers.

Alors il vit, sous un massif de tilleuls, madame de Villefort qui souriait à son fils. — Page 61.

Un son rauque, brisé, qui n'était ni un cri ni un soupir, s'échappa de la poitrine de madame de Villefort, qui pâlit jusqu'à la lividité.

— Monsieur, dit-elle, je... je ne comprends pas.

Et, comme elle s'était soulevée dans un paroxysme de terreur, dans un second paroxysme plus fort sans doute que le premier, elle se laissa retomber sur les coussins du sofa.

— Je vous demandais, continua Villefort d'une voix parfaitement calme, en quel endroit vous ca-chiez le poison à l'aide duquel vous avez tué mon beau-père M. de Saint-Méran, ma belle-mère, Barrois et ma fille Valentine.

— Ah! monsieur, s'écria madame de Villefort en joignant les mains, que dites-vous?

— Ce n'est point à vous de m'interroger, mais de répondre.

— Est-ce au mari ou au juge? balbutia madame de Villefort.

— Au juge, madame! au juge!

C'était un spectacle effrayant que la pâleur de

— Madame, où mettez-vous le poison dont vous vous servez d'habitude?

cette femme, l'angoisse de son regard, le tremblement de tout son corps.

— Ah! monsieur! murmura-t elle, ah! monsieur!...

Et ce fut tout.

— Vous ne répondez pas, madame, s'écria le terrible interrogateur.

Puis il ajouta, avec un sourire plus effrayant encore que sa colère :

— Il est vrai que vous ne niez pas!

Elle fit un mouvement.

— Et vous ne pourriez nier, ajouta Villefort en
étendant la main vers elle comme pour la saisir au
nom de la justice; vous avez accompli ces différents
crimes avec une impudente adresse, mais qui cependant ne pouvait tromper que les gens disposés
par leur affection à s'aveugler sur votre compte.
Dès la mort de madame de Saint-Méran, j'ai su qu'il
existait un empoisonneur dans ma maison, M. d'A-
vrigny m'en avait prévenu; après la mort de Barrois, Dieu me pardonne! mes soupçons se sont por-
tés sur quelqu'un, sur un ange! mes soupçons, qui,

même là où il n'y a pas de crime, veillent sans cesse allumés au fond de mon cœur; mais, après la mort de Valentine, il n'y a plus eu de doute pour moi, madame, et, non-seulement pour moi, mais encore pour d'autres; ainsi votre crime, connu de deux personnes maintenant, soupçonné par plusieurs, va devenir public; et, comme je vous le disais tout à l'heure, madame, ce n'est plus un mari qui vous parle, c'est un juge!

La jeune femme cacha son visage dans ses deux mains.

— O monsieur! balbutia-t-elle, je vous en supplie, ne croyez pas les apparences!

— Seriez-vous lâche? s'écria Villefort d'une voix méprisante. En effet, j'ai toujours remarqué que les empoisonneurs étaient lâches. Seriez-vous lâche? vous qui avez eu l'affreux courage de voir expirer devant vous deux vieillards et une jeune fille assassinés par vous!

— Monsieur! monsieur!

— Seriez-vous lâche, continua Villefort avec une exaltation croissante, vous qui avez compté une à une les minutes de quatre agonies? Vous qui avez combiné vos plans infernaux et remué vos breuvages infâmes avec une habileté et une précision si miraculeuses? Vous qui avez si bien combiné tout, auriez-vous donc oublié de calculer une seule chose, c'est-à-dire où pouvait vous mener la révélation de vos crimes? Oh! c'est impossible, cela, et vous avez gardé quelque poison plus doux, plus subtil et plus meurtrier que les autres pour échapper au châtiment qui vous était dû... Vous avez fait cela, je l'espère du moins.

Madame de Villefort tordit ses mains et tomba à genoux.

— Je sais bien.... je sais bien, dit-il; vous avouez; mais l'aveu fait à des juges, l'aveu fait au dernier moment, l'aveu fait quand on ne peut plus nier, cet aveu ne diminue en rien le châtiment qu'ils infligent au coupable!

— Le châtiment! s'écria madame de Villefort, le châtiment! monsieur? voilà deux fois que vous prononcez ce mot!

— Sans doute. Est-ce parce que vous étiez quatre fois coupable que vous avez cru y échapper? Est-ce parce que vous êtes la femme de celui qui requiert ce châtiment que vous avez cru que ce châtiment s'écarterait? Non, madame, non! Quelle qu'elle soit, l'échafaud attend l'empoisonneuse, si surtout, comme je vous le disais tout à l'heure, l'empoisonneuse n'a pas eu le soin de conserver pour elle quelques gouttes de son plus sûr poison.

Madame de Villefort poussa un cri sauvage, et la terreur hideuse et indomptable envahit ses traits décomposés.

— Oh! ne craignez pas l'échafaud, madame, dit le magistrat, je ne veux pas vous déshonorer, car ce serait me déshonorer moi-même; non, au contraire, si vous m'avez bien entendu, vous devez comprendre que vous ne pouvez mourir sur l'échafaud.

— Non, je n'ai pas compris; que voulez-vous dire? balbutia la malheureuse femme complétement atterrée.

— Je veux dire que la femme du premier magistrat de la capitale ne chargera pas de son infamie un nom demeuré sans tache, et ne déshonorera pas du même coup son mari et son enfant.

— Non! oh! non!

— Eh bien! madame, ce sera une bonne action de votre part, et de cette bonne action je vous remercie.

— Vous me remerciez, et de quoi?

— De ce que vous venez de dire.

— Qu'ai-je dit? J'ai la tête perdue; je ne comprends plus rien, mon Dieu! mon Dieu!

Et elle se leva les cheveux épars, les lèvres écumantes.

— Vous avez répondu, madame, à cette question que je vous fis en entrant ici: — Où est le poison dont vous vous servez d'habitude, madame?

Madame de Villefort leva les bras au ciel et serra convulsivement ses mains l'une contre l'autre.

— Non! non! vociféra-t-elle; non! vous ne voulez point cela.

— Ce que je ne veux pas, madame, c'est que vous périssiez sur un échafaud, entendez-vous? répondit Villefort.

— Oh! monsieur, grâce!

— Ce que je veux, c'est que justice soit faite. Je suis sur terre pour punir, madame, ajouta-t-il avec un regard flamboyant; à toute autre femme, fût-ce à une reine, j'enverrais le bourreau; mais à vous je serai miséricordieux. A vous je dis: — N'est-ce pas, madame, que vous avez conservé quelques gouttes de votre poison le plus doux, le plus prompt et le plus sûr?

— Oh! pardonnez-moi, monsieur; laissez-moi vivre!

— Elle était lâche! dit Villefort.

— Songez que je suis votre femme!

— Vous êtes une empoisonneuse!

— Au nom du ciel!...

— Non!

— Au nom de l'amour que vous avez eu pour moi!...

— Non! non!

— Au nom de notre enfant! Ah! pour notre enfant, laissez-moi vivre!

— Non! non! non! vous dis-je; un jour, si je vous laissais vivre, vous le tueriez peut-être aussi comme les autres.

— Moi! tuer mon fils! s'écria cette mère sauvage en s'élançant vers Villefort; moi tuer mon Édouard!... ah! ah!

Et un rire affreux, un rire de démon, un rire de folle, acheva la phrase et se perdit dans un râle sanglant.

Madame de Villefort était tombée aux pieds de son mari.

Villefort s'approcha d'elle.

— Songez-y, madame, dit-il, si à mon retour justice n'est pas faite, je vous dénonce de ma propre bouche et je vous arrête de mes propres mains.

Elle écoutait pantelante, abattue, écrasée ; son œil seul vivait en elle et couvait un feu terrible.

— Vous m'entendez ! dit Villefort ; je vais là-bas requérir la peine de mort contre un assassin... Si je vous retrouve vivante, vous coucherez ce soir à la Conciergerie.

Madame de Villefort poussa un soupir, ses nerfs se détendirent, elle s'affaissa brisée sur le tapis.

Le procureur du roi parut éprouver un mouvement de pitié, il la regarda moins sévèrement, et s'inclinant légèrement devant elle :

— Adieu, madame, dit-il lentement ; adieu.

Cet adieu tomba comme le couteau mortel sur madame de Villefort.

Elle s'évanouit.

Le procureur du roi sortit, et, en sortant, ferma la porte à double tour

CHAPITRE X.

'affaire Benedetto, comme on disait alors au Palais et dans le monde, avait produit une énorme sensation.

Habitué du Café de Paris, du boulevard de Gand et du bois de Boulogne, le faux Cavalcanti, pendant qu'il était resté à Paris, et pendant les deux ou trois mois qu'avait duré sa splendeur, avait fait une foule de connaissances.

Les journaux avaient raconté les diverses stations du prévenu dans sa vie élégante et dans sa vie du bagne; il en résultait la plus vive curiosité chez ceux-là surtout qui avaient personnellement connu le prince Andrea Cavalcanti.

Aussi ceux-là surtout étaient-ils décidés à tout risquer pour aller voir sur le banc des accusés M. Benedetto, l'assassin de son camarade de chaîne.

Pour beaucoup de gens, Benedetto était, sinon une victime, du moins une erreur de la justice.

On avait vu M. Cavalcanti père à Paris, et l'on s'attendait à le voir de nouveau apparaître pour réclamer son illustre rejeton.

Bon nombre de personnes, qui n'avaient jamais entendu parler de la fameuse polonaise avec laquelle il avait débarqué chez le comte de Monte-Christo, s'étaient senties frappées de l'air digne, de la gentilhommerie et de la science du monde qu'avait montrés le vieux patricien, lequel, il faut le dire, semblait un seigneur parfait toutes les fois qu'il ne parlait point et ne faisait point d'arithmétique.

Quant à l'accusé lui-même, beaucoup de gens se rappelaient l'avoir vu si aimable, si beau, si prodigue, qu'ils aimaient mieux croire à quelque machination de la part d'un ennemi comme on en trouve en ce monde, où les grandes fortunes élèvent les moyens de faire le mal et le bien à la hauteur

du merveilleux et la puissance à la hauteur de l'inouï.

Chacun accourut donc à a séance de la cour d'assises, les uns pour savourer le spectacle, les autres pour le commenter.

Dès sept heures du matin, on faisait queue à la grille, et, une heure avant l'ouverture de la séance, la salle était déjà pleine de privilégiés.

Avant l'entrée de la cour, et même souvent après, une salle d'audience, les jours de grands procès, ressemble fort à un salon où beaucoup de gens se reconnaissent, s'abordent quand ils sont assez près les uns des autres pour ne pas perdre leurs places, se font des signes quand ils sont séparés par un trop grand nombre de populaire, d'avocats et de gendarmes.

Il faisait une de ces magnifiques journées d'automne qui nous dédommagent parfois d'un été absent ou écourté.

Les nuages que M. de Villefort avait vus le matin rayer le soleil levant s'étaient dissipés comme par magie, et laissaient luire dans toute sa pureté un des derniers, un des plus doux jours de septembre.

Beauchamp, un des rois de la presse, et par conséquent ayant son trône partout, lorgnait à droite et à gauche.

Il aperçut Château-Renaud et Debray, qui venaient de gagner les bonnes grâces d'un sergent de ville, et qui l'avaient décidé à se mettre derrière eux au lieu de les masquer, comme c'était son droit.

Le digne agent avait flairé le secrétaire du ministre et le millionnaire.

Il se montra plein d'égards pour ses nobles voisins et leur permit même d'aller rendre visite à Beauchamp, en leur promettant de leur garder leurs places.

— Eh bien! dit Beauchamp, nous venons donc voir notre ami?

— Eh! mon Dieu oui! répondit Debray, ce di-

Le bois de Boulogne.

gne prince. Que le diable soit des princes italiens, va !

— Un homme qui avait eu Dante pour généalogiste, et qui remontait à la *Divine Comédie!*

— Noblesse de corde, dit flegmatiquement Château-Renaud.

— Il sera condamné, n'est-ce pas? demanda Debray à Beauchamp.

— Eh! mon cher! répondit le journaliste, c'est à vous, ce me semble, qu'il faut demander cela : vous connaissez mieux que nous autres l'air du bureau; avez-vous vu le président à la dernière soirée de votre ministre?

— Oui.

— Que vous a-t-il dit?

— Une chose qui va vous étonner.

— Ah! parlez donc vite, alors, cher ami, il y a si longtemps qu'on ne me dit plus rien de ce genre-là.

— Eh bien! il m'a dit que Benedetto, qu'on regarde comme un phénix de subtilité, comme un géant d'astuce, n'est qu'un filou très-subalterne.

très-niais, et tout à fait indigne des expériences qu'on fera, après sa mort, sur ses organes phréno-logiques.

— Bah! fit Beauchamp ; il jouait cependant très-passablement le prince.

— Pour vous, Beauchamp, qui les détestez, ces malheureux princes, et qui êtes enchanté de leur trouver de mauvaises façons ; mais pas pour moi, qui flaire d'instinct le gentilhomme, et qui lève une famille aristocratique, quelle qu'elle soit, en vrai limier du blason.

— Ainsi, vous n'avez jamais cru à sa princi-pauté ?

— A sa principauté, si... à son principat, non.

— Pas mal, dit Debray ; je vous assure cepen-dant que, pour tout autre que vous, il pouvait pas-ser... Je l'ai vu chez les ministres.

— Ah! oui, dit Château-Renaud, avec cela que vos ministres se connaissent en princes!

— Il y a du bon dans ce que vous venez de dire, Château-Renaud, répondit Beauchamp en éclatant de rire ; la phrase est courte, mais agréable. Je vous demande la permission d'en user dans mon compte rendu.

— Prenez, mon cher monsieur Beauchamp, dit Château-Renaud, prenez ; je vous donne ma phrase pour ce qu'elle vaut.

— Mais, dit Debray à Beauchamp, si j'ai parlé au président, vous avez dû parler au procureur du roi, vous ?

— Impossible ; depuis huit jours M. de Villefort se cèle ; c'est tout naturel : cette suite étrange de chagrins domestiques, couronnée par la mort étrange de sa fille...

— La mort étrange! Que dites-vous donc là, Beauchamp ?

— Oh! oui, faites donc l'ignorant, sous prétexte que tout cela se passe chez de la noblesse de robe, dit Beauchamp en appliquant son lorgnon à son œil et en le forçant de tenir tout seul.

— Mon cher monsieur, dit Château-Renaud, per-mettez-moi de vous dire que, pour le lorgnon, vous n'êtes pas de la force de Debray. Debray, donnez donc une leçon à M. de Beauchamp.

— Tiens, dit Beauchamp, je ne me trompe pas.

— Quoi donc?

— C'est elle.

— Qui, elle?

— On la disait partie.

— Mademoiselle Eugénie? demanda Château-Renaud, serait-elle déjà revenue?

— Non, mais sa mère

— Madame Danglars?

— Allons donc, fit Château-Renaud, impossible ; dix jours après la fuite de sa fille, trois jours après la banqueroute de son mari !

Debray rougit légèrement et suivit la direction du regard de Beauchamp.

— Allons donc ! dit-il, c'est une femme voilée, une dame inconnue, quelque princesse étrangère, la mère du prince Cavalcanti, peut-être ; mais vous disiez, ou plutôt vous alliez dire des choses fort in-téressantes, Beauchamp, ce me semble.

— Moi?

— Oui. Vous parliez de la mort étrange de Va-lentine.

— Ah! oui, c'est vrai ; mais pourquoi donc ma-dame de Villefort n'est-elle pas ici?

— Pauvre chère femme! dit Debray, elle est sans doute occupée à distiller de l'eau de mélisse pour les hôpitaux, et à composer des cosmétiques pour elle et pour ses amies. Vous savez qu'elle dépense à cet amusement deux ou trois mille écus par an, à ce que l'on assure. Au fait, vous avez raison, pourquoi n'est-elle pas ici, madame de Villefort? Je l'aurais vue avec un grand plaisir, j'aime beaucoup cette femme.

— Et moi, dit Château-Renaud, je la déteste.

— Pourquoi?

— Je n'en sais rien. Pourquoi aime-t-on? pour-quoi déteste-t-on? Je la déteste par antipathie.

— Ou par instinct, toujours.

— Peut-être... Mais revenons à ce que vous di-siez, Beauchamp.

— Eh bien, reprit Beauchamp, n'êtes-vous pas curieux de savoir, messieurs, pourquoi l'on meurt si dru dans la maison Villefort?

— Dru est joli, dit Château-Renaud.

— Mon cher, le mot se trouve dans Saint-Si-mon.

— Mais la chose se trouve chez M. de Villefort ; revenons-y donc.

— Ma foi! dit Debray, j'avoue que je ne perds pas de vue cette maison tendue de deuil depuis trois mois, et avant-hier encore, à propos de Va-lentine, madame m'en parlait.

— Qu'est-ce que madame? demanda Château-Renaud.

— La femme du ministre, pardieu !

— Ah! pardon, fit Château-Renaud, je ne vais pas chez les ministres, moi ; je laisse cela aux princes.

— Vous n'étiez que beau, vous devenez flam-boyant, baron ; prenez pitié de nous, ou vous allez nous brûler comme un autre Jupiter.

— Je ne dirai plus rien, dit Château-Renaud ; mais, que diable, ayez pitié de moi, ne me donnez pas la réplique.

— Voyons, tâchons d'arriver au bout de notre dialogue, Beauchamp ; je vous disais donc que madame me demandait avant-hier des renseignements là-dessus ; instruisez-moi, je l'instruirai.

— Eh bien, messieurs, si l'on meurt si dru, je maintiens le mot, dans la maison Villefort, c'est qu'il y a un assassin dans la maison.

Les deux jeunes gens tressaillirent, car déjà plus d'une fois la même idée leur était venue.

— Et quel est cet assassin ? demandèrent-ils ensemble.

— Le jeune Édouard.

Un éclat de rire des deux auditeurs ne déconcerta aucunement l'orateur qui continua.

— Oui, messieurs, le jeune Édouard, enfant phénoménal, qui tue déjà comme père et mère.

— C'est une plaisanterie ?

— Pas du tout. J'ai pris hier un domestique qui sort de chez M. de Villefort : écoutez bien ceci.

— Nous écoutons.

— Et que je vais renvoyer demain, parce qu'il mange énormément pour se remettre du jeûne de terreur qu'il s'imposait là-bas. Eh bien, il paraît que ce cher enfant a mis la main sur quelque flacon de drogue dont il use de temps en temps contre ceux qui lui déplaisent. D'abord ce fut bon-papa et bonne-maman de Saint-Méran qui lui déplurent, et il leur a versé trois gouttes de son élixir : trois gouttes suffisent ; puis ce fut le brave Barrois, vieux serviteur de bon-papa Noirtier, lequel rudoyait de temps en temps l'aimable espiègle que vous connaissez : l'aimable espiègle lui a versé trois gouttes de son élixir ; ainsi fut fait de la pauvre Valentine, qui ne le rudoyait pas, elle, mais dont il était jaloux : il lui a versé trois gouttes de son élixir, et, pour elle comme pour les autres, tout a été fini.

— Mais quel diable de conte nous faites-vous là ? dit Château-Renaud.

— Oui, dit Beauchamp, un conte de l'autre monde, n'est-ce pas ?

— C'est absurde, dit Debray.

— Ah ! reprit Beauchamp, voilà déjà que vous cherchez des moyens dilatoires ! Que diable ! demandez à mon domestique, ou plutôt à celui qui demain ne sera plus mon domestique : c'était le bruit de la maison.

— Mais cet élixir, où est-il ? quel est-il ?

— Dame ! l'enfant le cache.

— Où l'a-t-il pris ?

— Dans le laboratoire de madame sa mère.

— Sa mère a donc des poisons dans son laboratoire ?

— Est-ce que je sais, moi ? Vous venez me faire là des questions de procureur du roi. Je répète ce qu'on m'a dit, voilà tout ; je vous cite mon auteur : je ne puis faire davantage. Le pauvre diable ne mangeait plus d'épouvante.

— C'est incroyable !

— Mais non, mon cher, ce n'est pas incroyable du tout ; vous avez vu l'an passé cet enfant de la rue Richelieu qui s'amusait à tuer ses frères et ses sœurs en leur enfonçant une épingle dans l'oreille tandis qu'ils dormaient. La génération qui nous suit est très-précoce, mon cher.

— Mon cher, dit Château-Renaud, je parie que vous ne croyez pas un seul mot de ce que vous nous contez là... Mais je ne vois pas le comte de Monte-Christo ; comment donc n'est-il pas ici ?

— Il est blasé, lui, fit Debray ; et puis, il ne voudra point paraître devant tout le monde, lui qui a été la dupe de tous les Cavalcanti, lesquels sont venus à lui, à ce qu'il paraît, avec de fausses lettres de créance, de sorte qu'il en est pour une centaine de mille francs hypothéqués sur la principauté.

— A propos, monsieur de Château-Renaud, demanda Beauchamp, comment se porte Morrel ?

— Ma foi, dit le gentilhomme, voici trois fois que je vais chez lui, et pas plus de Morrel que sur la main. Cependant sa sœur ne m'a point paru inquiète, et elle m'a dit, avec un fort bon visage, qu'elle ne l'avait pas vu non plus depuis deux ou trois jours, mais qu'elle était certaine qu'il se portait bien.

— Ah ! j'y pense ! le comte de Monte-Christo ne peut venir dans la salle ! dit Beauchamp.

— Pourquoi cela ?

— Parce qu'il est acteur dans le drame.

— Est-ce qu'il a aussi assassiné quelqu'un ? demanda Debray.

— Mais non ; c'est lui, au contraire, qu'on a voulu assassiner. Vous savez bien que c'est en sortant de chez lui que ce bon M. de Caderousse a été assassiné par son petit ami Benedetto. Vous savez bien que c'est chez lui qu'on a retrouvé ce fameux gilet dans lequel était la lettre qui est venue déranger la signature du contrat. Voyez-vous le fameux gilet ? il est là tout sanglant sur le bureau, comme pièce de conviction.

— Ah ! fort bien !

— Chut ! messieurs, voici la cour ; à nos places !

En effet, un grand bruit se fit entendre dans le prétoire.

La Conciergerie.

Le sergent de ville appela ses deux protégés par un *hem!* énergique ; et l'huissier, paraissant au seuil de la salle des délibérations, cria de cette voix gla- pissante, que les huissiers avaient déjà du temps de Beaumarchais :

— La cour, messieurs!

— Chut! messieurs, voici la cour ; à vos places. — Page 71.

J. A. BEAUCÉ

CHAPITRE XI.

L'ACTE D'ACCUSATION.

Les juges prirent séance au milieu du plus profond silence.

Les jurés s'assirent à leur place.

M. de Villefort, objet de l'attention, et nous dirons presque de l'admiration générale, se plaça couvert dans son fauteuil, promenant un regard tranquille autour de lui.

Chacun regardait avec étonnement cette figure grave et sévère, sur l'impassibilité de laquelle les douleurs paternelles semblaient n'avoir aucune prise, et l'on regardait avec une espèce de terreur cet homme étranger aux émotions de l'humanité.

— Gendarmes! dit le président, amenez l'accusé.

A ces mots, l'attention du public devint plus active, et tous les yeux se fixèrent sur la porte par laquelle Benedetto devait entrer.

Bientôt cette porte s'ouvrit et l'accusé parut.

L'impression fut la même sur tout le monde, et nul ne se trompa à l'expression de sa physionomie.

Ses traits ne portaient pas l'empreinte de cette émotion profonde qui refoule le sang au cœur et décolore le front et les joues.

Ses mains, gracieusement posées, l'une sur son chapeau, l'autre dans l'ouverture de son gilet de piqué blanc, n'étaient agitées d'aucun frisson.

Son œil était calme et même brillant.

A peine dans la salle, le regard du jeune homme se mit à parcourir tous les rangs des juges et des assistants, et s'arrêta plus longuement sur le président et surtout sur le procureur du roi.

Auprès d'Andrea se plaça son avocat, avocat nommé d'office (car Andrea n'avait point voulu s'occuper de ces détails, auxquels il n'avait paru attacher aucune importance) jeune homme aux cheveux d'un blond fade, au visage rougi par une émotion cent fois plus sensible que celle du prévenu.

Le président demanda la lecture de l'acte d'accusation, rédigé, comme on sait, par la plume si habile et si implacable de Villefort.

Pendant cette lecture, qui fut longue, et qui pour tout autre eût été accablante, l'attention publique ne cessa de se porter sur Andrea, qui en soutint le poids avec la gaieté d'âme d'un Spartiate.

Jamais Villefort peut-être n'avait été si concis ni si éloquent.

Le crime était présenté sous les couleurs les plus vives.

Les antécédents du prévenu, sa transfiguration, la filiation de ses actes depuis un âge assez tendre, étaient déduits avec le talent que la pratique de la vie et la connaissance du cœur humain pouvaient fournir à un esprit aussi élevé que celui du procureur du roi.

Avec ce seul préambule, Benedetto était à jamais perdu dans l'opinion publique, en attendant qu'il fût puni plus matériellement par la loi.

Andrea ne prêta pas la moindre attention aux charges successives qui s'élevaient et retombaient sur lui.

M. de Villefort, qui l'examinait souvent et qui, sans doute, continuait sur lui les études psychologiques qu'il avait eu si souvent l'occasion de faire sur les accusés, M. de Villefort ne put une seule fois lui faire baisser les yeux, quelle que fût la fixité et la profondeur de son regard.

Enfin, la lecture fut terminée.

— Accusé, dit le président, vos nom et prénoms?

Andrea se leva.

— Pardonnez-moi, monsieur le président, dit-il d'une voix dont le timbre vibrait parfaitement pur, mais je vois que vous allez prendre un ordre de questions dans lequel je ne puis vous suivre. J'ai la prétention, que c'est à moi de justifier plus tard, d'être une exception aux accusés ordinaires. Veuillez donc, je vous prie, me permettre de répondre en suivant un ordre différent; je n'en répondrai pas moins à tout.

Le président, surpris, regarda les jurés, qui regardèrent le procureur du roi.

Une grande surprise se manifesta dans toute l'assemblée.

Mais Andrea ne parut aucunement s'en émouvoir.

— Votre âge? dit le président; répondrez-vous à cette question?

— A cette question comme aux autres je répondrai, monsieur le président, mais à son tour.

— Votre âge? répéta le magistrat.

— J'ai vingt et un ans, ou plutôt je les aurai seulement dans quelques jours, étant né dans la nuit du 27 au 28 septembre 1817.

M. de Villefort, qui était à prendre une note, leva la tête à cette date.

— Où êtes-vous né? continua le président.

— A Auteuil, près Paris, répondit Benedetto.

M. de Villefort leva une seconde fois la tête, regarda Benedetto comme il eût regardé la tête de Méduse, et devint livide.

Quant à Benedetto, il passa gracieusement sur ses lèvres le coin brodé d'un mouchoir de fine batiste.

— Votre profession? demanda le président.

— D'abord j'étais faussaire, dit Andrea le plus tranquillement du monde; ensuite je suis passé voleur, et, tout récemment, je me suis fait assassin.

Un murmure, ou plutôt une tempête d'indignation et de surprise éclata de toutes les parties de la salle.

Les juges eux-mêmes le regardèrent stupéfaits; les jurés manifestèrent le plus grand dégoût pour ce cynisme qu'on attendait si peu d'un homme élégant.

M. de Villefort appuya une main sur son front, qui, d'abord pâle, était devenu rouge et bouillant.

Tout à coup il se leva, regardant autour de lui comme un homme égaré : l'air lui manquait.

— Cherchez-vous quelque chose, monsieur le procureur du roi? demanda Benedetto avec son plus obligeant sourire.

M. de Villefort ne répondit rien, et se rassit ou plutôt retomba sur son fauteuil.

— Est-ce maintenant, prévenu, que vous consentez à dire votre nom? demanda le président. L'affectation brutale que vous avez mise à énumérer vos différents crimes, que vous qualifiez de profession, l'espèce de point d'honneur que vous y attachez, ce dont, au nom de la morale et du respect dû à l'humanité, la cour doit vous blâmer sévèrement, voilà peut-être la raison qui vous a fait tarder de vous nommer : vous voulez faire ressortir ce nom par les titres qui le précèdent.

— C'est incroyable, monsieur le président, dit Benedetto du ton de voix le plus gracieux et avec les manières les plus polies, comme vous avez lu au fond de ma pensée ; c'est, en effet, dans ce but que je vous ai prié d'intervertir l'ordre des questions.

La stupeur était à son comble.

Il n'y avait plus, dans les paroles de l'accusé, ni forfanterie ni cynisme.

L'auditoire ému pressentait quelque foudre éclatante au fond de ce nuage sombre.

— Eh bien ! dit le président, votre nom?

— Je ne puis vous dire mon nom, car je ne le sais pas ; mais je sais celui de mon père, et je peux vous le dire.

Un éblouissement douloureux aveugla Villefort : on vit tomber de ses joues des gouttes de sueur âcres et pressées sur les papiers qu'il remuait d'une main convulsive et éperdue.

— Dites alors le nom de votre père, reprit le président.

Pas un souffle, pas une haleine ne troublait le silence de cette immense assemblée; tout le monde attendait.

— Mon père est procureur du roi, répondit tranquillement Andrea.

— Procureur du roi ! fit avec stupéfaction le président, sans remarquer le bouleversement qui se faisait sur la figure de Villefort; procureur du roi !

— Oui, et puisque vous voulez savoir son nom, je vais vous le dire : il se nomme de Villefort !

L'explosion, si longtemps contenue par le respect qu'en séance on porte à la justice, se fit jour, comme un tonnerre, du fond de toutes les poitrines.

La cour elle-même ne songea point à réprimer ce mouvement de la multitude

Les interjections, les injures adressées à Benedetto qui demeurait impassible, les gestes énergiques, les mouvements des gendarmes, le ricanement de cette partie fangeuse, qui, dans toute assemblée, monte à la surface aux moments de trouble et de scandale, tout cela dura cinq minutes avant que les magistrats et les huissiers eussent réussi à rétablir le silence.

Au milieu de tout ce bruit, on entendait la voix du président qui s'écriait :

— Vous jouez-vous de la justice, accusé, et oseriez-vous donner à vos concitoyens le spectacle d'une corruption qui, dans une époque qui cependant ne laisse rien à désirer sous ce rapport, n'aurait pas encore eu son égale?

Dix personnes s'empressaient auprès de M. le procureur du roi à demi écrasé sur son siège, et lui offraient des consolations, des encouragements, des protestations de zèle et de sympathie

Le calme s'était rétabli dans la salle, à l'exception cependant d'un point où un groupe assez nombreux s'agitait et chuchotait.

Une femme, disait-on, venait de s'évanouir; on lui avait fait respirer des sels, et elle s'était remise.

Andrea, pendant tout ce tumulte, avait tourné sa figure souriante vers l'assemblée ; puis, s'appuyant enfin d'une main sur la rampe de chêne de son banc, et cela dans l'attitude la plus gracieuse :

— Messieurs, dit-il, à Dieu ne plaise que je cherche à insulter la cour et à faire, en présence de cette honorable assemblée, un scandale inutile. On me demande quel âge j'ai, je le dis ; on me demande où je suis né, je réponds ; on me demande mon nom, je ne puis le dire, puisque mes parents m'ont abandonné. Mais je puis bien, sans dire mon nom, puisque je n'en ai pas, dire celui de mon père : or, je le répète, mon père se nomme M. de Villefort, et je suis tout prêt à le prouver.

Il y avait dans l'accent du jeune homme une certitude, une conviction, une énergie qui réduisirent le tumulte au silence.

Les regards se portèrent un moment sur le procureur du roi, qui gardait sur son siège l'immobilité d'un homme que la foudre vient de changer en cadavre

— Messieurs, continua Andrea en commandant le silence du geste et de la voix, je vous dois la preuve et l'explication de mes paroles.

— Mais, s'écria le président irrité, vous avez déclaré dans l'instruction vous nommer Benedetto, vous avez dit être orphelin, et vous vous êtes donné la Corse pour patrie.

— J'ai dit à l'instruction ce qu'il m'a convenu de dire à l'instruction, car je ne voulais pas que l'on affaiblît ou que l'on arrêtât, ce qui n'eût point manqué d'arriver, le retentissement solennel que je voulais donner à mes paroles.

Maintenant je vous répète que je suis né à Auteuil, dans la nuit du 27 au 28 septembre 1817, et que je suis fils de M. le procureur du roi de Villefort. Maintenant, voulez-vous des détails? je vais vous en donner.

Je naquis au premier de la maison numéro 28, rue de la Fontaine, dans une chambre tendue de damas rouge.

Mon père me prit dans ses bras en disant à ma mère que j'étais mort, m'enveloppa dans une serviette marquée d'un H et d'un N, et m'emporta dans le jardin, où il m'enterra vivant

Un frisson parcourut tous les assistants quand ils virent que grandissait l'assurance du prévenu avec l'épouvante de M. de Villefort.

— Mais comment savez-vous tous ces détails? demanda le président.

— Je vais vous le dire, monsieur le président Dans le jardin où mon père venait de m'ensevelir, s'était, cette nuit-là même, introduit un homme qui lui en voulait mortellement et qui le guettait depuis longtemps pour accomplir sur lui une vengeance corse.

L'homme était caché dans un massif; il vit mon père enfermer un dépôt dans la terre, et le frappa d'un coup de couteau au milieu même de cette opération; puis, croyant que ce dépôt était quelque trésor, il ouvrit la fosse et me trouva vivant encore.

Cet homme me porta à l'hospice des Enfants-Trouvés, où je fus inscrit sous le numéro 57.

Trois mois après, sa sœur fit le voyage de Rogliano à Paris pour me venir chercher, me réclama comme son fils et m'emmena.

Voilà comment, quoique né à Auteuil, je fus élevé en Corse.

Il y eut un instant de silence, mais d'un silence si profond, que, sans l'anxiété que semblaient respirer mille poitrines, on eût cru la salle vide.

— Continuez, dit la voix du président.

— Certes, continua Benedetto, je pouvais être heureux chez ces braves gens qui m'adoraient; mais mon naturel pervers l'emporta sur toutes les vertus qu'essayait de verser dans mon cœur ma mère adoptive. Je grandis dans le mal, et je suis arrivé au crime. Enfin, un jour que je maudissais Dieu de m'avoir fait si méchant et de me donner une si hideuse destinée, mon père adoptif est venu me dire :

« Ne blasphème pas, malheureux! car Dieu t'a donné le jour sans colère! Le crime vient de ton père et non de toi, de ton père qui t'a voué à l'enfer si tu mourais; à la misère si un miracle te rendait au jour! »

Dès lors, j'ai cessé de blasphémer Dieu, mais j'ai maudit mon père, et voilà pourquoi j'ai fait entendre ici les paroles que vous m'avez reprochées, monsieur le président; voilà pourquoi j'ai causé le scandale dont frémit encore cette assemblée. Si c'est un crime de plus, punissez-moi; mais si je vous ai convaincu que, dès le jour de ma naissance, ma destinée était fatale, douloureuse, amère, lamentable, plaignez-moi!

— Mais votre mère? demanda le président.

— Ma mère me croyait mort; ma mère n'est point coupable. Je n'ai pas voulu savoir le nom de ma mère; je ne la connais pas.

En ce moment, un cri aigu, qui se termina par un sanglot, retentit au milieu du groupe qui entourait, comme nous l'avons dit, une femme.

Cette femme tomba dans une violente attaque de nerfs, et fut enlevée du prétoire.

Tandis qu'on l'emportait, le voile épais qui cachait son visage s'écarta, et l'on reconnut madame Danglars

Malgré l'accablement de ses sens énervés, malgré le bourdonnement qui frémissait à son oreille, malgré l'espèce de folie qui bouleversait son cerveau, Villefort la reconnut et se leva.

— Les preuves? les preuves? dit le président. Prévenu, souvenez-vous que ce tissu d'horreurs a besoin d'être soutenu par les preuves les plus éclatantes.

— Les preuves? dit Benedetto en riant, les preuves, vous les voulez?

— Oui.

— Eh bien! regardez M. de Villefort, et demandez-moi encore les preuves.

Chacun se retourna vers le procureur du roi, qui, sous le poids de ces mille regards rivés sur lui, s'avança dans l'enceinte du tribunal, chancelant, les cheveux en désordre et le visage couperosé par la pression de ses ongles.

L'assemblée tout entière poussa un long murmure d'étonnement.

— On me demande les preuves, mon père, dit Benedetto, voulez-vous que je les donne?

— Non, non, balbutia M. de Villefort d'une voix étranglée, non, c'est inutile.

— Comment! inutile? s'écria le président; mais que voulez-vous dire?

— Je veux dire, s'écria le procureur du roi, que je me débattrais en vain sous l'étreinte mortelle qui

— Je suis, je le reconnais, dans la main du Dieu vengeur !

m'écrase, messieurs ; je suis, je le reconnais, dans la main du Dieu vengeur. Pas de preuves ! il n'en est pas besoin : tout ce que vient de dire ce jeune homme est vrai.

Un silence sombre et pesant comme celui qui précède les catastrophes de la nature enveloppa dans son manteau de plomb tous les assistants, dont les cheveux se dressaient sur la tête.

— Eh quoi ! monsieur de Villefort ! s'écria le président, vous ne cédez pas à une hallucination ! Quoi ! vous jouissez de la plénitude de vos facultés !

On concevrait qu'une accusation si étrange, si imprévue, si terrible, ait troublé vos esprits ; voyons, remettez-vous.

Le procureur du roi secoua la tête. Ses dents s'entre-choquaient avec violence comme celles d'un homme dévoré par la fièvre, et cependant il était d'une pâleur mortelle.

— Je jouis de toutes mes facultés, monsieur, dit-il ; le corps seulement souffre, et cela se conçoit. Je me reconnais coupable de tout ce que ce jeune homme vient d'articuler contre moi, et je me tiens dès à présent chez moi à la disposition de M. le procureur du roi mon successeur.

Et, en prononçant ces mots d'une voix sourde et presque étouffée, M. de Villefort se dirigea en vacillant vers la porte que lui ouvrit d'un mouvement machinal l'huissier de service.

L'assemblée tout entière demeura muette et consternée par cette révélation et par cet aveu qui faisait un dénoûment si terrible aux différentes péripéties qui depuis quinze jours avaient agité la haute société parisienne.

— Eh bien! dit Beauchamp, qu'on vienne dire maintenant que le drame n'est pas dans la nature!

— Ma foi! dit Château-Renaud, j'aimerais encore mieux finir comme M. de Morcerf : un coup de pistolet paraît doux près d'une pareille catastrophe.

— Et puis il tue, dit Beauchamp.

— Et moi qui avais eu un instant l'idée d'épouser sa fille! dit Debray. A-t-elle bien fait de mourir, mon Dieu! la pauvre enfant!

— La séance est levée, messieurs, dit le président, et la cause remise à la prochaine session. L'affaire doit être instruite de nouveau et confiée à un autre magistrat.

Quant à Andrea, toujours aussi tranquille et beaucoup plus intéressant, il quitta la salle escorté par les gendarmes, qui involontairement lui témoignaient des égards.

— Eh bien! que pensez-vous de cela, mon brave homme? demanda Debray au sergent de ville en lui glissant un louis dans la main.

— Il y aura des circonstances atténuantes! répondit celui-ci.

CHAPITRE XII.

EXPIATION.

onsieur de Villefort avait vu s'ouvrir devant lui les rangs de la foule, si compacte qu'elle fût.

Les grandes douleurs sont tellement vénérables, qu'il n'est pas d'exemples, même dans les temps les plus malheureux, que le premier mouvement de la foule réunie n'ait pas été un mouvement de sympathie pour une grande catastrophe.

Beaucoup de gens haïs ont été assassinés dans une émeute; rarement un malheureux, fût-il criminel, a été insulté par les hommes qui assistaient à son jugement à mort.

Villefort traversa donc la haie des spectateurs, des gardes, des gens du palais, et s'éloigna, reconnu coupable de son propre aveu, mais protégé par sa douleur.

Il est des situations que les hommes saisissent avec leur instinct, mais qu'ils ne peuvent commenter avec leur esprit; le plus grand poëte, dans ce cas, est celui qui pousse le cri le plus véhément et le plus naturel.

La foule prend ce cri pour un récit tout entier, et elle a raison de s'en contenter, et plus raison encore de le trouver sublime quand il est vrai.

Du reste, il serait difficile de dire l'état de stupeur dans lequel était Villefort en sortant du palais, de peindre cette fièvre qui faisait battre chaque artère, roidissait chaque fibre, gonflait à la briser chaque veine, et disséquait chaque point de ce corps mortel en des millions de souffrances.

Villefort se traîna le long des corridors, guidé seulement par l'habitude; il jeta de ses épaules la toge magistrale, non qu'il pensât à la quitter pour la convenance, mais parce qu'elle était à ses épaules un fardeau accablant, une tunique de Nessus féconde en tortures.

Il arriva chancelant jusqu'à la cour Dauphine, aperçut sa voiture, réveilla le cocher en l'ouvrant lui-même, et se laissa tomber sur les coussins en montrant du doigt la direction du faubourg Saint-Honoré.

Le cocher partit.

Tout le poids de sa fortune écroulée venait de retomber sur sa tête : ce poids l'écrasait, il n'en savait pas les conséquences; il ne les avait pas mesurées : il les sentait; il ne raisonnait pas son code comme le froid meurtrier qui commente un article connu.

Il avait Dieu au fond du cœur.

— Dieu! murmurait-il sans savoir même ce qu'il disait, Dieu! Dieu!

Il ne voyait que Dieu derrière l'éboulement qui venait de se faire.

La voiture roulait avec vitesse.

Villefort, en s'agitant sur ses coussins, sentit quelque chose qui le gênait.

Il porta la main à cet objet, c'était un éventail oublié par madame de Villefort entre les coussins et le dossier de la voiture.

Cet éventail éveilla un souvenir, et ce souvenir fut un éclair au milieu de la nuit.

Villefort songea à sa femme...

— Oh! s'écriait-il, comme si un fer rouge lui traversait le cœur.

En effet, depuis une heure, il n'avait plus sous les yeux qu'une face de sa misère, et voilà que tout à coup il s'en offrait une autre à son esprit, et une autre non moins terrible.

Cette femme, il venait de faire avec elle le juge inexorable, il venait de la condamner à mort, et elle, elle, frappée de terreur, écrasée par le remords, abîmée sous la honte qu'il venait de lui faire avec l'éloquence de son irréprochable vertu, elle, pauvre femme faible et sans défense contre un pouvoir absolu et suprême, elle se préparait peut-être en ce moment même à mourir!

Il réveilla le cocher et ouvrit lui-même sa voiture — PAGE 79.

Une heure s'était déjà écoulée depuis sa con-Jamnation.

Sans doute, en ce moment, elle repassait tous ses crimes dans sa mémoire, elle demandait grâce à Dieu, elle écrivait une lettre pour implorer à genoux le pardon de son vertueux époux, pardon qu'elle achetait de sa mort.

Villefort poussa un second rugissement de douleur et de rage.

— Ah! s'écria-t-il en se roulant sur le satin de son carrosse, cette femme n'est devenue criminelle que parce qu'elle m'a touchée. Je sue le crime, moi! et elle a gagné le crime comme on gagne le typhus, comme on gagne le choléra, comme on gagne la peste, et je la punis!... J'ai osé lui dire : — Repentez-vous et mourez... moi! Oh! non! non! elle vivra... elle me suivra... Nous allons fuir, quitter la France, aller devant nous tant que la terre pourra nous porter. Je lui parlais d'échafaud!... Grand Dieu! comment ai-je osé prononcer ce mot! Mais moi aussi, l'échafaud m'attend!..... Nous, fuirons... Oui, je me confesserai à elle; oui, tous les

— C'est fait, monsieur, dit-elle avec un râlement qui semblait déchirer son gosier. — Page 82.

jours je lui dirai, en m'humiliant, que moi aussi j'ai commis un crime... Oh! alliance du tigre et du serpent! Oh! digne femme d'un mari tel que moi!... Il faut qu'elle vive, il faut que mon infamie fasse pâlir la sienne!

Et Villefort enfonça plutôt qu'il ne baissa la glace du devant de son coupé.

— Vite! plus vite! s'écria-t-il d'une voix qui fit bondir le cocher sur son siège.

Les chevaux, emportés par la peur, volèrent jusqu'à la maison.

— Oui! oui! se répétait Villefort à mesure qu'il se rapprochait de chez lui, oui! il faut que cette femme vive, il faut qu'elle se repente et qu'elle élève mon fils, mon pauvre enfant! le seul, avec l'indestructible vieillard, qui ait survécu à la destruction de la famille. Elle l'aimait; c'est pour lui qu'elle a tout fait. Il ne faut jamais désespérer du cœur d'une mère qui aime son enfant; elle se repentira : nul ne saura qu'elle fut coupable; ces crimes commis chez moi, et dont le monde s'inquiète déjà, ils seront oubliés avec le temps, ou si quelques ennemis s'en souviennent, eh bien! je les prendrai sur ma liste de crimes. Un, deux, trois de plus, qu'importe! ma femme se sauvera emportant de l'or, et surtout emportant son fils, loin du gouffre où il me semble que le monde va tomber avec moi. Elle vivra, elle sera heureuse encore, puisque tout son amour est dans son fils, et que son fils ne la quittera point. J'aurai fait une bonne action; cela allége le cœur.

Et le procureur du roi respira plus librement qu'il n'avait fait depuis longtemps.

La voiture s'arrêta dans la cour de l'hôtel.

Villefort s'élança du marchepied sur le perron.

Il vit les domestiques surpris de le voir revenir si vite.

Il ne lut pas autre chose sur leur physionomie.

Nul ne lui adressa la parole.

On s'arrêta devant lui, comme d'habitude, pour le laisser passer : voilà tout.

Il passa devant la chambre de Noirtier, et, par la porte entr'ouverte, il aperçut comme deux ombres; mais il ne s'inquiéta point de la personne qui était avec son père, c'était ailleurs que son inquiétude le tirait.

— Allons, dit-il en montant le petit escalier qui conduisait au palier où étaient l'appartement de sa femme et la chambre vide de Valentine; allons, rien n'est changé ici.

Avant tout il ferma la porte du palier.

— Il faut que personne ne nous dérange, dit-il; il faut que je puisse lui parler librement, m'accuser devant elle, lui tout dire....

Il s'approcha de la porte, mit la main sur le bouton de cristal; la porte céda.

— Pas fermée! oh! bien, très-bien! murmura-t-il.

Et il entra dans le petit salon où tous les soirs on dressait un lit pour Édouard; car, quoiqu'en pension, Édouard rentrait tous les soirs; sa mère n'avait jamais voulu se séparer de lui.

Il embrassa d'un coup d'œil tout le petit salon.

— Personne, dit-il; elle est dans sa chambre à coucher sans doute.

Il s'élança vers la porte.

Là, le verrou était mis.

Il s'arrêta frissonnant.

— Héloïse! cria-t-il.

Il lui sembla entendre remuer un meuble

— Héloïse! répéta-t-il.

— Qui est là? demanda la voix de celle qu'il appelait.

Il lui sembla que cette voix était plus faible que de coutume.

— Ouvrez, ouvrez! s'écria Villefort, c'est moi!

Mais malgré cet ordre, malgré le ton d'angoisse avec lequel il était donné, on n'ouvrit pas.

Villefort enfonça la porte d'un coup de pied.

A l'entrée de la chambre qui donnait dans son boudoir, madame de Villefort était debout, pâle, les traits contractés, et le regardant avec des yeux d'une fixité effrayante.

— Héloïse! Héloïse! dit-il; qu'avez-vous?... parlez!

La jeune femme étendit vers lui sa main roide et livide.

— C'est fait, monsieur, dit-elle avec un râlement qui sembla déchirer son gosier; que voulez-vous donc encore de plus?

Et elle tomba de sa hauteur sur le tapis.

Villefort courut à elle, lui saisit la main.

Cette main serrait convulsivement un flacon de cristal à bouchon d'or.

Madame de Villefort était morte.

Villefort, ivre d'horreur, recula jusqu'au seuil de la chambre et regarda le cadavre.

— Mon fils! s'écria-t-il tout à coup; où est mon fils? Édouard! Édouard!

Et il se précipita hors de l'appartement en criant :

— Édouard! Édouard!

Ce nom était prononcé avec un tel accent d'angoisse, que les domestiques accoururent.

— Mon fils! où est mon fils? demanda Villefort. Qu'on l'éloigne de la maison, qu'il ne voie pas...

— M. Édouard n'est point en bas, monsieur, répondit le valet de chambre.

— Il joue sans doute au jardin; voyez! voyez!

— Non, monsieur. Madame a appelé son fils il y a une demi-heure à peu près; M. Édouard est entré chez madame et n'est point descendu depuis.

Une sueur glacée inonda le front de Villefort, ses pieds trébuchèrent sur la dalle, ses idées commencèrent à tourner dans sa tête comme les rouages désordonnés d'une montre qui se brise.

— Chez madame! murmura-t-il, chez madame! Et il revint lentement sur ses pas, s'essuyant le front d'une main, s'appuyant de l'autre aux parois de la muraille.

En rentrant dans la chambre il fallait revoir le corps de la malheureuse femme.

Pour appeler Édouard, il fallait réveiller l'écho de cet appartement changé en cercueil : parler, c'était violer le silence de la tombe.

Villefort sentit sa langue paralysée dans sa gorge.

— Édouard! Édouard! balbutia-t-il.

L'enfant ne répondit pas.

Où donc était l'enfant qui, au dire des domestiques, était entré chez sa mère et n'en était pas sorti ?

Villefort fit un pas en avant.

Le cadavre de madame de Villefort était couché en travers de la porte du boudoir dans lequel se trouvait nécessairement Édouard.

Ce cadavre semblait veiller sur le seuil avec des yeux fixes et ouverts, avec une épouvantable et mystérieuse ironie sur les lèvres.

Derrière le cadavre, la portière relevée laissait voir une portion du boudoir, un piano droit et le bout d'un divan de satin bleu.

Villefort fit trois ou quatre pas en avant, et, sur le canapé, il aperçut son enfant couché.

L'enfant dormait sans doute.

Le malheureux eut un élan de joie indicible, un rayon de pure lumière descendit dans cet enfer où il se débattait.

Il ne s'agissait donc que de passer par-dessus le cadavre, d'entrer dans le boudoir, de prendre l'enfant dans ses bras et de fuir avec lui, loin, bien loin.

Villefort n'était plus cet homme dont son exquise corruption faisait le type de l'homme civilisé : c'était un tigre blessé à mort qui laisse ses dents brisées dans sa dernière blessure.

Il n'avait plus peur des préjugés, mais des fantômes.

Il prit son élan et bondit par-dessus le cadavre comme s'il se fût agi de franchir un brasier dévorant.

Il enleva l'enfant dans ses bras, le serrant, le secouant, l'appelant.

L'enfant ne répondit point.

Il colla ses lèvres avides à ses joues, ses joues étaient livides et glacées.

Il palpa ses membres roidis.

Il appuya sa main sur son cœur, son cœur ne battait plus.

L'enfant était mort.

Un papier plié en quatre tomba de la poitrine d'Édouard.

Villefort foudroyé se laissa aller sur ses genoux.

L'enfant s'échappa de ses bras inertes et roula du côté de sa mère.

Villefort ramassa le papier, reconnut l'écriture de sa femme et le parcourut avidement.

Voici ce qu'il contenait :

« Vous savez si j'étais bonne mère, puisque c'est pour mon fils que je me suis faite criminelle !

« Une bonne mère ne part pas sans son fils ! »

Villefort ne pouvait en croire ses yeux.

Villefort ne pouvait en croire sa raison.

Il se traîna vers le corps d'Édouard, qu'il examina encore une fois avec cette attention d'une minute que met la lionne à regarder son lionceau mort.

Puis un cri déchirant s'échappa de sa poitrine :

— Dieu ! murmura-t-il, toujours Dieu !

Ces deux victimes l'épouvantaient, il sentait monter en lui l'horreur de cette solitude peuplée de deux cadavres.

Tout à l'heure il était soutenu par la rage, cette immense faculté des hommes forts; par le désespoir, cette vertu suprême de l'agonie, qui poussait les Titans à escalader le ciel, Ajax à montrer le poing aux dieux.

Villefort courba sa tête sous le poids des douleurs.

Il se releva sur ses genoux, secoua ses cheveux humides de sueur, hérissés d'effroi; et celui-là qui n'avait jamais eu pitié de personne s'en alla trouver le vieillard, son père, pour avoir dans sa faiblesse quelqu'un à qui raconter son malheur, quelqu'un près de qui pleurer.

Il descendit l'escalier que nous connaissons et entra chez Noirtier.

Quand Villefort entra, Noirtier paraissait attentif à écouter, aussi affectueusement que le permettait son immobilité, l'abbé Busoni, toujours aussi calme et aussi froid que de coutume.

Villefort, en apercevant l'abbé, porta la main à son front.

Le passé lui revint comme une de ces vagues dont la colère soulève plus d'écume que les autres vagues.

Il se souvint de la visite qu'il avait faite à l'abbé le surlendemain du dîner d'Auteuil et de la visite que lui avait faite l'abbé à lui-même le jour de la mort de Valentine.

— Vous ici, monsieur ! dit-il; mais vous n'apparaissez donc jamais que pour escorter la mort ?

Busoni se redressa.

En voyant l'altération du visage du magistrat, l'éclat farouche de ses yeux, il comprit ou crut comprendre que la scène des assises était accomplie.

Il ignorait le reste.

— J'y suis venu pour prier sur le corps de votre fille, répondit Busoni.

— Et aujourd'hui, qu'y venez-vous faire ?

— Je viens vous dire que vous m'avez assez payé

votre dette, et qu'à partir de ce moment je vais prier Dieu qu'il se contente comme moi.

— Mon Dieu! dit Villefort en reculant, l'épouvante sur le front, cette voix, ce n'est pas celle de l'abbé Busoni!

— Non!

L'abbé arracha sa fausse tonsure, secoua la tête; et ses longs cheveux noirs, cessant d'être comprimés, retombèrent sur ses épaules et encadrèrent son mâle visage.

— C'est le visage de M. de Monte-Christo! s'écria Villefort, les yeux hagards.

— Ce n'est pas encore cela, monsieur le procureur du roi, cherchez mieux et plus loin

— Cette voix! cette voix! où l'ai-je entendue pour la première fois?

— Vous l'avez entendue pour la première fois à Marseille, il y a vingt-trois ans, le jour de votre mariage avec mademoiselle de Saint-Méran. Cherchez dans vos dossiers.

— Vous n'êtes pas Busoni? vous n'êtes pas Monte-Christo? Mon Dieu, vous êtes cet ennemi caché, implacable, mortel! J'ai fait quelque chose contre vous, à Marseille, oh! malheur à moi!

— Oui, tu as raison, c'est bien cela, dit le comte en croisant les bras sur sa large poitrine; cherche! cherche!

— Mais que t'ai-je donc fait? s'écria Villefort, dont l'esprit flottait déjà sur la limite où se confondent la raison et la démence dans ce brouillard qui n'est plus le rêve et qui n'est pas encore le réveil; que t'ai-je fait? dis! parle!

— Vous m'avez condamné à une mort lente et hideuse, vous avez tué mon père; vous m'avez ôté l'amour avec la liberté, et la fortune avec l'amour!

— Qui êtes-vous? qui êtes-vous donc?... mon Dieu!

— Je suis le spectre d'un malheureux que vous avez enseveli dans les cachots du château d'If. A ce spectre sorti enfin de sa tombe Dieu a mis le masque du comte de Monte-Christo; et il l'a couvert de diamants et d'or pour que vous ne le reconnaissiez qu'aujourd'hui.

— Ah! je te reconnais, je te reconnais! dit le procureur du roi; tu es...

— Je suis Edmond Dantès!

— Tu es Edmond Dantès! s'écria le procureur du roi en saisissant le comte par le poignet; alors viens!

Et il l'entraîna par l'escalier, dans lequel Monte-Christo étonné le suivit, ignorant lui-même où le procureur du roi le conduisait, et pressentant quelque nouvelle catastrophe.

— Tiens! Edmond Dantès, dit-il en montrant au comte le cadavre de sa femme et le corps de son fils; tiens! regarde, es-tu bien vengé?...

Monte-Christo pâlit à cet effroyable spectacle.

Il comprit qu'il venait d'outre-passer les droits de la vengeance.

Il comprit qu'il ne pouvait plus dire :

— Dieu est pour moi et avec moi.

Il se jeta avec un sentiment d'angoisse inexprimable sur le corps de l'enfant, rouvrit ses yeux, tâta son pouls et s'élança avec lui dans la chambre de Valentine, qu'il referma à double tour.

— Mon enfant! s'écria Villefort; il emporte le cadavre de mon enfant! Oh! malédiction! malheur! mort sur toi!

Et il voulut s'élancer après Monte-Christo; mais, comme dans un rêve, il sentit ses pieds prendre racine, ses yeux se dilatèrent à briser leurs orbites, ses doigts recourbés sur la chair de sa poitrine s'y enfoncèrent graduellement jusqu'à ce que le sang rougît ses ongles, les veines de ses tempes se gonflèrent d'esprits bouillants qui allèrent soulever la voûte trop étroite de son crâne et noyèrent son cerveau dans un déluge de feu.

Cette fixité dura plusieurs minutes, jusqu'à ce que l'effroyable bouleversement de la raison fût accompli.

Alors il jeta un grand cri suivi d'un long éclat de rire, et se précipita par les escaliers.

Un quart d'heure après, la chambre de Valentine se rouvrit, et le comte de Monte-Christo reparut.

Pâle, l'œil morne, la poitrine oppressée, tous les traits de cette figure, ordinairement si calme et si noble, étaient bouleversés par la douleur.

Il tenait dans ses bras l'enfant auquel aucun secours n'avait pu rendre la vie.

Il mit un genou en terre et le déposa religieusement près de sa mère, la tête posée sur sa poitrine.

Puis, se relevant, il sortit, et rencontrant un domestique sur l'escalier :

— Où est M. de Villefort? demanda-t-il.

Le domestique, sans lui répondre, étendit la main du côté du jardin.

Monte-Christo descendit le perron, s'avança vers l'endroit désigné, et vit, au milieu de ses serviteurs, faisant cercle autour de lui, Villefort, une bêche à la main, et fouillant la terre avec une espèce de rage.

— Ce n'est pas encore ici, dit-il, ce n'est pas encore ici!

— Vous ici, monsieur, vous n'apparaissez donc jamais que pour escorter la mort! — Page 85.

Et il fouillait plus loin.

Monte-Christo s'approcha de lui, et tout bas.

— Monsieur, lui dit-il d'un ton presque humble, vous avez perdu un fils; mais...

Villefort l'interrompit.

Il n'avait ni écouté, ni entendu.

— Oh! je le retrouverai, dit-il, vous avez beau prétendre qu'il n'y est pas, je le retrouverai, dussé-je le chercher jusqu'au jour du dernier jugement

Monte-Christo recula avec terreur.

— Oh! dit-il, il est fou!

Et, comme s'il eût craint que les murs de la maison maudite ne s'écroulassent sur lui, il s'élança dans la rue, doutant pour la première fois qu'il eût le droit de faire ce qu'il avait fait.

— Oh! assez, assez comme cela ; dit-il, sauvons le dernier.

En rentrant chez lui, Monte-Christo rencontra Morrel, qui errait dans l'hôtel des Champs-Élysées, silencieux comme une ombre qui attend le moment fixé par Dieu pour rentrer dans son tombeau.

— Apprêtez-vous, Maximilien, lui dit-il avec un sourire, nous quittons Paris demain

— N'avez-vous plus rien à y faire? demanda Morrel.

— Non, répondit Monte-Christo, et Dieu veuille que je n'y aie pas trop fait.

CHAPITRE XXI.

LE DÉPART.

C es événements qui venaient de se passer préoccupaient tout Paris.

Emmanuel et sa femme se les racontaient avec une surprise bien naturelle, dans leur petit salon de la rue Meslay.

Ils rapprochaient ces trois catastrophes aussi soudaines qu'inattendues de Morcerf, de Danglars et de Villefort.

Maximilien, qui était venu leur faire une visite, les écoutait, ou plutôt assistait à leur conversation, plongé dans son insensibilité habituelle.

— En vérité, disait Julie, ne dirait-on pas, Emmanuel, que tous ces gens si riches, si heureux hier, avaient oublié, dans le calcul sur lequel ils avaient établi leur fortune, leur bonheur et leur considération, la part du mauvais génie, et que celui-ci, comme les méchantes fées des contes de Perrault qu'on a négligé d'inviter à quelque noce ou à quelque baptême, est apparu tout à coup pour se venger de ce fatal oubli?

— Que de désastres! disait Emmanuel, pensant à Morcerf et à Danglars.

— Que de souffrances! disait Julie en se rappelant Valentine, que, par instinct de femme, elle ne voulait pas nommer devant son frère.

— Si c'est Dieu qui les a frappés, disait Emmanuel, c'est que Dieu, qui est la suprême bonté, n'a rien trouvé dans le passé de ces gens-là qui méritât l'atténuation de la peine, c'est que ces gens-là étaient maudits.

— N'es-tu pas bien téméraire dans ton jugement, Emmanuel? dit Julie. Quand mon père, le pistolet à la main, était prêt à se brûler la cervelle, si quelqu'un eût dit comme tu le dis à cette heure : Cet homme a mérité sa peine, ce quelqu'un-là ne se serait-il point trompé?

— Oui; mais Dieu n'a pas permis que notre père succombât, comme il n'a pas permis qu'Abraham sacrifiât son fils : au patriarche comme à nous il a envoyé un ange qui a coupé à moitié chemin les ailes de la mort.

Il achevait à peine de prononcer ces paroles, que le bruit de la cloche retentit.

C'était le signal donné par le concierge qu'une visite arrivait.

Presque au même instant la porte du salon s'ouvrit, et le comte de Monte-Christo parut sur le seuil.

Ce fut un double cri de joie de la part des deux jeunes gens.

— Maximilien, dit le comte sans paraître remarquer les différentes impressions que sa présence produisait sur ses hôtes, je viens vous chercher.

— Me chercher? dit Morrel comme sortant d'un rêve.

— Oui, dit Monte-Christo, n'est-il pas convenu que je vous emmène, et ne vous ai-je pas prévenu hier de vous tenir prêt?

— Me voici, dit Maximilien, j'étais venu leur dire adieu.

— Et où allez-vous, monsieur le comte? demanda Julie.

— A Marseille d'abord, madame.

— A Marseille! répétèrent ensemble les deux jeunes gens.

— Oui, et je vous prends votre frère.

— Hélas! monsieur le comte, dit Julie, rendez-nous-le guéri.

Morrel se détourna pour cacher une vive rougeur.

— Vous vous êtes donc aperçue qu'il était souffrant? dit le comte.

— Oui, répondit la jeune femme, et j'ai peur qu'il ne s'ennuie avec nous.

— Je le distrairai, reprit le comte.

— Je suis prêt, monsieur, dit Maximilien. Adieu, mes bons amis; adieu, Emmanuel! adieu, Julie!

— Comment! adieu? s'écria Julie; vous partez ainsi tout de suite, sans préparations, sans passeports?

— Ce sont les délais qui doublent le chagrin des séparations, dit Monte-Christo; et Maximilien, j'en suis sûr, a dû se précautionner de toutes choses : je le lui avais recommandé.

— J'ai mon passe-port, et mes malles sont faites, dit Morrel avec sa tranquillité monotone.

— Fort bien, dit Monte-Christo en souriant, on reconnaît là l'exactitude d'un bon soldat.

— Et vous nous quittez comme cela, dit Julie, à l'instant? vous ne nous donnez pas un jour, pas une heure?

— Ma voiture est à la porte, madame; il faut que je sois à Rome dans cinq jours.

— Mais Maximilien ne va pas à Rome! dit Emmanuel.

— Je vais où il plaira au comte de me mener, dit Morrel avec un triste sourire; je lui appartiens pour un mois encore.

— O mon Dieu! comme il dit cela, monsieur le comte!

— Maximilien m'accompagne, dit le comte avec sa persuasive affabilité, tranquillisez-vous donc sur votre frère.

— Adieu, ma sœur! répéta Morrel; adieu, Emmanuel!

— Il me navre le cœur avec sa nonchalance, dit Julie. O Maximilien, Maximilien, tu nous caches quelque chose.

— Bah! dit Monte-Christo, vous le verrez revenir gai, riant et joyeux.

Maximilien lança à Monte-Christo un regard presque dédaigneux, presque irrité.

— Partons! dit le comte.

— Avant que vous ne partiez, monsieur le comte, dit Julie, me permettez-vous de vous dire tout ce que, l'autre jour...

— Madame, répliqua le comte en lui prenant les deux mains, tout ce que vous me diriez ne vaudra jamais ce que je lis dans vos yeux, ce que votre cœur a pensé, ce que le mien a ressenti. Comme les bienfaiteurs de roman, j'eusse dû partir sans vous revoir; mais cette vertu était au-dessus de mes forces, parce que je suis un homme faible et vaniteux, parce que le regard humide, joyeux et tendre de mes semblables me fait du bien. Maintenant je pars, et je pousse l'égoïsme jusqu'à vous dire : Ne m'oubliez pas, mes amis, car probablement vous ne me reverrez jamais.

— Ne plus vous revoir! s'écria Emmanuel, tan-

— Ce n'est pas encore ici, dit-il, ce n'est pas encore ici. Et il fouillait plus loin. — **Pages 84 et 85.**

dis que deux grosses larmes roulaient sur les joues de Julie ; ne plus vous revoir ! Mais ce n'est donc pas un homme, c'est donc un dieu qui nous quitte, et ce dieu va donc remonter au ciel après être apparu sur la terre pour y faire le bien !

— Ne dites pas cela, reprit vivement Monte-Christo, ne dites jamais cela, mes amis : les dieux ne font jamais le mal, les dieux s'arrêtent où ils veulent s'arrêter, le hasard n'est pas plus fort qu'eux, et ce sont eux, au contraire, qui maîtrisent le hasard. Non, je suis un homme. Emmanuel, et votre admiration est aussi injuste que vos paroles sont sacrilèges.

Et, serrant sur ses lèvres la main de Julie qui se précipita dans ses bras, il tendit l'autre main à Emmanuel.

Puis, s'arrachant de cette maison, doux nid dont le bonheur était l'hôte, il attira derrière lui, d'un signe, Maximilien, passif, insensible et consterné comme il l'était depuis la mort de Valentine.

— Rendez la joie à mon frère ! dit Julie à l'oreille de Monte-Christo.

Julie se précipita dans ses bras, et il tendit sa main à Emmanuel. — PAGE 88.

Monte-Christo lui serra la main comme il la lui avait serrée onze ans auparavant sur l'escalier qui conduisait au cabinet de Morrel.

— Vous fiez-vous toujours à Simbad le Marin? lui demanda-t-il en souriant.

— Oh! oui!

— Eh bien, donc! endormez-vous dans la paix et dans la confiance du Seigneur.

Comme nous l'avons dit, la chaise de poste attendait, quatre chevaux vigoureux hérissaient leurs crins et frappaient le pavé avec impatience.

Au bas du perron, Ali attendait, le visage luisant de sueur; il paraissait arriver d'une longue course.

— Eh bien, lui demanda le comte en arabe, as-tu été chez le vieillard?

Ali fit signe que oui.

— Et tu lui as déployé la lettre sous les yeux, ainsi que je te l'avais ordonné?

— Oui, fit encore respectueusement l'esclave.

— Et qu'a-t-il dit, ou plutôt qu'a-t-il fait?

Ali se plaça sous la lumière, de façon à ce que son maître pût le voir; et, imitant avec son intelligence si dévouée la physionomie du vieillard, il ferma les yeux comme faisait Noirtier lorsqu'il voulait dire : oui.

— Bien, il accepte, dit Monte-Christo; partons !

Il avait à peine laissé échapper ce mot, que déjà la voiture roulait, et que les chevaux faisaient jaillir du pavé une poussière d'étincelles.

Maximilien s'accommoda dans un coin sans dire un seul mot.

Une demi-heure s'écoula.

La calèche s'arrêta tout à coup.

Le comte venait de tirer le cordonnet de soie qui correspondait au doigt d'Ali.

Le Nubien descendit et ouvrit la portière.

La nuit étincelait d'étoiles.

On était au haut de la montée de Villejuif, sur le plateau d'où Paris, comme une sombre mer, agite ses millions de lumières qui paraissent des flots phosphorescents; flots en effet, flots plus bruyants, plus passionnés, plus mobiles, plus furieux, plus avides que ceux de l'Océan irrité ; flots qui ne connaissent pas le calme comme ceux de la vaste mer; flots qui se heurtent toujours, écument toujours, engloutissent toujours !...

Le comte demeura seul, et, sur un signe de sa main, la voiture fit quelques pas en avant.

Alors il considéra longtemps, les bras croisés, cette fournaise où viennent se fondre, se tordre et se modeler toutes ces idées qui s'élancent du gouffre bouillonnant pour aller agiter le monde; puis, lorsqu'il eut bien arrêté son regard puissant sur cette Babylone qui fait rêver les poëtes religieux comme les railleurs matérialistes :

— Grande ville! murmura-t-il en inclinant la tête et en joignant les mains comme s'il eût prié; voilà moins de six mois que j'ai franchi tes portes. Je crois que l'Esprit de Dieu m'y avait conduit, il m'en ramène triomphant; le secret de ma présence dans tes murs, je l'ai confié à ce Dieu qui seul a pu lire dans mon cœur; seul il connaît que je me retire sans haine et sans orgueil, mais non sans regrets; seul il sait que je n'ai fait usage ni pour moi, ni pour de vaines causes, de la puissance qu'il m'avait confiée. O grande ville! c'est dans ton sein palpitant que j'ai trouvé ce que je cherchais; mineur patient, j'ai remué tes entrailles pour en faire sortir le mal ; maintenant mon œuvre est accomplie, ma mission est terminée; maintenant tu ne peux plus m'offrir ni joies ni douleurs. Adieu! Paris! adieu!

Son regard se promena encore sur la vaste plaine comme celui d'un génie nocturne; puis, passant la main sur son front, il remonta dans sa voiture, qui se referma sur lui et qui disparut bientôt de l'autre côté de la montée dans un tourbillon de poussière et de bruit.

Ils firent deux lieues sans prononcer une seule parole.

Morrel rêvait, Monte-Christo le regardait rêver.

— Morrel, lui dit le comte, vous repentiriez-vous de m'avoir suivi?

— Non, monsieur le comte; mais quitter Paris...

— Si j'avais cru que le bonheur vous attendît à Paris, Morrel, je vous y eusse laissé.

— C'est à Paris que Valentine repose, et quitter Paris, c'est la perdre une seconde fois.

— Maximilien, dit le comte, les amis que nous avons perdus ne reposent pas dans la terre, ils sont ensevelis dans notre cœur; et c'est Dieu qui l'a voulu ainsi, pour que nous en fussions toujours accompagnés. Moi, j'ai deux amis qui m'accompagnent toujours ainsi : l'un est celui qui m'a donné la vie, l'autre est celui qui m'a donné l'intelligence. Leur esprit à tous deux vit en moi. Je les consulte dans le doute, et si j'ai fait quelque bien, c'est à leurs conseils que je le dois. Consultez la voix de votre cœur, Morrel, et demandez-lui si vous devez continuer de me faire ce méchant visage.

— Mon ami, dit Maximilien, la voix de mon cœur est bien triste et ne me promet que des malheurs.

— C'est le propre des esprits affaiblis de voir toutes choses à travers un crêpe; c'est l'âme qui se fait à elle-même ses horizons : votre âme est sombre, c'est elle qui vous fait un ciel orageux.

— Cela est peut-être vrai, dit Maximilien.

Et il retomba dans sa rêverie.

Le voyage se fit avec cette merveilleuse rapidité qui était une des puissances du comte.

Les villes passaient comme des ombres sur leur route.

Les arbres, secoués par les premiers vents de l'automne, semblaient venir au-devant d'eux comme des géants échevelés, et s'enfuyaient rapidement dès qu'ils les avaient rejoints.

Le lendemain, dans la matinée, ils arrivèrent à Châlon, où les attendait le bateau à vapeur du comte.

Sans perdre un instant, la voiture fut transportée à bord; les deux voyageurs étaient déjà embarqués.

Le bateau était taillé pour la course, on eût dit une pirogue indienne; ses deux roues semblaient deux ailes avec lesquelles il rasait l'eau comme un oiseau voyageur.

Morrel lui-même éprouvait cette espèce d'enivrement de la vitesse, et parfois le vent qui faisait flotter ses cheveux semblait prêt, pour un moment, à écarter les nuages de son front.

Quant au comte, à mesure qu'il s'éloignait de Paris, une sérénité presque surhumaine semblait l'envelopper comme une auréole.

On eût dit un exilé qui regagne sa patrie.

Bientôt Marseille, blanche, tiède, vivante; Marseille, la sœur cadette de Tyr et de Carthage, et qui leur a succédé à l'empire de la Méditerranée; Marseille, toujours plus jeune à mesure qu'elle vieillit, apparut à leurs yeux.

C'était pour tous deux des aspects féconds en souvenirs que cette tour ronde, ce fort Saint-Nicolas, cet Hôtel de ville du Puget, ce port aux quais de briques où tous deux avaient joué enfants.

Aussi, d'un commun accord, s'arrêtèrent-ils tous deux sur la Cannebière.

Un navire partait pour Alger.

Les colis, les passagers entassés sur le pont, la foule des parents, des amis qui disaient adieu, qui criaient et pleuraient, spectacle toujours émouvant, même pour ceux qui assistaient tous les jours à ce spectacle, ce mouvement ne put distraire Maximilien d'une idée qui l'avait saisi, du moment où il avait posé le pied sur les larges dalles du quai.

— Tenez, dit-il, prenant le bras de Monte-Christo, voici l'endroit où s'arrêta mon père quand le *Pharaon* entra dans le port; ici le brave homme que vous sauviez de la mort et du déshonneur se jeta dans mes bras; je sens encore l'impression de ses larmes sur mon visage, et il ne pleurait pas seul, bien des gens aussi pleuraient en nous voyant.

Monte-Christo sourit.

— J'étais là, dit-il en montrant à Morrel l'angle d'une rue.

Comme il disait cela, et dans la direction qu'indiquait le comte, on entendit un gémissement douloureux et l'on vit une femme qui faisait signe à un passager du navire en partance.

Cette femme était voilée.

Monte-Christo la suivit des yeux avec une émotion que Morrel eût facilement remarquée, si, tout au contraire du comte, ses yeux à lui n'eussent été fixés sur le bâtiment.

— Oh! mon Dieu! s'écria Morrel, je ne me trompe pas! ce jeune homme qui salue avec son chapeau, ce jeune homme en uniforme, c'est Albert de Morcerf!

— Oui, dit Monte-Christo, je l'avais reconnu.

— Comment cela? vous regardiez du côté opposé?

Le comte sourit, comme il faisait quand il ne voulait pas répondre.

Et ses yeux se reportèrent sur la femme voilée, qui disparut au coin de la rue.

Alors il se retourna.

— Cher ami, dit-il à Maximilien, n'avez-vous point quelque chose à faire dans ce pays?

— J'ai à pleurer sur la tombe de mon père, répondit sourdement Morrel.

— C'est bien, allez et attendez-moi là-bas; je vous y rejoindrai.

— Vous me quittez?

— Oui... moi aussi j'ai une pieuse visite à faire.

Morrel laissa tomber sa main dans la main que lui tendait le comte; puis, avec un mouvement de tête dont il serait impossible d'exprimer la mélancolie, il quitta le comte et se dirigea vers l'est de la ville.

Monte-Christo laissa s'éloigner Maximilien, demeurant au même endroit jusqu'à ce qu'il eût disparu; puis alors il s'achemina vers les Allées de Meilhan, afin de retrouver la petite maison que les commencements de cette histoire ont dû rendre familière à nos lecteurs.

Cette maison s'élevait encore à l'ombre de la grande allée de tilleuls qui sert de promenade aux Marseillais oisifs, tapissée de vastes rideaux de vigne qui croisaient sur la pierre jaunie par l'ardent soleil du Midi leurs bras noircis et déchiquetés par l'âge.

Deux marches de pierre, usées par le frottement des pieds, conduisaient à la porte d'entrée, porte faite de trois planches qui, jamais, malgré leurs séparations annuelles, n'avaient connu le mastic et la peinture, attendant patiemment que l'humidité revînt pour les rapprocher.

Cette maison, toute charmante malgré sa vétusté, toute joyeuse malgré son apparente misère, était bien la même qu'habitait autrefois le père Dantès.

Seulement le vieillard habitait la mansarde, et le comte avait mis la maison tout entière à la disposition de Mercédès.

Ce fut là qu'entra cette femme au long voile que Monte-Christo avait vue s'éloigner du navire en partance; elle en fermait la porte au moment même où il apparaissait à l'angle d'une rue, de sorte qu'il la vit disparaître presque aussitôt qu'il la retrouva.

Pour lui, les marches usées étaient d'anciennes connaissances.

Il savait mieux que personne ouvrir cette vieille porte, dont un clou à large tête soulevait le loquet intérieur.

Aussi entra-t-il, sans frapper, sans prévenir, comme un ami, comme un hôte.

Au bout d'une allée pavée de briques s'ouvrait, riche de chaleur, de soleil et de lumière, un petit jardin, le même où, à la place indiquée, Mercédès avait trouvé la somme dont la délicatesse du comte avait fait remonter le dépôt à vingt-quatre ans.

Du seuil de la porte de la rue on apercevait les premiers arbres de ce jardin.

Arrivé sur le seuil, Monte-Christo entendit un soupir qui ressemblait à un sanglot; ce soupir guida son regard, et, sous un berceau de jasmin de Virginie, au feuillage épais et aux longues fleurs de pourpre, il aperçut Mercédès assise, inclinée et pleurant.

Elle avait relevé son voile, et, seule à la face du ciel, le visage caché par ses deux mains, elle donnait librement l'essor à ses soupirs et à ses sanglots si longtemps contenus par la présence de son fils.

Monte-Christo fit quelques pas en avant; le sable cria sous ses pieds.

Mercédès releva la tête et poussa un cri d'effroi en voyant un homme devant elle.

— Madame, dit le comte, il n'est plus en mon pouvoir de vous apporter le bonheur, mais je vous offre la consolation : daignerez-vous l'accepter comme vous venant d'un ami ?

— Je suis, en effet, bien malheureuse, répondit Mercédès, seule au monde... Je n'avais que mon fils, et il m'a quittée.

— Il a bien fait, madame, répliqua le comte, et c'est un noble cœur. Il a compris que tout homme doit un tribut à la patrie : les uns, leurs talents; les autres, leur industrie; ceux-ci, leurs veilles; ceux-là, leur sang. En restant avec vous, il eût usé près de vous sa vie devenue inutile, il n'aurait pu s'accoutumer à vos douleurs. Il serait devenu haineux par impuissance : il deviendra grand et fort en luttant contre son adversité qu'il changera en fortune. Laissez-le reconstituer votre avenir à vous deux, madame; j'ose vous promettre qu'il est en de sûres mains.

— Oh! dit la pauvre femme en secouant tristement la tête, cette fortune dont vous parlez, et que du fond de mon âme je prie Dieu de lui accorder, je n'en jouirai pas, moi. Tant de choses se sont brisées en moi et autour de moi, que je me sens près de ma tombe. Vous avez bien fait, monsieur le comte, de me rapprocher de l'endroit où j'ai été si heureuse. C'est là où l'on a été heureux que l'on doit mourir.

— Hélas! dit Monte-Christo, toutes vos paroles, madame, tombent amères et brûlantes sur mon cœur, d'autant plus amères et plus brûlantes que vous avez raison de me haïr; c'est moi qui ai causé tous vos maux; que ne me plaignez-vous au lieu de m'accuser? vous me rendriez bien plus malheureux encore...

— Vous haïr, vous accuser, vous, Edmond!... Haïr, accuser l'homme qui a sauvé la vie de mon fils, car c'était votre intention fatale et sanglante, n'est-ce pas, de tuer à M. de Morcerf ce fils dont il était fier? Oh! regardez-moi, et vous verrez s'il y a en moi l'apparence d'un reproche.

Le comte souleva son regard et l'arrêta sur Mercédès, qui, à moitié debout, étendit ses deux mains vers lui.

— Oh! regardez-moi, continua-t-elle avec un sentiment de profonde mélancolie; on peut supporter l'éclat de mes yeux aujourd'hui : ce n'est plus le temps où je venais sourire à Edmond Dantès, qui m'attendait là-haut, à la fenêtre de cette mansarde, qu'habitait son vieux père... Depuis ce temps, bien des jours douloureux se sont écoulés, qui ont creusé comme un abîme entre moi et ce temps. Vous accuser, Edmond, vous haïr, mon ami! non, c'est moi que j'accuse et que je hais! Oh! misérable que je suis, s'écria-t-elle en joignant les mains et en levant les yeux au ciel. Ai-je été punie!... J'avais la religion, l'innocence, l'amour, ces trois bonheurs qui font les anges, et, misérable que je suis, j'ai douté de Dieu.

Monte-Christo fit un pas vers elle, et, silencieusement, lui tendit la main

— Non, dit-elle en retirant doucement la sienne, non, mon ami, ne me touchez pas. Vous m'avez épargnée, et cependant, de tous ceux que vous avez frappés, j'étais la plus coupable. Tous les autres ont agi par haine, par cupidité, par égoïsme; moi, j'ai agi par lâcheté. Eux désiraient; moi, j'ai eu peur.

Non, ne pressez pas ma main, Edmond, vous méditez quelque parole affectueuse, je le sens, ne la dites pas, gardez-la pour une autre. Je n'en suis plus digne, moi.

Voyez... (elle découvrit tout à fait son visage), voyez, le malheur a fait mes cheveux gris; mes yeux ont tant versé de larmes, qu'ils sont cerclés de veines violettes; mon front se ride.

Vous, au contraire, Edmond, vous êtes toujours jeune, toujours beau, toujours fier. C'est que vous avez eu la foi, vous; c'est que vous avez eu la force; c'est que vous vous êtes reposé en Dieu, et que Dieu vous a soutenu. Moi, j'ai été lâche; moi, j'ai renié, Dieu m'a abandonnée, et me voilà.

Mercédès fondit en larmes.

Le cœur de la femme se brisait au choc des souvenirs.

— Maintenant mon œuvre est accomplie; adieu, Paris, adieu! — Page 90.

Monte-Christo prit sa main et la baisa respectueusement ; mais elle sentit elle-même que ce baiser était sans ardeur, comme celui que le comte eût
déposé sur la main de marbre de la statue d'une
sainte.

— Il y a, continua-t-elle, des existences prédes-
tinées dont une première faute brise tout l'a-
venir.

Je vous croyais mort, j'eusse dû mourir ; car à
quoi a-t-il servi que j'aie porté éternellement votre
deuil dans mon cœur? à faire d'une femme de
trente-neuf ans une femme de cinquante, voilà
tout.

A quoi a-t-il servi que, seule entre tous, vous
ayant reconnu, j'aie seulement sauvé mon fils?

Ne devais-je pas aussi sauver l'homme, si coupable qu'il fût, que j'avais adopté pour époux? Cependant je l'ai laissé mourir; que dis-je, mon Dieu!
j'ai contribué à sa mort par ma lâche insensibilité,
par mon mépris ; ne me rappelant pas, ne voulant
pas me rappeler que c'était pour moi qu'il s'était
fait parjure et traître!

A quoi sert enfin que j'aie accompagné mon fils jusqu'ici, puisqu'ici je l'abandonne, puisque je le laisse partir seul, puisque je le livre à cette terre dévorante d'Afrique!

Oh! j'ai été lâche, vous dis-je; j'ai renié mon amour, et, comme les renégats, je porte malheur à tout ce qui m'environne!

— Non, Mercédès, dit Monte-Christo, non; reprenez meilleure opinion de vous-même.

Non, vous êtes une noble et sainte femme, et vous m'aviez désarmé par votre douleur; mais, derrière moi, invisible, inconnu, irrité, il y avait Dieu, dont je n'étais que le mandataire et qui n'a pas voulu retenir la foudre que j'avais lancée. Oh! j'adjure ce Dieu, aux pieds duquel depuis dix ans je me prosterne chaque jour, j'atteste ce Dieu que je vous avais fait le sacrifice de ma vie, et, avec ma vie, celui des projets qui y étaient enchaînés. Mais, je le dis avec orgueil, Mercédès, Dieu avait besoin de moi, et j'ai vécu.

Examinez le passé, examinez le présent, et tâchez de deviner l'avenir, et voyez si je ne suis pas l'instrument du Seigneur; les plus affreux malheurs, les plus cruelles souffrances, l'abandon de tous ceux qui m'aimaient, la persécution de tous ceux qui ne me connaissaient pas, voilà la première partie de ma vie; puis, tout à coup, après la captivité, la solitude, la misère, l'air, la liberté, une fortune si éclatante, si prestigieuse, si démesurée, que, à moins d'être aveugle, j'ai dû penser que Dieu me l'envoyait dans de grands desseins.

Dès lors, cette fortune m'a semblé être un sacerdoce; dès lors, plus une pensée en moi pour cette vie dont vous, pauvre femme, vous avez parfois savouré la douceur; pas une heure de calme, pas une; je me sentais poussé comme le nuage de feu passant dans le ciel pour aller brûler les villes maudites.

Comme ces aventureux capitaines qui s'embarquent pour un dangereux voyage, qui méditent une périlleuse expédition, je préparais les vivres, je chargeais les armes, j'amassais les moyens d'attaque et de défense, habituant mon corps aux exercices les plus violents, mon âme aux chocs les plus rudes, instruisant mon bras à tuer, mes yeux à voir souffrir, ma bouche à sourire aux aspects les plus terribles; de bon, de confiant, d'oublieux que j'étais, je me suis fait vindicatif, dissimulé, méchant, ou plutôt impassible comme la sourde et aveugle fatalité.

Alors, je me suis lancé dans la voie qui m'était ouverte, j'ai franchi l'espace, j'ai touché au but: malheur à ceux que j'ai rencontrés sur mon chemin!

— Assez! dit Mercédès, assez, Edmond! croyez que celle qui a pu seule vous reconnaître, a pu seule aussi vous comprendre. Or, Edmond, celle qui a su vous reconnaître, celle qui a pu vous comprendre, celle-là, l'eussiez-vous rencontrée sur votre route et l'eussiez-vous brisée comme verre, celle-là a dû vous admirer, Edmond! Comme il y a un abîme entre moi et le passé, il y a un abîme entre vous et les autres hommes; et ma plus douloureuse torture, je vous le dis, c'est de comparer; car il n'y a rien au monde qui vous vaille, rien qui vous ressemble. Maintenant, dites-moi adieu, Edmond, et séparons-nous.

— Avant que je vous quitte, que désirez-vous, Mercédès? demanda Monte-Christo.

— Je ne désire qu'une chose, Edmond, que mon fils soit heureux.

— Priez le Seigneur, qui seul tient l'existence des hommes entre ses mains, d'écarter la mort de lui, moi je me charge du reste.

— Merci, Edmond.

— Mais vous, Mercédès?

— Moi, je n'ai besoin de rien, je vis entre deux tombes; l'une est celle d'Edmond Dantès, mort il y a bien longtemps; je l'aimais! Ce mot ne sied plus à ma lèvre flétrie, mais mon cœur se souvient encore, et pour rien au monde je ne voudrais perdre cette mémoire du cœur. L'autre est celle d'un homme qu'Edmond Dantès a tué; j'approuve le meurtre, mais je dois prier pour le mort.

— Votre fils sera heureux, madame, répéta le comte.

— Alors je serai aussi heureuse que je puis l'être.

— Mais... enfin... que ferez-vous?

Mercédès sourit tristement.

— Vous dire que je vivrai dans ce pays comme la Mercédès d'autrefois, c'est-à-dire en travaillant, vous ne le croiriez pas; je ne sais plus que prier, mais je n'ai point besoin de travailler, le petit trésor enfoui par vous s'est retrouvé à la place que vous avez indiquée; on cherchera qui je suis, on demandera ce que je fais, on ignorera comment je vis, qu'importe? c'est une affaire entre Dieu, vous et moi.

— Mercédès, dit le comte, je ne vous en fais pas un reproche, mais vous avez exagéré le sacrifice en abandonnant toute cette fortune amassée par M. de Morcerf, et dont la moitié revenait de droit à votre économie et à votre vigilance.

— Je vois ce que vous m'allez proposer; mais je ne puis accepter, Edmond, mon fils me le défendrait.

— Aussi me garderai-je de rien faire pour vous qui n'ait l'approbation de M. Albert de Morcerf. Je saurai ses intentions et m'y soumettrai. Mais, s'il accepte ce que je veux faire, l'imiterez-vous sans répugnance?

— Vous savez, Edmond, que je ne suis plus une créature pensante ; de détermination, je n'en ai pas, sinon celle de ne me déterminer jamais. Dieu m'a tellement secouée dans ses orages, que j'en ai perdu la volonté. Je suis entre ses mains comme un passereau aux serres de l'aigle. Il ne veut pas que je meure, puisque je vis. S'il m'envoie des secours, c'est qu'il le voudra, et je les prendrai.

— Prenez garde, madame, dit Monte-Christo, ce n'est pas ainsi qu'on adore Dieu ! Dieu veut qu'on le comprenne et qu'on discute sa puissance : c'est pour cela qu'il nous a donné le libre arbitre.

— Malheureux ! s'écria Mercédès, ne me parlez pas ainsi ; si je croyais que Dieu m'eût donné le libre arbitre, que me resterait-il donc pour me sauver du désespoir !

Monte-Christo pâlit légèrement et baissa la tête, écrasé par cette véhémence de la douleur.

— Ne voulez-vous pas me dire au revoir? fit-il en lui tendant la main.

— Au contraire, je vous dis au revoir, répliqua Mercédès en lui montrant le ciel avec solennité; c'est vous prouver que j'espère encore.

Et, après avoir touché la main du comte de sa main frissonnante, Mercédès s'élança dans l'escalier et disparut aux yeux du comte.

Monte-Christo sortit alors lentement de la maison et reprit le chemin du port.

Mais Mercédès ne le vit point s'éloigner, quoiqu'elle fût à la fenêtre de la petite chambre du père de Dantès.

Ses yeux cherchaient au loin le bâtiment qui emportait son fils vers la vaste mer.

Il est vrai que sa voix, comme malgré elle, murmurait tout bas :

— Edmond ! Edmond ! Edmond !

Monte-Christo prit sa main et la baisa respectueusement. — PAGE 95.

CHAPITRE XIV.

LE PASSÉ

L e comte sortit l'âme na-
vrée de cette maison où il
laissait Mercédès pour ne
plus la revoir jamais, selon toute probabilité.

Depuis la mort du petit
Édouard, un grand chan-
gement s'était fait dans
Monte-Christo

Arrivé au sommet de sa vengeance par la pente
lente et tortueuse qu'il avait suivie, il avait vu de
l'autre côté de la montagne l'abîme du doute.

Il y avait plus : cette conversation qu'il ven ait
d'avoir avec Mercédès avait éveillé tant de sou ve-
nirs dans son cœur, que ces souvenirs eux-mêm es
avaient besoin d'être combattus.

Un homme de la trempe du comte ne pouvait
flotter longtemps dans cette mélancolie qui peut

J.A. BEAUCE. PISAN.

Un bateau de promenade passait avec son dais de coutil. — Page 98.

faire vivre les esprits vulgaires en leur donnant une originalité apparente, mais qui tue les âmes supérieures.

Le comte se dit que, pour en être presque arrivé à se blâmer lui-même, il fallait qu'une erreur se fût glissée dans ses calculs.

— Je regarde mal le passé, dit-il, et ne puis m'être trompé ainsi.

Quoi! continua-t-il, le but que je m'étais proposé serait un but insensé! Quoi! j'aurais fait fausse route depuis dix ans! Quoi! une heure aurait suffi pour prouver à l'architecte que l'œuvre de toutes ses espérances était une œuvre, sinon impossible, du moins sacrilège!

Je ne veux pas m'habituer à cette idée, elle me rendrait fou.

Ce qui manque à mes raisonnements d'aujourd'hui, c'est l'appréciation exacte du passé, parce que je revois ce passé de l'autre bout de l'horizon.

En effet, à mesure qu'on s'avance, le passé, pareil au paysage à travers lequel on marche, s'efface à mesure qu'on s'éloigne.

Il m'arrive ce qui arrive aux gens qui se sont blessés en rêve, ils regardent et sentent leur blessure, et ne se souviennent pas de l'avoir reçue.

Allons donc, homme régénéré; allons, riche extravagant; allons, dormeur éveillé; allons, visionnaire tout-puissant; allons, millionnaire invincible, reprends pour un instant cette funeste perspective de la vie misérable et affamée, repasse par les chemins où la fatalité t'a poussé, où le malheur t'a conduit, où le désespoir t'a reçu; trop de diamants, d'or et de bonheur rayonnent aujourd'hui sur les verres de ce miroir où Monte-Christo regarde Dantès; cache ces diamants, souille cet or, efface ces rayons; riche, retrouve le pauvre; libre, retrouve le prisonnier; ressuscité, retrouve le cadavre

Et, tout en disant cela à lui-même, Monte-Christo suivait la rue de la Caisserie.

C'était la même par laquelle, vingt-quatre ans auparavant, il avait été conduit par une garde silencieuse et nocturne.

Ces maisons, à l'aspect riant et animé, elles étaient cette nuit-là sombres, muettes et fermées.

— Ce sont cependant les mêmes, murmura Monte-Christo; seulement alors il faisait nuit, aujourd'hui il fait grand jour; c'est le soleil qui éclaire tout cela et qui rend tout cela joyeux.

Il descendit sur le quai par la rue Saint-Laurent, et s'avança vers la Consigne : c'était le point du port où il avait été embarqué.

Un bateau de promenade passait avec son dais de coutil.

Monte-Christo appela le patron, qui nagea aussitôt vers lui avec l'empressement que mettent à cet exercice les bateliers qui flairent une bonne aubaine.

Le temps était magnifique, le voyage fut une fête.

A l'horizon le soleil descendait, rouge et flamboyant, dans les flots qui s'embrasaient à son approche.

La mer, unie comme un miroir, se ridait parfois sous les bonds des poissons qui, poursuivis par quelque ennemi caché, s'élançaient hors de l'eau pour demander leur salut à un autre élément.

Enfin, à l'horizon, l'on voyait passer, blanches et gracieuses comme des mouettes voyageuses, les barques de pêcheurs qui se rendent aux Martigues, ou les bâtiments marchands chargés pour la Corse ou pour l'Espagne.

Malgré ce beau ciel, malgré ces barques aux gracieux contours, malgré cette lumière dorée qui inondait le paysage, le comte, enveloppé dans son manteau, se rappelait, un à un, tous les détails du terrible voyage : cette lumière unique et isolée, brûlant aux Catalans, cette vue du château d'If, qui lui apprit où on le menait, cette lutte avec les gendarmes lorsqu'il voulut se précipiter dans la mer, son désespoir quand il se sentit vaincu, et cette sensation froide du bout du canon de la carabine appuyée sur sa tempe comme un anneau de glace.

Et, peu à peu, comme ces sources desséchées par l'été, qui, lorsque s'amassent les nuages d'automne, s'humectent peu à peu et commencent à sourdre goutte à goutte, le comte de Monte-Christo sentit goutte à goutte sourdre dans sa poitrine ce vieux fiel extravasé qui avait autrefois inondé le cœur d'Edmond Dantès.

Pour lui dès lors plus de beau ciel, plus de barques gracieuses, plus d'ardente lumière; le ciel se voila de crêpes funèbres, et l'apparition du noir géant qu'on appelle le château d'If le fit tressaillir, comme si lui fût apparu tout à coup le noir fantôme d'un ennemi mortel.

On arriva.

Instinctivement le comte se recula jusqu'à l'extrémité de la barque.

Le patron avait beau lui dire de sa voix la plus caressante

— Nous abordons, monsieur.

Monte-Christo se rappela qu'à ce même endroit, sur ce même rocher, il avait été violemment traîné par ses gardes, et qu'on l'avait forcé de monter cette rampe en lui piquant les reins avec la pointe d'une baïonnette.

La route avait autrefois semblé bien longue à Dantès, Monte-Christo l'avait trouvée bien courte; chaque coup de rame avait fait jaillir avec la poussière humide de la mer un million de pensées et de souvenirs.

Depuis la Révolution de juillet, il n'y avait plus de prisonniers au château d'If; un poste destiné à empêcher de faire la contrebande habitait seul ses corps de garde; un concierge attendait les curieux à la porte pour leur montrer ce monument de terreur, devenu un monument de curiosité.

Et cependant, quoiqu'il fût instruit de tous ces détails, lorsqu'il entra sous la voûte, lorsqu'il descendit l'escalier noir, lorsqu'il fut conduit aux cachots qu'il avait demandé à voir, une froide pâleur envahit son front, dont la sueur glacée fut refoulée jusqu'à son cœur.

Le comte s'informa s'il restait quelque ancien guichetier du temps de la Restauration; tous avaient été mis à la retraite ou étaient passés à d'autres emplois.

Le concierge qui le reconduisait était là depuis 1830 seulement.

On le conduisit dans son propre cachot.

Il revit le jour blafard filtrant par l'étroit soupirail; il revit la place où était le lit, enlevé depuis, et, derrière le lit, quoique bouchée, mais visible encore par ses pierres plus neuves, l'ouverture percée par l'abbé Faria.

Monte-Christo sentit ses jambes faiblir; il prit un escabeau de bois et s'assit dessus.

— Conte-t-on quelques histoires sur ce château autres que celle de l'emprisonnement de Mirabeau? demanda le comte; y a-t-il quelque tradition sur ces lugubres demeures, où l'on hésite à croire que des hommes aient jamais enfermé un homme vivant?

— Oui, monsieur, dit le concierge, et, sur ce cachot même, le guichetier Antoine m'en a transmis une.

Monte-Christo tressaillit.

Ce guichetier Antoine était son guichetier.

Il avait à peu près oublié son nom et son visage; mais, à son nom prononcé, il le revit tel qu'il était, avec sa figure cerclée de barbe, sa veste brune et son trousseau de clefs, dont il lui semblait encore entendre le tintement.

Le comte se retourna et crut le voir dans l'ombre du corridor, rendue plus épaisse par la lumière de la torche qui brûlait aux mains du concierge.

— Monsieur veut-il que je la lui raconte? demanda le concierge.

— Oui, fit Monte-Christo, dites.

Et il mit la main sur sa poitrine pour comprimer un violent battement de cœur, effrayé d'entendre raconter sa propre histoire.

— Dites, répéta-t-il.

— Ce cachot, reprit le concierge, était habité par un prisonnier, il y a longtemps de cela, un homme fort dangereux, à ce qu'il paraît, et, d'autant plus dangereux, qu'il était plein d'industrie. Un autre homme habitait ce château en même temps que lui; celui-là n'était pas méchant; c'était un pauvre prêtre qui était fou.

— Ah! oui, fou, répéta Monte-Christo, et quelle était sa folie?

— Il offrait des millions si on voulait lui rendre la liberté.

Monte-Christo leva les yeux au ciel, mais il ne vit pas le ciel; il y avait un voile de pierre entre lui et le firmament.

Il songea qu'il y avait eu un voile non moins épais entre les yeux de ceux à qui l'abbé Faria offrait des trésors et ces trésors qu'il leur offrait.

— Les prisonniers pouvaient-ils se voir? demanda Monte-Christo.

— Oh! non, monsieur, c'était expressément dé-

fendu; mais ils éludèrent la défense en perçant une galerie qui allait d'un cachot à l'autre.

— Et lequel des deux perça cette galerie?

— Oh! ce fut le jeune homme, bien certainement, dit le concierge; le jeune homme était industrieux et fort, tandis que le pauvre abbé était vieux et faible; d'ailleurs il avait l'esprit trop vacillant pour suivre une idée.

— Aveugles!... murmura Monte-Christo.

— Tant il y a, continua le concierge, que le jeune perça donc une galerie; avec quoi? l'on n'en sait rien, mais il la perça, et la preuve, c'est qu'on en voit encore la trace; tenez, la voyez-vous?

Et il approcha sa torche de la muraille.

— Ah! oui, vraiment! fit le comte d'une voix assourdie par l'émotion.

— Il en résulta que les deux prisonniers communiquèrent ensemble. Combien de temps dura cette communication? on n'en sait rien. Or, un jour le vieux prisonnier tomba malade et mourut. Devinez ce que fit le jeune? fit le concierge en s'interrompant.

— Dites.

— Il emporta le défunt, qu'il coucha dans son propre lit, le nez tourné à la muraille, puis il revint dans le cachot vide, boucha le trou, et se glissa dans le sac du mort. Avez-vous jamais vu une idée pareille?

Monte-Christo ferma les yeux et se sentit repasser par toutes les impressions qu'il avait éprouvées lorsque cette toile grossière, encore empreinte de ce froid que le cadavre lui avait communiqué, lui avait frotté le visage.

Le guichetier continua :

— Voyez-vous, voilà quel était son projet : il croyait qu'on enterrait les morts au château d'If, et, comme il se doutait bien qu'on ne faisait pas de frais de cercueil pour les prisonniers, il comptait lever la terre avec ses épaules; mais il y avait malheureusement au château une coutume qui dérangeait son projet : on n'enterrait pas les morts; on se contentait de leur attacher un boulet aux pieds et de les lancer à la mer : c'est ce qui fut fait.

Notre homme fut jeté à l'eau du haut de la galerie; le lendemain on retrouva le vrai mort dans son lit, et l'on devina tout, car les ensevelisseurs dirent alors ce qu'ils n'avaient pas osé dire jusque-là, c'est qu'au moment où le corps avait été lancé dans le vide ils avaient entendu un cri terrible, étouffé à l'instant même par l'eau dans laquelle il avait disparu.

Le comte respira péniblement, la sueur coulait sur son front, l'angoisse serrait son cœur.

— Non, murmura-t-il, non! ce doute que j'ai éprouvé, c'était un commencement d'oubli; mais ici le cœur se creuse de nouveau et redevient affamé de vengeance. — Et le prisonnier, demanda-t-il, on n'en a jamais entendu parler?

— Jamais, au grand jamais; vous comprenez, de deux choses l'une : ou il est tombé à plat, et, comme il tombait d'une cinquantaine de pieds, il se sera tué sur le coup.

— Vous avez dit qu'on lui avait attaché un boulet aux pieds; il sera tombé debout.

— Ou il est tombé debout, reprit le concierge, et alors le poids du boulet l'aura entraîné au fond, où il est resté, pauvre cher homme!

— Vous le plaignez?

— Ma foi oui, quoiqu'il fût dans son élément.

— Que voulez-vous dire?

— Qu'il y avait un bruit qui courait que ce malheureux était dans son temps un officier de marine détenu pour bonapartisme.

— Vérité! murmura le comte, Dieu t'a faite pour surnager au-dessus des flots et des flammes. Ainsi le pauvre marin vit dans le souvenir de quelques conteurs; on récite sa terrible histoire au coin du foyer, et l'on frissonne au moment où il fendit l'espace pour s'engloutir dans la profonde mer. — On n'a jamais su son nom? demanda tout haut le comte.

— Ah! bien oui, dit le gardien, comment? il n'était connu que sous le nom du numéro 34.

— Villefort! Villefort! murmura Monte-Christo, voilà ce que bien des fois tu as dû te dire quand mon spectre importunait tes insomnies.

— Monsieur veut-il continuer la visite? demanda le concierge.

— Oui, surtout si vous voulez me montrer la chambre du pauvre abbé.

— Ah! du numéro 27.

— Oui, du numéro 27, répéta Monte-Christo.

Et il lui sembla encore entendre la voix de l'abbé Faria lorsqu'il lui avait demandé son nom, et que celui-ci lui avait crié ce numéro à travers la muraille.

— Venez.

— Attendez, dit Monte-Christo, que je jette un dernier regard sur toutes les faces de ce cachot.

— Cela tombe bien, dit le guide, j'ai oublié la clef de l'autre.

— Allez la chercher.

— Je vous laisse la torche.

— Non, emportez-la.

— Mais vous allez rester sans lumière.

— J'y vois la nuit.

— Tiens, c'est comme lui!

— Qui, lui?

— Le numéro 34. On dit qu'il s'était tellement habitué à l'obscurité, qu'il eût vu une épingle dans le coin le plus obscur de son cachot.

— Il lui a fallu dix ans pour en arriver là, murmura le comte.

Le guide s'éloigna emportant la torche.

Le comte avait dit vrai : à peine fut-il depuis quelques secondes dans l'obscurité, qu'il distingua tout comme en plein jour.

Alors il regarda tout autour de lui, alors il reconnut bien réellement son cachot.

— Oui, dit-il, voilà la pierre sur laquelle je m'asseyais! voilà la trace de mes épaules qui ont creusé leur empreinte dans la muraille! voilà la trace du sang qui a coulé de mon front, un jour que j'ai voulu me briser le front contre la muraille!... Oh! ces chiffres, je me les rappelle... je les fis un jour que je calculais l'âge de mon père pour savoir si je le retrouverais vivant, et l'âge de Mercédès pour savoir si je la trouverais libre... J'eus un instant d'espoir après avoir achevé ce calcul... Je comptais sans la faim et sans l'infidélité!

Et un rire amer s'échappa de la bouche du comte.

Il venait de voir comme dans un rêve son père conduit à la tombe... Mercédès marchant à l'autel.

Sur l'autre paroi de la muraille, une inscription frappa sa vue.

Elle se détachait, blanche encore, sur le mur verdâtre :

« Mon Dieu, lut Monte-Christo, conservez-moi la mémoire. »

— Oh! oui, s'écria-t-il, voilà la seule prière de mes derniers temps. Je ne demandais plus la liberté, je demandais la mémoire, je craignais de devenir fou et d'oublier; mon Dieu! vous m'avez conservé la mémoire, et je me suis souvenu. Merci, merci, mon Dieu!

En ce moment, la lumière de la torche miroita sur les murailles; c'était le guide qui descendait.

Monte-Christo alla au-devant de lui.

— Suivez-moi, dit-il.

Et, sans avoir besoin de remonter vers le jour, il lui fit suivre un corridor souterrain qui le conduisit à une autre entrée.

Là encore Monte-Christo fut assailli par un monde de pensées.

La première chose qui frappa ses yeux fut le méridien tracé sur la muraille.

La première chose qui frappa ses yeux fut le méridien tracé sur la muraille, à l'aide duquel l'abbé Faria comptait les heures, puis les restes du lit sur lequel le pauvre prisonnier était mort.

A cette vue, au lieu des angoisses que le comte avait éprouvées dans son cachot, un sentiment doux et tendre, un sentiment de reconnaissance gonfla son cœur, deux larmes roulèrent de ses yeux.

— C'est ici, dit le guide, qu'était l'abbé fou; c'est par là que le jeune homme le venait trouver.

Et il montra à Monte-Christo l'ouverture de la galerie qui, de ce côté, était restée béante.

— A la couleur de la pierre, continua-t-il, un savant a reconnu qu'il devait y avoir dix ans à peu près que les deux prisonniers communiquaient ensemble. Pauvres gens, ils ont dû bien s'ennuyer pendant ces dix ans !

Dantès prit quelques louis dans sa poche, et tendit la main vers cet homme qui, pour la seconde fois, le plaignait sans le connaître.

Le concierge les reçut, croyant recevoir quelques menues pièces de monnaie, mais à la lueur de la torche il reconnut la valeur de la somme que lui donnait le visiteur.

— Monsieur, lui dit-il, vous vous êtes trompé.

— Comment cela ?

— C'est de l'or que vous m'avez donné.

— Je le sais bien.

— Comment ! vous le savez ?

— Oui.

— Et je puis le garder en toute conscience ?

— Oui.

Le concierge regarda Monte-Christo avec étonnement.

— Et honnêteté ! dit le comte comme Hamlet.

— Monsieur, reprit le concierge qui n'osait croire à son bonheur, monsieur, je ne comprends pas votre générosité.

— Elle est facile à comprendre, cependant, mon ami, dit le comte : j'ai été marin, et votre histoire a dû me toucher plus qu'un autre.

— Alors, monsieur, dit le guide, puisque vous êtes si généreux, vous méritez que je vous offre quelque chose.

— Qu'as-tu à m'offrir, mon ami ? des coquilles, des ouvrages de paille ? merci.

— Non pas, monsieur, non pas ; quelque chose qui se rapporte à l'histoire de tout à l'heure.

— En vérité ! s'écria vivement le comte, qu'est-ce donc ?

— Écoutez, dit le concierge, voilà ce qui est arrivé. Je me suis dit : On trouve toujours quelque chose dans une chambre où un prisonnier est resté quinze ans, et je me suis mis à sonder les murailles.

— Ah ! s'écria Monte-Christo en se rappelant la double cachette de l'abbé, en effet.

— A force de recherches, continua le concierge, j'ai découvert que cela sonnait le creux au chevet du lit et sous l'âtre de la cheminée.

— Oui, dit Monte-Christo, oui.

— J'ai levé les pierres, et j'ai trouvé...

— Une échelle de corde, des outils ? s'écria le comte.

— Comment savez-vous cela ? demanda le concierge avec étonnement.

— Je ne le sais pas, je le devine, dit le comte ; c'est ordinairement ces sortes de choses que l'on trouve dans les cachettes des prisonniers.

— Oui, monsieur, dit le guide, une échelle de corde, des outils.

— Et tu les as encore ? s'écria Monte-Christo.

— Non, monsieur ; j'ai vendu ces différents objets, qui étaient fort curieux, à des visiteurs ; mais il me reste autre chose.

— Quoi donc ? demanda le comte avec impatience.

— Il me reste une espèce de livre écrit sur des bandes de toile.

— Oh ! s'écria Monte-Christo, il te reste ce livre ?

— Je ne sais pas si c'est un livre, dit le concierge ; mais il me reste ce que je vous dis.

— Va me le chercher, mon ami, va, dit le comte ; et si c'est ce que je présume, sois tranquille.

— J'y cours, monsieur.

Et le guide sortit.

Alors il alla s'agenouiller pieusement devant les débris de ce lit dont la mort avait fait pour lui un autel.

— O mon second père ! dit-il, toi qui m'as donné la liberté, la science, la richesse ! toi qui, pareil aux créatures d'une essence supérieure à la nôtre, avais la science du bien et du mal, si au fond de la tombe il reste quelque chose de nous qui tressaille à la voix de ceux qui sont demeurés sur la terre, si dans la transfiguration que subit le cadavre quelque chose d'animé flotte aux lieux où nous avons beaucoup aimé ou beaucoup souffert, noble cœur, esprit suprême, âme profonde, par un mot, par un signe, par une révélation quelconque, je t'en conjure, au nom de cet amour paternel que tu m'accordais, et de ce respect filial que je t'avais voué, enlève-moi ce reste de doute qui, s'il ne se change en conviction, deviendra un remords.

Le comte baissa la tête et joignit les mains.

— Tenez, monsieur ! dit une voix derrière lui.

Monte-Christo tressaillit et se retourna.

Le concierge lui tendait ces bandes de toile sur lesquelles l'abbé Faria avait épanché tous les trésors de sa science. Ce manuscrit, c'était le grand ouvrage de l'abbé Faria sur la royauté en Italie.

Le comte s'en empara avec empressement, et ses yeux, tout d'abord tombant sur l'épigraphe, il lut :

« Tu arracheras les dents du dragon, et tu fouleras aux pieds les lions, a dit le Seigneur. »

— Ah ! s'écria-t-il, voilà la réponse ! Merci, mon père, merci !

Et tirant de sa poche un petit portefeuille qui

contenait dix billets de banque de mille francs chacun :

— Tiens, dit-il, prends ce portefeuille.

— Vous me le donnez ?

— Oui, mais à la condition que tu ne regarderas dedans que lorsque je serai parti.

Et, plaçant sur sa poitrine la relique qu'il venait de retrouver, et qui pour lui avait le prix du plus riche trésor, il s'élança hors du souterrain, et, remontant dans la barque ·

— A Marseille ! dit-il.

Puis, en s'éloignant, les yeux fixés sur la sombre prison·

— Malheur, dit-il, à ceux qui m'ont fait enfermer dans cette sombre prison, et à ceux qui ont oublié que j'y étais enfermé !

En repassant devant les Catalans, le comte se détourna, et, s'enveloppant la tête dans son manteau, il murmura le nom d'une femme.

La victoire était complète, le comte avait deux fois terrassé le doute

Ce nom, qu'il prononçait avec une expression de tendresse qui était presque de l'amour, c'était le nom d'Haydée.

En mettant pied à terre, Monte-Christo s'achemina vers le cimetière, où il savait retrouver Morrel.

Lui aussi, dix ans auparavant, avait pieusement cherché une tombe dans ce cimetière, et l'avait cherchée inutilement.

Lui, qui revenait en France avec des millions, n'avait pas pu retrouver la tombe de son père mort de faim.

Morrel y avait bien fait mettre une croix, mais cette croix était tombée, et le fossoyeur en avait fait du feu, comme font les fossoyeurs de tous ces vieux bois gisant dans les cimetières.

Le digne négociant avait été plus heureux; mort dans les bras de ses enfants, il avait été, conduit par eux, se coucher près de sa femme qui l'avait précédé de deux ans dans l'éternité.

Deux larges dalles de marbre, sur lesquelles étaient écrits leurs noms, étaient étendues l'une à côté de l'autre dans un petit enclos fermé d'une balustrade de fer et ombragé par quatre cyprès.

Maximilien était appuyé à l'un de ces arbres, et fixait sur les deux tombes des yeux sans regard.

Sa douleur était profonde, presque égarée.

— Maximilien, lui dit le comte, ce n'est point là qu'il faut regarder, c'est là !

Et il lui montra le ciel.

— Les morts sont partout, dit Morrel; n'est-ce pas ce que vous m'avez dit vous-même quand vous m'avez fait quitter Paris ?

— Maximilien, dit le comte, vous m'avez demandé pendant le voyage à vous arrêter quelques jours à Marseille : est-ce toujours votre désir ?

— Je n'ai plus de désir, comte; seulement il me semble que j'attendrai moins péniblement à Marseille qu'ailleurs.

— Tant mieux, Maximilien, car je vous quitte, et j'emporte votre parole, n'est-ce pas ?

— Ah ! je l'oublierai, comte, dit Morrel, je l'oublierai !

— Non ! vous ne l'oublierez pas, parce que vous êtes homme d'honneur avant tout, Morrel, parce que vous avez juré, parce que vous allez jurer encore

— Oh ! comte, ayez pitié de moi ! Comte, je suis si malheureux !

— J'ai connu un homme plus malheureux que vous, Morrel.

— Impossible.

— Hélas ! dit Monte-Christo, c'est un des orgueils de notre pauvre humanité que chaque homme se croie plus malheureux qu'un autre malheureux qui pleure et qui gémit à côté de lui.

— Qu'y a-t-il de plus malheureux que l'homme qui a perdu le seul bien qu'il aimât et désirât au monde ?

— Écoutez, Morrel, dit Monte-Christo, et fixez un instant votre esprit sur ce que je vais vous dire. J'ai connu un homme qui, ainsi que vous, avait fait reposer toutes ses espérances de bonheur sur une femme. Cet homme était jeune, il avait un vieux père qu'il aimait, une fiancée qu'il adorait, il allait l'épouser quand tout à coup un de ces caprices du sort qui feraient douter de la bonté de Dieu, si Dieu ne se révélait plus tard en montrant que tout est pour lui un moyen de conduire à son unité infinie, quand tout à coup un caprice du sort lui enleva sa liberté, sa maîtresse, l'avenir qu'il rêvait et qu'il croyait le sien (car, aveugle qu'il était, il ne pouvait lire que dans le présent), pour le plonger au fond d'un cachot.

— Ah ! fit Morrel, on sort d'un cachot au bout de huit jours, au bout d'un mois, au bout d'un an.

— Il y resta quatorze ans, Morrel, dit le comte en posant sa main sur l'épaule du jeune homme.

Maximilien tressaillit.

— Quatorze ans ! murmura-t-il.

— Quatorze ans, répéta le comte; lui aussi pendant ces quatorze années, il eut bien des moments de désespoir; lui aussi, comme vous, Morrel, se

Saint-Pierre de Rome. — Page 107

croyant le plus malheureux des hommes, il voulut se tuer.

— Eh bien? demanda Morrel.

— Eh bien! au moment suprême, Dieu se révéla à lui par un moyen humain; car Dieu ne fait plus de miracles; peut-être, au premier abord (il faut du temps aux yeux voilés de larmes pour se dessiller tout à fait), ne comprit-il pas cette miséricorde infinie du Seigneur; mais enfin il prit patience et attendit. Un jour il sortit miraculeusement de la tombe, transfiguré, riche, puissant, presque Dieu; son premier cri fut pour son père, son père était mort!

— Et à moi aussi mon père est mort, dit Morrel.

— Oui, mais votre père est mort dans vos bras, aimé, heureux, honoré, riche, plein de jours : son père à lui était mort pauvre, désespéré, doutant de Dieu; et, lorsque dix ans après sa mort son fils chercha sa tombe, sa tombe même avait disparu, et nul

Vue de Florence. — PAGE 107.

n'> pu lui dire : C'est là que repose dans le Seigneur le cœur qui t'a tant aimé.

— Oh! dit Morrel.

— Celui-là était donc plus malheureux fils que vous, Morrel, car celui-là ne savait pas même où retrouver la tombe de son père.

— Mais, dit Morrel, il lui restait la femme qu'il avait aimée, au moins.

— Vous vous trompez, Morrel; cette femme...

— Elle était morte? s'écria Maximilien.

— Pis que cela : elle avait été infidèle; elle avait épousé un des persécuteurs de son fiancé. Vous voyez donc, Morrel, que cet homme était plus malheureux amant que vous.

— Et à cet homme, demanda Morrel, Dieu a envoyé la consolation?

— Il lui a envoyé le calme du moins.

— Et cet homme pourra encore être heureux un jour?

— Il l'espère, Maximilien.

Le jeune homme laissa tomber sa tête sur sa poitrine.

— Vous avez ma promesse, dit-il après un instant de silence et en tendant la main à Monte-Christo : seulement rappelez-vous...

— Le 5 octobre, Morrel, je vous attends à l'île de Monte-Christo. Le 4, un yacht vous attendra dans le port de Bastia ; ce yacht s'appellera l'*Eurus ;* vous vous nommerez au patron, qui vous conduira près de moi. C'est dit, n'est-ce pas, Maximilien ?

— C'est dit, comte, et je ferai ce qui est dit ; mais rappelez-vous que le 5 octobre...

— Enfant, qui ne sait pas encore ce que c'est que la promesse d'un homme... Je vous ai dit vingt fois que ce jour-là, si vous vouliez encore mourir, je vous y aiderais, Morrel. Adieu.

— Vous me quittez ?

— Oui, j'ai affaire en Italie ; je vous laisse seul, seul aux prises avec le malheur, seul avec cet aigle aux puissantes ailes que le Seigneur envoie à ses élus pour les transporter à ses pieds ; l'histoire de Ganymède n'est pas une fable, Maximilien, c'est une allégorie.

— Quand partez-vous ?

— A l'instant même ; le bateau à vapeur m'attend : dans une heure je serai déjà loin de vous ; m'accompagnerez-vous jusqu'au port, Morrel ?

— Je suis tout à vous, comte.

— Embrassez-moi.

Morrel escorta le comte jusqu'au port ; déjà la fumée sortait comme un panache immense du tube noir qui la lançait aux cieux.

Bientôt le navire partit, et, une heure après, comme l'avait dit Monte-Christo, cette même aigrette de fumée blanchâtre rayait, à peine visible, l'horizon oriental, assombri par les premiers brouillards de la nuit.

CHAPITRE XV.

PEPPINO.

u moment même où le bateau à vapeur du comte disparaissait derrière le cap Morgiou, un homme, courant la poste sur la route de Florence à Rome, venait de dépasser la petite ville d'Aquapendente.

Il marchait assez vite pour faire beaucoup de chemin, sans toutefois devenir suspect.

Vêtu d'une redingote ou plutôt d'un surtout que le voyage avait infiniment fatigué, mais qui laissait voir brillant et frais encore un ruban de la Légion d'honneur répété à son habit, cet homme, non-seulement à ce double signe, mais encore à l'accent avec lequel il parlait au postillon, devait être reconnu pour un Français.

Une preuve encore qu'il était né dans le pays de la langue universelle, c'est qu'il ne savait d'autres mots italiens que ces mots de musique qui peuvent, comme le *goddam* de Figaro, remplacer toutes les finesses d'une langue particulière.

— *Allegro!* disait-il aux postillons à chaque montée.

— *Moderato!* faisait-il à chaque descente.

Et Dieu sait s'il y a des montées et des descentes en allant de Florence à Rome par la route d'Aquapendente!

Ces deux mots, au reste, faisaient beaucoup rire les braves gens auxquels ils étaient adressés.

En présence de la ville éternelle, c'est-à-dire en arrivant à la Stora, point d'où l'on aperçoit Rome, le voyageur n'éprouva point ce sentiment de curiosité enthousiaste qui pousse chaque étranger à s'élever du fond de sa chaise pour tâcher d'apercevoir le fameux dôme de Saint-Pierre, qu'on aperçoit déjà bien avant de distinguer autre chose.

Non, il tira seulement un portefeuille de sa poche, et de son portefeuille un papier plié en quatre, qu'il déplia et replia avec une attention qui ressemblait à du respect, et il se contenta de dire :

— Bon ! je l'ai toujours

La voiture franchit la porte del Popolo, prit à gauche, et s'arrêta à l'hôtel d'Espagne.

Maître Pastrini, notre ancienne connaissance, reçut le voyageur sur le seuil de la porte et le chapeau à la main.

Le voyageur descendit, commanda un bon dîner, et s'informa de l'adresse de la maison Thomson et French, qui lui fut indiquée à l'instant même, cette maison étant une des plus connues de Rome.

Elle était située via dei Banchi, près de Saint-Pierre.

A Rome, comme partout, l'arrivée d'une chaise de poste est un événement.

Dix jeunes descendants de Marius et des Gracques, pieds nus, les coudes percés, mais le poing sur la hanche et le bras pittoresquement recourbé au-dessus de la tête, regardaient le voyageur, la chaise de poste et les chevaux.

A ces gamins de la ville par excellence s'étaient joints une cinquantaine de badauds des Etats de Sa Sainteté, de ceux-là qui font des ronds en crachant dans le Tibre du haut du pont Saint-Ange, quand le Tibre a de l'eau.

Or, comme les gamins et les badauds de Rome, plus heureux que ceux de Paris, comprennent toutes les langues, et surtout la langue française, ils entendirent le voyageur demander un appartement, demander à dîner et demander enfin l'adresse de la maison Thomson et French.

Il en résulta que, lorsque le nouvel arrivant sortit de l'hôtel avec le cicerone de rigueur, un homme se détacha du groupe des curieux, et, sans être remarqué du voyageur, sans paraître être remarqué de son guide, marcha à peu de distance de l'étranger, le suivant avec autant d'adresse qu'aurait pu le faire un agent de la police parisienne.

Le Français était si pressé de faire sa visite à la maison Thomson et French, qu'il n'avait pas pris le temps d'attendre que les chevaux fussent attelés.

La voiture devait le rejoindre en route ou l'attendre à la porte du banquier.

On arriva sans que la voiture eût rejoint.

Le Français entra, laissant dans l'antichambre son guide, qui aussitôt entra en conversation avec deux ou trois de ces industriels sans industrie, ou plutôt aux mille industries, qui se tiennent à Rome à la porte des banquiers, des églises, des ruines, des musées ou des théâtres

En même temps que le Français, l'homme qui s'était détaché du groupe des curieux entra aussi; le Français sonna au guichet des bureaux et pénétra dans la première pièce; son ombre en fit autant.

— MM. Thomson et French? demanda l'étranger.

Une espèce de laquais se leva, sur le signe d'un commis de confiance, gardien solennel du premier bureau.

— Qui annoncerai-je? demanda le laquais se préparant à marcher devant l'étranger.

— M. le baron Danglars, répondit le voyageur.

— Venez, dit le laquais.

Une porte s'ouvrit.

Le laquais et le baron disparurent par cette porte.

L'homme qui était entré derrière Danglas s'assit sur un banc d'attente.

Le commis continua d'écrire pendant cinq minutes à peu près; pendant ces cinq minutes, l'homme assis garda le plus profond silence et la plus stricte immobilité.

Puis la plume du commis cessa de crier sur le papier.

Il leva la tête, regarda attentivement autour de lui, et après s'être assuré du tête à tête :

— Ah! ah! dit-il, te voilà, Peppino?

— Oui! répondit laconiquement celui-ci.

— Tu as flairé quelque chose de bon chez ce gros homme?

— Il n'y a pas grand mérite pour celui-ci, nous sommes prévenus.

— Tu sais donc ce qu'il vient faire ici, curieux?

— Pardieu! il vient toucher; seulement, reste à savoir quelle somme.

— On va te dire cela tout à l'heure, l'ami.

— Fort bien; mais ne vas pas, comme l'autre jour, me donner un faux renseignement.

— Qu'est-ce à dire, et de qui veux-tu parler? Serait-ce de cet Anglais qui a emporté d'ici trois mille écus l'autre jour?

— Non, celui-là avait en effet les trois mille écus, et nous les avons trouvés. Je veux parler de ce prince russe.

— Eh bien?

— Eh bien! tu nous avais accusé trente mille livres, et nous n'en avons trouvé que vingt-deux.

— Vous aurez mal cherché.

— C'est Luigi Vampa qui a fait la perquisition en personne.

— En ce cas, il avait ou payé ses dettes...

— Un Russe?

— Ou dépensé son argent.

— C'est possible, après tout.

— C'est sûr; mais laisse-moi aller à mon observatoire, le Français ferait son affaire sans que je pusse savoir le chiffre positif.

Peppino fit un signe affirmatif, et, tirant un chapelet de sa poche, se mit à marmotter quelques prières, tandis que le commis disparaissait par la même porte qui avait donné passage au laquais et au baron.

Au bout de dix minutes environ, le commis reparut radieux.

— Eh bien? demanda Peppino à son ami.

— Alerte! alerte! dit le commis, la somme est ronde.

— Cinq à six millions, n'est-ce pas?

— Oui; tu sais le chiffre?

— Sur un reçu de Son Excellence le comte de Monte-Christo.

— Tu connais le comte?

— Et dont on l'a crédité sur Rome, Venise et Vienne.

— C'est cela! s'écria le commis; comment es-tu si bien informé?

— Je t'ai dit que nous avions été prévenus à l'avance.

— Alors pourquoi t'adresses-tu à moi?

— Pour être bien sûr que c'est bien l'homme à qui nous avons affaire.

— C'est bien lui... cinq millions. Une jolie somme, hein! Peppino?

Danglars apparut radieux.

— Oui.

— Nous n'en aurons jamais autant.

— Au moins, répondit philosophiquement Peppino, en aurons-nous quelques bribes.

— Chut ! voici notre homme.

Le commis reprit sa plume, et Peppino son chapelet : l'un écrivait, l'autre priait quand la porte se rouvrit.

Danglars apparut radieux, accompagné par le banquier qui le reconduisit jusqu'à la porte.

Derrière Danglars descendit Peppino.

Selon les conventions, la voiture qui devait rejoindre Danglars attendait devant la maison Thomson et French.

Le cicerone en tenait la portière ouverte : le cicerone est un être très-complaisant et qu'on peut employer à toute chose.

Danglars sauta dans la voiture, léger comme un jeune homme de vingt ans.

Le cicerone referma la portière et monta près du cocher.

Peppino monta sur le siége de derrière.

— Son Excellence veut-elle voir Saint-Pierre? demanda le cicerone.

— Pourquoi faire? répond le baron.

— Dame! pour voir!

— Je ne suis pas venu à Rome pour voir, dit tout haut Danglars; puis il ajouta tout bas avec son sourire cupide : — Je suis venu pour toucher.

Et il toucha en effet son portefeuille, dans lequel il venait d'enfermer une lettre.

— Alors, Son Excellence va?...

— A l'hôtel.

— Casa Pastrini, dit le cicerone au cocher.

Et la voiture partit rapide comme une voiture de maître.

Dix minutes après, le baron était rentré dans son appartement, et Peppino s'installait sur le banc accolé à la devanture de l'hôtel, après avoir dit quelques mots à l'oreille d'un de ces descendants de Marius et des Gracques que nous avons signalés au commencement de ce chapitre, lequel descendant prit le chemin du Capitole de toute la vitesse de ses jambes.

Danglars était las, satisfait et avait sommeil.

Il se coucha, mit son portefeuille sous son traversin et s'endormit.

Peppino avait du temps de reste; il joua à la *morra* avec des facchini, perdit trois écus, et, pour se consoler, but un flacon de vin d'Orvietto.

Le lendemain, Danglars s'éveilla tard, quoiqu'il se fût couché de bonne heure; il y avait cinq ou six nuits qu'il dormait fort mal, quand toutefois il dormait.

Il déjeuna copieusement, et, peu soucieux, comme il l'avait dit, de voir les beautés de la ville éternelle, il demanda ses chevaux de poste pour midi.

Mais Danglars avait compté sans les formalités de la police et sans la paresse du maître de poste.

Les chevaux arrivèrent à deux heures seulement, et le cicerone ne rapporta le passe-port visé qu'à trois.

Tous ces préparatifs avaient amené devant la porte de maître Pastrini bon nombre de badauds.

Les descendants des Gracques et de Marius ne manquaient pas non plus.

Le baron traversa triomphalement ces groupes, qui l'appelaient Excellence pour avoir un bajocco.

Comme Danglars, homme très-populaire, comme on sait, s'était contenté de se faire appeler baron jusque-là, et n'avait pas encore été traité d'Excellence, ce titre le flatta, et il distribua une douzaine de pauls à toute cette canaille, toute prête, pour douze autres pauls, à le traiter d'Altesse.

— Quelle route? demanda le postillon en italien.

— Route d'Ancône, répondit le baron. Maître Pastrini traduisit la demande et la réponse, et la voiture partit au galop.

Danglars voulait effectivement passer à Venise et y prendre une partie de sa fortune, puis de Venise aller à Vienne, où il réaliserait le reste.

Son intention était de se fixer dans cette dernière ville, qu'on lui avait assuré être une ville de plaisirs.

A peine eut-il fait trois lieues dans la campagne de Rome, que la nuit commença de tomber.

Danglars n'avait pas cru partir si tard, sinon il serait resté.

Il demanda au postillon combien il y avait avant d'arriver à la prochaine ville.

— *Non capiasco!* répondit le postillon.

Danglars fit un mouvement de la tête qui voulait dire :

— Très-bien!

La voiture continua sa route.

— A la première poste, se dit Danglars, j'arrêterai.

Danglars éprouvait encore un reste du bien-être qu'il avait ressenti la veille, et qui lui avait procuré une si bonne nuit.

Il était mollement étendu dans une bonne calèche anglaise à doubles ressorts; il se sentait entraîné par le galop de deux bons chevaux.

Le relais était de sept lieues, il le savait.

Que faire quand on est banquier et qu'on a heureusement fait banqueroute?

Danglars songea dix minutes à sa femme restée à Paris, dix autres minutes à sa fille courant le monde avec mademoiselle d'Armilly, il donna dix autres minutes à ses créanciers et à la manière dont il emploierait leur argent; puis, n'ayant plus rien à quoi penser, il ferma les yeux et s'endormit.

Parfois cependant, secoué par un cahot plus fort que les autres, Danglars rouvrait un moment les yeux.

Alors il se sentait toujours emporté avec la même vitesse à travers cette même campagne de Rome toute parsemée d'aqueducs brisés, qui semblent des géants de granit pétrifiés au milieu de leur course.

Mais la nuit était froide, sombre, pluvieuse, et il

faisait bien meilleur pour un homme à moitié as-
soupi de demeurer au fond de sa chaise les yeux
fermés que de mettre la tête à la portière pour demander où il était à un postillon qui ne savait répondre autre chose que : — *Non capiasco!*

Danglars continua donc de dormir, en se disant
qu'il serait toujours temps de se réveiller au relais.

La voiture s'arrêta.

Danglars pensa qu'il touchait enfin au but tant
désiré.

Il rouvrit les yeux, regarda à travers la vitre,
s'attendant à se trouver au milieu de quelque ville,
ou tout au moins de quelque village ; mais il ne
vit rien qu'une espèce de masure isolée et trois ou
quatre hommes qui allaient et venaient comme des
ombres.

Danglars attendit un instant que le postillon, qui
avait achevé son relais, vînt lui réclamer l'argent de
la poste.

Il comptait profiter de l'occasion pour demander
quelques renseignements à son nouveau conduc-
teur ; mais les chevaux furent dételés et remplacés
sans que personne vînt demander l'argent au
voyageur.

Danglars, étonné, ouvrit la portière ; mais une
main vigoureuse la repoussa aussitôt, et la chaise
roula.

Le baron, stupéfait, se réveilla entièrement.

— Eh! dit-il au postillon, eh! *mio caro!*

C'était encore de l'italien de romance que Danglars avait retenu lorsque sa fille chantait des duos
avec le prince Cavalcanti.

Mais *mio caro* ne répondit point.

Danglars se contenta alors d'ouvrir la vitre.

— Hé, l'ami! où allons-nous donc? dit-il en passant sa tête par l'ouverture.

— *Dentro la testa!* cria une voix grave et impé-
rieuse, accompagnée d'un geste de menace.

Danglars comprit que *dentro la testa* voulait dire :
Rentrez la tête. Il faisait, comme on voit, de rapides
progrès dans l'italien.

Il obéit, non sans inquiétude ; et comme cette inquiétude augmentait de minute en minute, au bout
de quelques instants son esprit, au lieu du vide
que nous avons signalé au moment où il se met-
tait en route, et qui avait amené son sommeil ;
son esprit, disons-nous, se trouva rempli de quantité de pensées plus propres les unes que les autres à tenir éveillé l'intérêt d'un voyageur, et,
surtout d'un voyageur dans la situation de Danglars.

Ses yeux prirent, dans les ténèbres, ce degré de

finesse que communiquent dans le premier moment
les émotions fortes, et qui s'émousse plus tard pour
avoir été trop exercé.

Avant d'avoir peur, on voit juste ; pendant qu'on
a peur, on voit double ; et après qu'on a eu peur, on
voit trouble.

Danglars vit un homme enveloppé d'un manteau,
qui galopait à la portière de droite.

— Quelque gendarme, dit-il. Aurais-je été signalé
par les télégraphes français aux autorités pontifi-
cales !

Il résolut de sortir de cette anxiété.

— Où me menez-vous? demanda-t-il.

— *Dentro la testa!* répéta la même voix, avec le
même accent de menace.

Danglars se retourna vers la portière de gauche.

Un autre homme à cheval galopait à la portière
de gauche.

— Décidément, se dit Danglars la sueur au front,
décidément je suis pris.

Et il se rejeta au fond de la calèche : cette fois
non pas pour dormir, mais pour songer.

Un instant après, la lune se leva.

Du fond de la calèche il plongea son regard dans
la campagne : il revit alors ces grands aqueducs,
fantômes de pierre, qu'il avait remarqués en passant ; seulement, au lieu de les avoir à droite, il les
avait maintenant à gauche.

Il comprit qu'on avait fait faire demi-tour à la
voiture et qu'on le ramenait à Rome.

— Oh! malheureux, murmura-t-il, on aura obtenu
l'extradition !

La voiture continuait de courir avec une effrayante
vélocité.

Une heure passa terrible ; car, à chaque nouvel
indice jeté sur son passage, le fugitif reconnaît, à
n'en point douter, qu'on le ramenait sur ses
pas.

Enfin, il revit une masse sombre contre laquelle
il lui sembla que la voiture allait se heurter ; mais la
voiture se détourna, longeant cette masse sombre
qui n'était autre que la ceinture de remparts qui enveloppe Rome.

— Oh! oh! murmura Danglars, nous ne rentrons
pas dans la ville : donc ce n'est pas la justice qui
m'arrête. Bon Dieu! autre idée! serait-ce?...

Ses cheveux se hérissèrent.

Il se rappela ces intéressantes histoires de bandits romains, si peu crues à Paris, et qu'Albert de
Morcerf avait racontées à madame Danglars et à

— *Scindi!* commanda une voix.

Eugénie, lorsqu'il était question pour le jeune vicomte de devenir le fils de l'une et le mari de l'autre.

— Des voleurs, peut-être! murmura-t-il.

Tout à coup la voiture roula sur quelque chose de plus dur que le sol d'un chemin sablé.

Danglars hasarda un regard aux deux côtés de la route.

Il aperçut des monuments de forme étrange; et sa pensée préoccupée du récit de Morcerf, qui maintenant se représentait à lui dans tous ses détails, sa pensée lui dit qu'il devait être sur la voie Appienne.

A gauche de la voiture, dans une espèce de vallée, on voyait une excavation circulaire.

C'était le cirque de Caracalla.

Sur un mot de l'homme qui galopait à droite de la voiture, la voiture s'arrêta.

En même temps la portière de gauche s'ouvrit.

— *Scindi!* commanda une voix.

Cette roche entr'ouverte livre passage au jeune homme. — PAGE 114.

Danglars descendit à l'instant même.

Il ne parlait pas encore l'italien, mais il l'entendait déjà.

Plus mort que vif, le baron regarda autour de lui.

Quatre hommes l'entouraient, sans compter le postillon.

— *Di quà,* dit un des quatre hommes en descendant un petit sentier qui conduisait de la voie Appienne au milieu de ces inégales hachures de la campagne de Rome.

Danglars suivit son guide sans discussion, et n'eut pas besoin de se retourner pour savoir qu'il était suivi des trois autres hommes.

Cependant, il lui sembla que ces hommes s'arrêtaient comme des sentinelles à des distances à peu près égales.

Après dix minutes de marche à peu près, pendant lesquelles Danglars n'échangea point une seule parole avec son guide, il se trouva entre un tertre et un buisson de hautes herbes; trois hommes, debout et muets, formaient un triangle dont il était le centre.

Il voulut parler ; sa langue s'embarrassa.

— *Avanti*, dit la même voix à l'accent bref et impératif.

Cette fois, Danglars comprit doublement.

Il comprit par la parole et par le geste; car l'homme qui marchait derrière lui le poussa si rudement en avant, qu'il alla heurter son guide.

Ce guide était notre ami Peppino, qui s'enfonça dans les hautes herbes par une sinuosité que les fouines et les lézards pouvaient seuls reconnaître pour un chemin frayé.

Peppino s'arrêta devant une roche surmontée d'un épais buisson.

Cette roche, entr'ouverte comme une paupière, livra passage au jeune homme, qui y disparut comme disparaissent dans leurs trappes les diables de nos féeries.

La voix et le geste de celui qui suivait Danglars engagèrent le banquier à en faire autant.

Il n'y avait plus à en douter, le banqueroutier français avait affaire à des bandits romains.

Danglars s'exécuta comme un homme placé entre deux dangers terribles, et que la peur rend brave.

Malgré son ventre assez mal disposé pour pénétrer dans les crevasses de la campagne de Rome, il s'infiltra derrière Peppino ; et, se laissant glisser en fermant les yeux, il tomba sur ses pieds.

En touchant la terre, il rouvrit les yeux.

Le chemin était large, mais noir.

Peppino, peu soucieux de se cacher, maintenant qu'il était chez lui, battit le briquet et alluma une torche.

Deux autres hommes descendirent derrière Danglars, formant l'arrière-garde ; et, poussant Danglars lorsque par hasard il s'arrêtait, le firent arriver par une pente douce au centre d'un carrefour de sinistre apparence.

En effet, les parois des murailles, creusées en cercueils superposés les uns aux autres, semblaient, au milieu des pierres blanches, ouvrir ces yeux noirs et profonds qu'on remarque dans les têtes de morts.

Une sentinelle fit battre contre sa main gauche les capucines de sa carabine.

— Qui vive ? fit la sentinelle.

— Ami ! ami ! dit Peppino. Où est le capitaine ?

— Là, dit la sentinelle en montrant par-dessus son épaule une espèce de grande salle creusée dans le roc et dont la lumière se reflétait dans le corridor par de grandes ouvertures cintrées.

— Bonne proie, capitaine ! bonne proie, dit Peppino en italien.

Et, prenant Danglars par le collet de sa redingote, il le conduisit vers une ouverture ressemblant à une porte, et par laquelle on pénétrait dans la salle dont le capitaine paraissait avoir fait son logement.

— Est-ce l'homme ? demanda celui-ci, qui lisait fort attentivement la vie d'Alexandre dans Plutarque.

— Lui-même, capitaine, lui-même.

— Très-bien ; montrez-le-moi.

Sur cet ordre assez impertinent, Peppino approcha si brusquement sa torche du visage de Danglars, que celui-ci se recula vivement pour ne point avoir les sourcils brûlés.

Ce visage bouleversé offrait tous les symptômes d'une pâle et hideuse terreur.

— Cet homme est fatigué, dit le capitaine, qu'on le conduise à son lit.

— Oh ! murmura Danglars, ce lit, c'est probablement un des cercueils qui creusent la muraille ; ce sommeil, c'est la mort qu'un des poignards que je vois étinceler dans l'ombre va me procurer.

En effet, dans les profondeurs sombres de l'immense salle on voyait se soulever, sur leurs couches d'herbes sèches ou de peaux de loups, les compagnons de cet homme qu'Albert de Morcerf avait trouvé lisant les *Commentaires de César*, et que Danglars retrouvait lisant la vie d'Alexandre.

Le banquier poussa un sourd gémissement et suivit son guide.

Il n'essaya ni de prier ni de crier.

Il n'avait plus ni force, ni volonté, ni puissance, ni sentiment.

Il allait parce qu'on l'entraînait.

Il heurta une marche ; et, comprenant qu'il avait un escalier devant lui, il se baissa instinctivement pour ne pas se briser le front, et se trouva dans une cellule taillée en plein roc.

Cette cellule était propre bien que nue, sèche quoique située sous la terre à une profondeur incommensurable.

Un lit d'herbes sèches, recouvert de peaux de chèvres, était, non pas dressé, mais étendu dans un coin de cette cellule.

Danglars, en l'apercevant, crut voir le symbole radieux de son salut.

— Oh ! Dieu soit loué ! murmura-t-il, c'est un vrai lit !

C'était la seconde fois, depuis une heure, qu'il

invoquait le nom de Dieu ; cela ne lui était pas arrivé depuis dix ans.

— *Ecco*, dit le guide.

Et, poussant Danglars dans la cellule, il referma la porte sur lui.

Un verrou grinça ; Danglars était prisonnier.

D'ailleurs, n'y eût-il pas eu de verrou, il eût fallu être saint Pierre et avoir pour guide un ange du ciel pour passer au milieu de la garnison qui tenait les catacombes de Saint-Sébastien, et qui campait autour de son chef, dans lequel nos lecteurs ont certainement reconnu le fameux Luigi Vampa.

Danglars aussi avait reconnu ce bandit, à l'existence duquel il n'avait pas voulu croire quand Morcerf essayait de le naturaliser en France.

Non-seulement il l'avait reconnu, mais aussi la cellule dans laquelle Morcerf avait été enfermé, et qui, selon toute probabilité, était le logement des étrangers.

Ces souvenirs, sur lesquels au reste Danglars s'étendait avec une certaine joie, lui rendaient la tranquillité.

Du moment où ils ne l'avaient pas tué tout de suite, les bandits n'avaient pas l'intention de le tuer du tout.

On l'avait arrêté pour le voler ; et, comme il n'avait sur lui que quelques louis, on le rançonnerait.

Il se rappela que Morcerf avait été taxé à quelque chose comme quatre mille écus ; comme il s'accordait une apparence beaucoup plus importante que Morcerf, il fixa lui-même dans son esprit sa rançon à huit mille écus.

Huit mille écus faisaient quarante-huit mille livres.

Il lui resterait encore quelque chose comme cinq millions cinquante mille francs.

Avec cela, on se tire d'affaire partout.

Donc, à peu près certain de se tirer d'affaire, attendu qu'il n'y a pas d'exemple qu'on ait jamais taxé un homme à cinq millions cinquante mille livres, Danglars s'étendit sur son lit, où, après s'être retourné deux ou trois fois, il s'endormit avec la tranquillité du héros dont Luigi Vampa étudiait l'histoire.

CHAPITRE XVI.

LA CARTE DE LUIGI VAMPA.

A tout sommeil, qui n'est pas celui que redoutait Danglars, il y a un réveil.

Danglars se réveilla.

Pour un Parisien, habitué aux rideaux de soie, aux parois veloutées des murailles, au parfum qui monte du bois blanchissant dans la cheminée et qui descend des voûtes de satin, le réveil dans une grotte de pierre crayeuse doit être comme un rêve de mauvais aloi.

En touchant ses courtines de peau de bouc, Danglars devait croire qu'il rêvait Samoyèdes ou Lapons.

Mais, en pareille circonstance, une seconde suffit pour changer le doute le plus robuste en certitude.

— Oui! oui! murmura-t-il, je suis aux mains des bandits dont nous a parlé Albert de Morcerf.

Son premier mouvement fut de respirer, afin de s'assurer qu'il n'était pas blessé : c'était un moyen qu'il avait trouvé dans *Don Quichotte*, le seul livre non pas qu'il eût lu, mais dont il eût retenu quelque chose.

— Non, dit-il, ils ne m'ont ni tué ni blessé, mais ils m'ont volé peut-être.

Et il porta vivement ses mains à ses poches.

Elles étaient intactes.

Les cent louis qu'il s'était réservés pour faire son voyage de Rome à Venise étaient bien dans la poche de son pantalon, et le portefeuille, dans lequel se trouvait la lettre de crédit de cinq millions cinquante mille francs, était bien dans la poche de sa redingote.

— Singuliers bandits! se dit-il, qui m'ont laissé ma bourse et mon portefeuille! Comme je disais hier en me couchant, ils vont me mettre à rançon. Tiens! j'ai aussi ma montre! Voyons un peu quelle heure il est.

La montre de Danglars, chef-d'œuvre de Bréguet, qu'il avait remontée avec soin la veille avant de se mettre en route, sonna cinq heures et demie du matin.

Sans elle, Danglars fût resté complétement incertain sur l'heure, le jour ne pénétrant pas dans sa cellule.

Fallait-il provoquer une explication des bandits? Fallait-il attendre patiemment qu'ils la demandassent? La dernière alternative était la plus prudente.

Danglars attendit.

Il attendit jusqu'à midi.

Pendant tout ce temps, une sentinelle avait veillé à sa porte.

A huit heures du matin, la sentinelle avait été relevée.

Il avait alors pris à Danglars l'envie de voir par qui il était gardé.

Il avait remarqué que des rayons de lumière, non pas de jour, mais de lampe, filtraient à travers les ais de la porte mal jointe.

Il s'approcha d'une de ces ouvertures, au moment juste où le bandit buvait quelques gorgées d'eau-de-vie, lesquelles, grâce à l'outre de peau qui les contenait, répandaient une odeur qui répugna fort à Danglars.

— Pouah! fit-il en reculant jusqu'au fond de sa cellule.

A midi, l'homme à l'eau-de-vie fut remplacé par un autre factionnaire.

Danglars eut la curiosité de voir son nouveau gardien.

Il s'approcha de nouveau de la jointure.

Son gardien s'assit en face de la porte de sa cellule.

Celui-là était un athlétique bandit, un Goliath aux gros yeux, aux lèvres épaisses, au nez écrasé ; sa chevelure rousse pendait sur ses épaules en mèches tordues comme des couleuvres.

— Oh ! oh ! dit Danglars, celui-ci ressemble plus à un ogre qu'à une créature humaine ; en tout cas, je suis vieux et assez coriace ; gros blanc pas bon à manger.

Comme on le voit, Danglars avait encore l'esprit assez présent pour plaisanter.

Au même instant, comme pour lui donner la preuve qu'il n'était pas un ogre, son gardien s'assit en face de la porte de sa cellule, tira de son bissac du pain noir, des oignons et du fromage, qu'il se mit incontinent à dévorer.

— Le diable m'emporte ! dit Danglars en jetant à travers les fentes de sa porte un coup d'œil sur le dîner du bandit ; le diable m'emporte si je comprends comment on peut manger de pareilles ordures !

Et il alla s'asseoir sur ses peaux de bouc, qui lui

rappelaient l'odeur de l'eau-de-vie de la première sentinelle.

Mais Danglars avait beau faire, et les secrets de la nature sont incompréhensibles, il y a bien de l'éloquence dans certaines invitations matérielles qu'adressent les plus grossières substances aux estomacs à jeun.

Danglars sentit soudain que le sien n'avait pas de fond en ce moment; il vit l'homme moins laid, le pain moins noir, le fromage plus frais.

Enfin, ces oignons crus, affreuse alimentation du sauvage, lui rappelèrent certaines sauces Robert et certains mirotons que son cuisinier exécutait d'une façon supérieure, lorsque Danglars lui disait : — Monsieur Deniseau, faites-moi, pour aujourd'hui, un bon petit plat canaille.

Il se leva et alla frapper à la porte.

Le bandit leva la tête.

Danglars vit qu'il était entendu, et redoubla.

— *Che cosa?* demanda le bandit.

— Dites donc, dites donc, l'ami, fit Danglars en tambourinant avec ses doigts contre sa porte, il me semble qu'il serait temps que l'on songeât à me nourrir aussi, moi!

Mais, soit qu'il ne comprît pas, soit qu'il n'eût pas d'ordres à l'endroit de la nourriture de Danglars, le géant se remit à son dîner.

Danglars sentit sa fierté humiliée; et, ne voulant pas davantage se commettre avec cette brute, il se recoucha sur ses peaux de bouc et ne souffla plus le mot.

Quatre heures s'écoulèrent.

Le géant fut remplacé par un autre bandit.

Danglars, qui éprouvait d'affreux tiraillements d'estomac, se leva doucement, appliqua derechef son oreille aux fentes de la porte, et reconnut la figure intelligente de son guide.

C'est en effet Peppino qui se préparait à monter la garde la plus douce possible en s'asseyant en face de la porte, et en posant entre ses deux jambes une casserole de terre, laquelle contenait, chauds et parfumés, des pois chiches fricassés au lard.

Près de ces pois chiches, Peppino posa encore un joli petit panier de raisins de Velletri et un flasco de vin d'Orvieto.

Décidément, Peppino était un gourmet.

En voyant ces préparatifs gastronomiques, l'eau vint à la bouche de Danglars.

— Ah! ah! dit le prisonnier, voyons un peu si celui-ci sera plus traitable que l'autre.

Et il frappa gentiment à sa porte.

— On y va, dit le bandit, qui, en fréquentant la maison de maître Pastrini, avait fini par apprendre le français jusque dans ses idiotismes.

Et, en effet, il vint ouvrir.

Danglars le reconnut pour celui qui lui avait crié d'une si furieuse manière : — « Rentrez la tête! »

Mais ce n'était pas l'heure des récriminations; il prit au contraire sa figure la plus agréable, et, avec un sourire gracieux :

— Pardon, monsieur, dit-il; mais est-ce que l'on ne me donnera pas à dîner, à moi aussi?

— Comment donc! s'écria Peppino, Votre Excellence aurait-elle faim, par hasard?

— Par hasard est charmant, murmura Danglars; il y a juste vingt-quatre heures que je n'ai mangé. Mais oui, monsieur, ajouta-t-il en haussant la voix, j'ai faim, et même assez faim.

— Et Votre Excellence veut manger?...

— A l'instant même, si c'est possible.

— Rien de plus aisé, dit Peppino. Ici l'on se procure tout ce que l'on désire, en payant, bien entendu, comme cela se fait chez tous les honnêtes chrétiens.

— Cela va sans dire! s'écria Danglars, quoiqu'en vérité les gens qui vous arrêtent et qui vous emprisonnent devraient au moins nourrir leurs prisonniers.

— Ah! Excellence, reprit Peppino, ce n'est pas l'usage.

— C'est une assez mauvaise raison, reprit Danglars, qui comptait amadouer son gardien par son amabilité, et cependant je m'en contente. Voyons, qu'on me serve à manger!

— A l'instant même, Excellence. Que désirez-vous?

Et Peppino posa son écuelle à terre de telle façon, que la fumée en monta directement aux narines de Danglars.

— Commandez, dit-il.

— Vous avez des cuisines ici? demanda le banquier.

— Comment! si nous avons des cuisines? Des cuisines parfaites!

— Et des cuisiniers?

— Excellents!

— Eh bien! un poulet, un poisson, du gibier, n'importe quoi, pourvu que je mange.

— Comme il plaira à Votre Excellence. Nous disons un poulet, n'est-ce pas?

— Oui, un poulet.

Peppino, se redressant, cria de tous ses poumons :

— Un poulet pour Son Excellence !

La voix de Peppino vibrait encore sous les voûtes, que déjà paraissait un jeune homme beau, svelte et à moitié nu comme les porteurs de poissons antiques.

Il apportait le poulet sur un plat d'argent, et le poulet tenait seul sur sa tête.

— On se croirait au *Café de Paris*, murmura Danglars.

— Voilà, Excellence ! dit Peppino en prenant le poulet des mains du jeune bandit et en le posant sur une table vermoulue, qui faisait, avec un escabeau et le lit de peau de bouc, la totalité de l'ameublement de la cellule.

Danglars demanda un couteau et une fourchette

— Voilà, Excellence ! dit Peppino en offrant un petit couteau à la pointe émoussée et une fourchette de buis.

Danglars prit le couteau d'une main, la fourchette de l'autre, et se mit en devoir de découper la volaille

— Pardon, Excellence ! dit Peppino en posant une main sur l'épaule du banquier, ici on paye avant de manger ; on pourrait n'être pas content en sortant...

— Ah ! ah ! fit Danglars, ce n'est plus comme à Paris, sans compter qu'ils vont m'écorcher probablement ; mais faisons les choses grandement. Voyons, j'ai toujours entendu parler du bon marché de la vie en Italie ; un poulet doit valoir douze sous à Rome.

— Voilà, dit-il ; et il jeta un louis à Peppino

Peppino ramassa le louis, Danglars approcha le couteau du poulet.

— Un moment, Excellence, dit Peppino en se relevant ; un moment, Votre Excellence me redoit encore quelque chose.

— Quand je disais qu'ils m'écorcheraient ! murmura Danglars

Puis, résolu de prendre son parti de cette extorsion :

— Voyons, combien vous redoit-on pour cette volaille étique ? demanda-t-il.

— Votre Excellence a donné un louis d'à-compte.

— Un louis d'à-compte sur un poulet ?

— Sans doute, d'à-compte.

— Bien... Allez ! allez !

— Ce n'est plus que quatre mille neuf cent quatre-vingt-dix-neuf louis que Votre Excellence me redoit.

Danglars ouvrit des yeux énormes à l'énoncé de cette gigantesque plaisanterie.

— Ah ! très-drôle ! murmura-t-il en vérité, très-drôle !

Et il voulut se remettre à découper le poulet ; mais Peppino lui arrêta la main droite avec la main gauche, et tendit son autre main.

— Allons, dit-il.

— Quoi ! vous ne riez point ? dit Danglars.

— Nous ne rions jamais, Excellence, reprit Peppino, sérieux comme un quaker.

— Comment ! cent mille francs un poulet !

— Excellence, c'est incroyable comme on a de la peine à élever la volaille dans ces maudites grottes

— Allons ! allons ! dit Danglars, je trouve cela très-bouffon, très-divertissant, en vérité ; mais, comme j'ai faim, laissez-moi manger. Tenez, voilà un autre louis pour vous, mon ami.

— Alors cela ne fera plus que quatre mille neuf cent quatre-vingt-dix-huit louis, dit Peppino conservant le même sang-froid ; avec de la patience, nous y viendrons.

— Oh ! quant à cela, dit Danglars révolté à cette persévérance à le railler, quant à cela, jamais. Allez au diable ! Vous ne savez pas à qui vous avez affaire.

Peppino fit un signe, le jeune garçon allongea les deux mains et enleva prestement le poulet.

Danglars se jeta sur son lit de peau de bouc.

Peppino referma la porte et se remit à manger ses pois au lard.

Danglars ne pouvait voir ce que faisait Peppino, mais le claquement des dents du bandit ne devait laisser au prisonnier aucun doute sur l'exercice auquel il se livrait.

Il était clair qu'il mangeait, et même qu'il mangeait bruyamment et comme un homme mal élevé.

— Butor ! dit Danglars.

Peppino fit semblant de ne pas entendre, et, sans même tourner la tête, continua de manger avec une sage lenteur.

L'estomac de Danglars lui semblait à lui-même percé comme le tonneau des Danaïdes ; il ne pouvait croire qu'il parviendrait à le remplir jamais.

— Eh bien! misérable, je déjouerai vos infâmes calculs. — PAGE 124.

Cependant il prit patience une demi-heure encore; mais il est juste de dire que cette demi-heure lui parut un siècle.

Il se leva et alla de nouveau à la porte.

— Voyons, monsieur, dit-il, ne me faites pas languir plus longtemps, et dites-moi tout de suite ce que l'on veut de moi.

— Mais, Excellence, dites plutôt ce que vous voulez de nous... Donnez vos ordres, et nous les exécuterons.

— Alors, ouvrez-moi d'abord.

Peppino ouvrit.

— Je veux, dit Danglars, pardieu! je veux manger!

— Vous avez faim?

— Eh! vous le savez de reste.

— Que désire manger Votre Excellence?

— Un morceau de pain sec, puisque les poulets sont hors de prix dans ces maudites caves!

— Du pain! soit, dit Peppino. Holà! du pain! cria-t-il.

Vue de Gibraltar. — Page 127.

Le jeune garçon apporta un petit pain.

— Voilà! dit Peppino.

— Combien? demanda Danglars.

— Quatre mille neuf cent quatre-vingt-dix-huit louis. Il y a deux louis payés d'avance.

— Comment! un pain cent mille francs!

— Cent mille francs, dit Peppino.

— Mais vous ne demandiez que cent mille francs pour un poulet!

— Nous ne servons pas à la carte, mais à prix fixe. Qu'on mange peu, qu'on mange beaucoup, qu'on demande dix plats ou un seul, c'est toujours le même chiffre.

— Encore cette plaisanterie! Mon cher ami, je vous déclare que c'est absurde, que c'est stupide! Dites-moi tout de suite que vous voulez que je meure de faim, ce sera plus tôt fait.

— Mais non, Excellence, c'est vous qui voulez vous suicider. Payez et mangez.

— Avec quoi payer, triple animal? dit Danglars

6   Pris. — Imp. de Edou rdillut, rue St-Louis, 46

exaspéré. Est-ce que tu crois qu'on a cent mille francs dans sa poche?

— Vous avez cinq millions cinquante mille francs dans la vôtre, Excellence, dit Peppino; cela fait cinquante poulets à cent mille francs et un demi-poulet à cinquante mille.

Danglars frissonna.

Le bandeau lui tomba des yeux : c'était bien toujours une plaisanterie, mais il la comprenait enfin.

Il est même juste de dire qu'il ne la trouvait plus aussi plate que l'instant d'avant.

— Voyons, dit-il, voyons : en donnant ces cent mille francs, me tiendrez-vous quitte au moins, et pourrai-je manger tout à mon aise?

— Sans doute, dit Peppino.

— Mais comment les donner? fit Danglars en respirant plus librement.

— Rien de plus facile; vous avez un crédit ouvert chez MM. Thomson et French, via Dei Bianchi, à Rome; donnez-moi un bon de quatre mille neuf cent quatre-vingt-dix-huit louis sur ces messieurs, notre banquier nous le prendra.

Danglars voulut au moins se donner le mérite de la bonne volonté; il prit la plume et le papier que lui présentait Peppino, écrivit la cédule, et signa.

— Tenez, dit-il, voilà votre bon au porteur.

— Et vous, voici votre poulet.

Danglars découpa la volaille en soupirant : elle lui paraissait bien maigre pour une si grosse somme.

Quant à Peppino, il lut attentivement le papier, le mit dans sa poche, et continua de manger ses pois chiches.

CHAPITRE X.

LE PARDON.

Le lendemain, Danglars eut encore faim; l'air de cette caverne était on ne peut plus apéritif : le prisonnier crut que, pour ce jour-là, il n'aurait aucune dépense à faire.

En homme économe, il avait caché la moitié de son poulet et un morceau de son pain dans le coin de sa cellule.

Mais il n'eut pas plutôt mangé, qu'il eut soif : il n'avait pas compté là-dessus.

Il lutta contre la soif jusqu'au moment où il sentit sa langue desséchée s'attacher à son palais.

Alors, ne pouvant plus résister au feu qui le dévorait, il appela.

La sentinelle ouvrit la porte; c'était un nouveau visage.

Il pensa que mieux valait pour lui avoir affaire à une ancienne connaissance

Il appela Peppino

— Me voici, Excellence, dit le bandit en se présentant avec un empressement qui parut de bon augure à Danglars. Que désirez-vous?

— A boire, dit le prisonnier.

— Excellence, dit Peppino, vous savez que le vin est hors de prix dans les environs de Rome.

— Donnez-moi de l'eau alors, dit Danglars cherchant à parer la botte.

— Oh! Excellence, l'eau est plus rare que le vin; il fait une si grande sécheresse!

— Allons, dit Danglars, nous allons recommencer, à ce qu'il paraît!

Et, tout en souriant pour avoir l'air de plaisanter, le malheureux sentait la sueur mouiller ses tempes.

— Voyons, mon ami, dit Danglars voyant que Peppino demeurait impassible, je vous demande un verre de vin; me le refuserez-vous?

— Je vous ai déjà dit, Excellence, répondit gravement Peppino, que nous ne vendons pas au détail.

— Eh bien! voyons alors, donnez-moi une bouteille.

— Duquel?

— Du moins cher.

— Ils sont tous du même prix.

— Et quel prix?

— Vingt-cinq mille francs la bouteille.

— Dites, s'écria Danglars avec une amertume qu'Harpagon seul eût pu noter dans le diapason de la voix humaine, dites que vous voulez me dépouiller, ce sera plus tôt fait que de me dévorer ainsi lambeau par lambeau.

— Il est possible, dit Peppino, que ce soit là le projet du maître

— Le maître, qui est-il donc?

— Celui auquel on vous a conduit avant-hier.

— Et où est-il?

— Ici.

— Faites que je le voie.

— C'est facile.

L'instant d'après, Luigi Vampa était devant Danglars.

— Vous m'appelez? demanda-t-il au prisonnier.

— C'est vous, monsieur, qui êtes le chef des personnes qui m'ont amené ici?

— Oui, Excellence; après?

— Que désirez-vous de moi pour rançon? parlez.

— Mais tout simplement les cinq millions que vous portez sur vous

Danglars sentit un effroyable spasme lui broyer le cœur.

— Je n'ai que cela au monde, monsieur, et c'est le reste d'une immense fortune; si vous me l'ôtez, ôtez-moi la vie.

— Il nous est défendu de verser votre sang, Excellence.

— Et par qui cela vous est-il défendu?

— Par celui auquel nous obéissons.

— Vous obéissez donc à quelqu'un?

— Oui, à un chef.

— Je croyais que vous-même étiez le chef.

— Je suis le chef de ces hommes, mais un autre homme est mon chef à moi.

— Et ce chef obéit-il à quelqu'un?

— Oui.

— A qui?

— A Dieu.

Danglars resta un instant pensif.

— Je ne vous comprends pas, dit-il.

— C'est possible.

— Et c'est ce chef qui vous a dit de me traiter ainsi?

— Oui.

— Quel est son but?

— Je n'en sais rien.

— Mais ma bourse s'épuisera.

— C'est probable.

— Voyons, dit Danglars, voulez-vous un million?

— Non.

— Deux millions?

— Non.

— Trois millions?... quatre?... Voyons, quatre? je vous les donne à la condition que vous me laisserez aller.

— Pourquoi nous offrez-vous quatre millions de ce qui en vaut cinq? dit Vampa; c'est de l'usure cela, seigneur banquier, ou je ne m'y connais pas.

— Prenez tout! prenez tout! vous dis-je, s'écria Danglars, et tuez-moi!

— Allons, allons! calmez-vous, Excellence, vous allez vous fouetter le sang, ce qui vous donnera un appétit à manger un million par jour; soyez donc plus économe, morbleu!

— Mais quand je n'aurai plus d'argent pour vous payer? s'écria Danglars exaspéré.

— Alors vous aurez faim.

— J'aurai faim? dit Danglars blémissant.

— C'est probable, répondit flegmatiquement Vampa.

— Mais vous dites que vous ne voulez pas me tuer?

— Non.

— Et vous voulez me laisser mourir de faim?

— Ce n'est pas la même chose.

— Eh bien! misérables! s'écria Danglars, je déjouerai vos infâmes calculs; mourir pour mourir, j'aime autant en finir tout de suite; faites-moi souffrir, torturez-moi, tuez-moi, mais vous n'aurez plus ma signature.

— Comme il vous plaira, Excellence, dit Vampa.

Et il sortit de la cellule.

Danglars se jeta en rugissant sur ses peaux de bouc.

Quels étaient ces hommes? Quel était ce chef visible? Quel était ce chef invisible? Quels projets poursuivaient-ils donc sur lui? Et quand tout le monde pouvait se racheter, pourquoi lui seul ne le pouvait-il pas?

Oh! certes, la mort, une mort prompte et violente était un bon moyen de tromper ces ennemis acharnés qui semblaient poursuivre sur lui une incompréhensible vengeance.

Oui, mais mourir!

Pour la première fois peut-être de sa carrière si longue, Danglars songeait à la mort avec le désir et la crainte tout à la fois de mourir; mais le moment était venu pour lui d'arrêter sa vue sur le spectre implacable qui vit au dedans de toute créature, qui, à chaque pulsation du cœur, dit à lui-même · — Tu mourras!

Danglars ressemblait à ces bêtes fauves que la chasse anime, puisqu'elle désespère, et qui, à force de désespoir, réussissent parfois à se sauver.

Danglars songea à une évasion.

Mais les murs étaient le roc lui-même; mais, à la seule issue qui conduisait hors de la cellule, un homme lisait, et derrière cet homme on voyait passer et repasser des ombres armées de fusils.

Sa résolution de ne pas signer dura deux jours, après quoi il demanda des aliments et offrit un million.

On lui servit un magnifique souper, et on prit son million.

Dès lors, la vie du malheureux prisonnier fut une divagation perpétuelle.

Il avait tant souffert, qu'il ne voulait plus s'exposer à souffrir, et subissait toutes les exigences.

Au bout de douze jours, une après-midi qu'il avait dîné comme en ses beaux temps de fortune, il fit ses comptes et s'aperçut qu'il avait tant donné de traites au porteur, qu'il ne lui restait plus que cinquante mille francs.

Alors, il se fit en lui une réaction étrange; lui qui venait d'abandonner cinq millions, il essaya de sauver les cinquante mille francs qui lui restaient.

Plutôt que de donner ces cinquante mille francs, il se résolut de reprendre une vie de privations, il eut des lueurs d'espoir qui touchaient à la folie.

Lui qui depuis si longtemps avait oublié Dieu, il y songea pour se dire que Dieu parfois avait fait des miracles, que la caverne pouvait s'abîmer; que les carabiniers pontificaux pouvaient découvrir cette retraite maudite et venir à son secours; qu'alors il lui resterait cinquante mille francs; que cinquante mille francs étaient une somme suffisante pour empêcher un homme de mourir de faim.

Il pria Dieu de lui conserver ces cinquante mille francs, et, en priant, il pleura.

Trois jours se passèrent ainsi, pendant lesquels le nom de Dieu fut constamment, sinon dans son cœur, du moins sur ses lèvres.

Par intervalles, il avait des instants de délire, pendant lesquels il croyait, à travers les fenêtres, voir dans une pauvre chambre un vieillard agonisant sur un grabat.

Ce vieillard, lui aussi, mourait de faim.

Le quatrième jour, ce n'était plus un homme, c'était un cadavre vivant.

Il avait ramassé à terre jusqu'aux dernières miettes de ses anciens repas et commencé à dévorer la natte dont le sol était couvert.

Alors, il supplia Peppino, comme on supplie son ange gardien, de lui donner quelque nourriture.

Il lui offrit mille francs d'une bouchée de pain.

Peppino ne répondit pas.

Le cinquième jour, il se traîna à l'entrée de la cellule.

— Mais vous n'êtes donc pas un chrétien? dit-il en se redressant sur ses genoux; vous voulez assassiner un homme qui est votre frère devant Dieu?

— O mes amis d'autrefois! mes amis d'autrefois! murmura-t-il.

Et il tomba la face contre terre.

Puis, se relevant avec une espèce de désespoir:

— Je suis Edmond Dantès — Page 126.

— Le chef! cria-t-il, le chef!

— Me voilà! dit Vampa paraissant tout à coup; que désirez-vous encore?

— Prenez mon dernier or, balbutia Danglars en tendant son portefeuille, et laissez-moi vivre ici, dans cette caverne; je ne demande plus la liberté, je ne demande qu'à vivre.

— Vous souffrez donc bien? demanda Vampa.

— Oh! oui, je souffre, et cruellement!

— Il y a cependant des hommes qui ont encore plus souffert que vous.

— Je ne le crois pas.

— Si fait! ceux qui sont morts de faim.

Danglars songea à ce vieillard que, pendant ses heures d'hallucination, il voyait, à travers les fenêtres de sa pauvre chambre, gémir sur son lit.

Il frappa du front la terre en poussant un gémissement.

— Oui, c'est vrai, il y en a qui ont plus souffert encore que moi, mais au moins ceux-là c'étaient des martyrs.

— Vous repentez-vous, au moins? dit une voix sombre et solennelle, qui fit dresser les cheveux sur la tête de Danglars.

Son regard affaibli essaya de distinguer les objets, et il vit derrière le bandit un homme enveloppé d'un manteau et perdu dans l'ombre d'un pilastre de pierre

— De quoi faut-il que je me repente? balbutia Danglars.

— Du mal que vous avez fait, dit la même voix.

— Oh! oui, je me repens! je me repens! s'écria Danglars.

Et il frappa sa poitrine de son poing amaigri

— Alors, je vous pardonne, dit l'homme en jetant son manteau et en faisant un pas pour se placer dans la lumière.

— Le comte de Monte-Christo! dit Danglars plus pâle de terreur qu'il ne l'était, un instant auparavant, de faim et de misère.

— Vous vous trompez; je ne suis pas le comte de Monte-Christo.

— Et qui êtes-vous donc?

— Je suis celui que vous avez vendu, livré, déshonoré; je suis celui dont vous avez prostitué la fiancée; je suis celui sur lequel vous avez marché pour vous hausser jusqu'à la fortune; je suis celui dont vous avez fait mourir le père de faim, celui qui vous avait condamné à mourir de faim, et qui cependant vous pardonne, parce qu'il a besoin lui-même d'être pardonné : je suis Edmond Dantès!

Danglars ne poussa qu'un cri, et tomba prosterné.

— Relevez-vous, dit le comte, vous avez la vie sauve; pareille fortune n'est pas arrivée à vos deux autres complices : l'un est fou, l'autre est mort! Gardez les cinquante mille francs qui vous restent, je vous en fais don; quant à vos cinq millions volés aux hospices, ils leur sont déjà restitués par une main inconnue.

Et maintenant mangez et buvez; ce soir, je vous fais mon hôte.

Vampa, quand cet homme sera rassasié, il sera libre.

Danglars demeura prosterné, tandis que le comte s'éloignait.

Lorsqu'il releva la tête, il ne vit plus qu'une espèce d'ombre qui disparaissait dans le corridor, et devant laquelle s'inclinaient les bandits.

Comme l'avait ordonné le comte, Danglars fut servi par Vampa, qui lui fit apporter le meilleur vin et les plus beaux fruits de l'Italie, et qui, l'ayant fait monter dans sa chaise de poste, l'abandonna sur la route, adossé à un arbre.

Il y resta jusqu'au jour, ignorant où il était.

Au jour, il s'aperçut qu'il était près d'un ruisseau : il avait soif, il se traîna jusqu'à lui.

En se baissant pour y boire, il s'aperçut que ses cheveux étaient devenus blancs

CHAPITRE XVIII.

LE 5 OCTOBRE

Il était six heures du soir à peu près; un jour couleur d'opale, dans lequel un beau soleil d'automne infiltrait ses rayons d'or, tombait du ciel sur la mer bleuâtre.

La chaleur du jour s'était éteinte graduellement, et l'on commençait à sentir cette légère brise qui semble la respiration de la nature se réveillant après la sieste brûlante du midi, souffle délicieux qui rafraîchit les côtes de la Méditerranée, et qui porte de rivage en rivage le parfum des arbres, mêlé à l'âcre senteur de la mer.

Sur cet immense lac qui s'étend de Gibraltar aux Dardanelles et de Tunis à Venise, un léger yacht, pur et élégant de forme, glissait dans les premières vapeurs du soir.

Son mouvement était celui du cygne qui ouvre ses ailes au vent et qui semble glisser sur l'eau.

Il s'avançait, rapide et gracieux à la fois, et laissant derrière lui un sillon phosphorescent.

Peu à peu le soleil, dont nous avons salué les derniers rayons, avait disparu à l'horizon occidental; mais, comme pour donner raison aux rêves brillants de la mythologie, ses feux indiscrets, reparaissant au sommet de chaque vague, semblaient révéler que le dieu de flamme venait de se cacher au sein d'Amphitrite, qui essayait en vain de cacher son amant dans les plis de son manteau azuré.

Le yacht avançait rapidement, quoiqu'en apparence il y eût à peine assez de vent pour faire flotter la chevelure bouclée d'une jeune fille.

Debout sur la proue, un homme de haute taille, au teint de bronze, à l'œil dilaté, voyait venir à lui la terre sous la forme d'une masse sombre disposée en cône, et sortant du milieu des flots comme un immense chapeau de Catalan.

— Est-ce là Monte-Christo? demanda d'une voix grave et empreinte d'une profonde tristesse le voyageur aux ordres duquel le petit yacht semblait être momentanément soumis.

— Oui, Excellence, répondit le patron, nous arrivons.

— Nous arrivons! murmura le voyageur avec un indéfinissable accent de mélancolie.

Puis il ajouta à voix basse :

— Oui, ce sera là le port.

Et il se replongea dans sa pensée, qui se traduisait par un sourire plus triste que ne l'eussent été des larmes.

Quelques minutes après, on aperçut à terre la lueur d'une flamme qui s'éteignit aussitôt, et le bruit d'une arme à feu arriva jusqu'au yacht.

— Excellence, dit le patron, voici le signal de terre; voulez-vous y répondre vous-même?

— Quel signal? demanda celui-ci.

Le patron étendit la main vers l'île, aux flancs de laquelle montait, isolé et blanchâtre, un large flocon de fumée qui se déchirait en s'élargissant.

— Ah! oui, dit-il comme sortant d'un rêve, donnez.

Le patron lui tendit une carabine toute chargée; le voyageur la prit, la leva lentement et fit feu en l'air.

Dix minutes après, on carguait les voiles et l'on jetait l'ancre à cinq cents pas d'un petit port.

Le canot était déjà à la mer avec quatre rameurs et le pilote.

Le voyageur descendit; et, au lieu de s'asseoir à la poupe, garnie pour lui d'un tapis bleu, se tint debout et les bras croisés.

Les rameurs attendaient, leurs avirons à demi levés, comme des oiseaux qui font sécher leurs ailes.

— Allez! dit le voyageur.

Le patron lui tendit une carabine toute chargée. — PAGE 127.

Les huit rames retombèrent à la mer d'un seul coup et sans faire jaillir une goutte d'eau.

Puis la barque, cédant à l'impulsion, glissa rapidement.

En un instant on fut dans une petite anse formée par une échancrure naturelle; la barque toucha sur un fond de sable fin.

— Excellence, dit le pilote, montez sur les épaules de deux de nos hommes, ils vous porteront à terre.

Le jeune homme répondit à cette invitation par un geste de complète indifférence, dégagea ses jambes de la barque et se laissa glisser dans l'eau, qui lui monta jusqu'à la ceinture

— Ah! Excellence, murmura le pilote, c'est mal ce que vous faites là, et vous nous ferez gronder par le maître.

Le jeune homme continua d'avancer vers le rivage, suivant deux matelots qui choisissaient le meilleur fond.

Au bout d'une trentaine de pas, on avait abordé. Le jeune homme secouait ses pieds sur un terrain

— C'est vous, comte ! s'écria le jeune homme.

sec, et cherchait des yeux autour de lui le chemin probable qu'on allait lui indiquer, car il faisait tout à fait nuit.

Au moment où il tournait la tête, une main reposait sur son épaule, et une voix le fit tressaillir.

— Bonjour, Maximilien, disait cette voix, vous êtes exact, merci !

— C'est vous, comte! s'écria le jeune homme avec un mouvement qui ressemblait à de la joie, et en serrant de ses deux mains les mains de Monte-Christo.

— Oui, vous le voyez, aussi exact que vous; mais vous êtes ruisselant, mon cher ami; il faut vous changer, comme dirait Calypso à Télémaque. Venez donc, il y a par ici une habitation toute préparée pour vous, dans laquelle vous oublierez fatigues et froid.

Monte-Christo s'aperçut que Morrel se retournait.

Il attendit.

Le jeune homme, en effet, voyait avec surprise que pas un mot n'avait été prononcé par ceux qui l'avaient amené, qu'il ne les avait pas payés et que cependant ils étaient partis.

On entendait même déjà le battement des avirons de la barque, qui retournait vers le petit yacht.

— Ah! oui, dit le comte, vous cherchez vos matelots?

— Sans doute, je ne leur ai rien donné, et cependant ils sont partis.

— Ne vous occupez point de cela, Maximilien, dit en riant Monte-Christo; j'ai un marché avec la marine pour que l'accès de mon île soit franc de tout droit de charroi et de voyage. Je suis abonné, comme on dit dans les pays civilisés.

Morrel regarda le comte avec étonnement.

— Comte, lui dit-il, vous n'êtes plus le même qu'à Paris.

— Comment cela?

— Oui, ici vous riez.

Le front de Monte-Christo s'assombrit tout à coup.

— Vous avez raison de me rappeler à moi-même, Maximilien, dit-il; vous revoir était un bonheur pour moi, et j'oubliais que tout bonheur est passager.

— Oh! non! non! comte, s'écria Morrel en saisissant les deux mains de son ami; riez, au contraire, soyez heureux, et prouvez-moi par votre indifférence que la vie n'est mauvaise qu'à ceux qui souffrent. Oh! vous êtes charitable, vous êtes bon, vous êtes grand, mon ami, et c'est pour me donner du courage que vous affectez cette gaieté.

— Vous vous trompez, Morrel, dit Monte-Christo: c'est qu'en effet j'étais heureux.

— Alors vous m'oubliez moi-même; tant mieux!

— Comment cela?

— Oui, car vous le savez, ami, comme disait le gladiateur entrant dans le Cirque au sublime empereur, je vous dis à vous : — « Celui qui va mourir te salue. »

— Vous n'êtes pas consolé? demanda Monte-Christo avec un regard étrange.

— Oh! fit Morrel avec un regard plein d'amertume, avez-vous cru réellement que je pouvais l'être?

— Écoutez, dit le comte; vous entendez bien mes paroles, n'est-ce pas, Maximilien? Vous ne me prenez pas pour un homme vulgaire, pour une crécelle qui émet des sons vagues et vides de sens.

Quand je vous demande si vous êtes consolé, je vous parle en homme pour qui le cœur humain n'a plus de secrets.

Eh bien! Morrel, descendons ensemble au fond de votre cœur et sondons le.

Est-ce encore cette impatience fougueuse de douleur qui fait bondir le corps comme bondit le lion piqué par le moustique? Est-ce toujours cette soif dévorante qui ne s'éteint que dans la tombe? Est-ce cette idéalité du regret qui lance le vivant hors de la vie à la poursuite du mort, ou bien est-ce seulement la prostration du courage épuisé, l'ennui qui étouffe le rayon d'espoir qui voudrait luire? Est-ce la perte de la mémoire amenant l'impuissance des larmes?

Oh! mon cher ami! si c'est cela, si vous ne pouvez plus pleurer, si vous croyez mort votre cœur engourdi, si vous n'avez plus de force qu'en Dieu, de regards que pour le ciel, ami, laissons de côté les mots trop étroits pour le sens que leur donne notre âme.

Maximilien, vous êtes consolé, ne vous plaignez plus.

— Comte, dit Morrel de sa voix douce et ferme en même temps, comte, écoutez-moi comme on écoute un homme qui parle le doigt étendu vers la terre, les yeux levés au ciel; je suis venu près de vous pour mourir dans les bras d'un ami.

Certes, il est des gens que j'aime : j'aime ma sœur Julie, j'aime son mari Emmanuel; mais j'ai besoin qu'on m'ouvre des bras forts et qu'on me sourie à mes derniers instants; ma sœur fondrait en larmes et s'évanouirait; je la verrais souffrir, et j'ai assez souffert; Emmanuel m'arracherait l'arme des mains et remplirait la maison de ses cris.

Vous, comte, dont j'ai la parole, vous qui êtes plus qu'un homme, vous que j'appellerais un dieu si vous n'étiez pas mortel; vous, vous me conduirez doucement et avec tendresse, n'est-ce pas, jusqu'aux portes de la mort?

— Ami, dit le comte, il me reste encore un doute, auriez-vous si peu de force, que vous mettiez de l'orgueil à étaler votre douleur?

— Non, voyez, je suis simple, dit Morrel en tendant la main au comte, et mon pouls ne bat ni plus fort ni plus lentement que d'habitude. Non, je me sens au bout de la route; non, je n'irai pas plus loin.

Vous m'avez parlé d'attendre et d'espérer; savez-vous ce que vous avez fait, malheureux sage que vous êtes?

J'ai attendu un mois, c'est-à-dire que j'ai souffert un mois! J'ai espéré (l'homme est une pauvre et misérable créature)! j'ai espéré, quoi? je n'en sais rien, quelque chose d'inconnu, d'absurde, d'insensé! un miracle... lequel? Dieu seul peut le dire, lui qui a mêlé à notre raison cette folie que l'on nomme espérance.

Oui, j'ai attendu; oui, j'ai espéré, comte, et, depuis un quart d'heure que nous parlons, vous m'avez cent fois, sans le savoir, brisé, torturé le cœur, car chacune de vos paroles m'a prouvé qu'il n'y a plus d'espoir pour moi.

O comte! que je reposerai doucement et voluptueusement dans la mort!

Morrel prononça ces derniers mots avec une explosion d'énergie qui fit tressaillir le comte.

— Mon ami, continua Morrel voyant que le comte se taisait, vous m'avez désigné le 5 octobre comme le terme du sursis que vous me demandiez... mon ami, c'est aujourd'hui le 5 octobre.

Morrel tira sa montre.

— Il est neuf heures, j'ai encore trois heures à vivre.

— Soit, répondit Monte-Christo.

Morrel suivit machinalement le comte, et ils étaient déjà dans la grotte que Maximilien ne s'en était pas encore aperçu.

Il trouva des tapis sous ses pieds, une porte s'ouvrit, des parfums l'enveloppèrent, une lumière frappa ses yeux.

Morrel s'arrêta, hésitant à avancer; il se défiait des énervantes délices qui l'entouraient.

Monte-Christo l'attira doucement.

— Ne convient-il pas, dit-il, que nous employions les trois heures qui nous restent comme ces anciens Romains qui, condamnés par Néron, leur empereur et leur héritier, se mettaient à table couronnés de fleurs et aspiraient la mort avec le parfum des héliotropes et des roses?

Morrel sourit.

— Comme vous voudrez, dit-il; la mort est toujours la mort : c'est l'oubli, c'est-à-dire le repos, c'est-à-dire l'absence de la vie, et par conséquent de la douleur.

Il s'assit.

Monte-Christo prit place en face de lui.

On était dans cette merveilleuse salle à manger que nous avons déjà décrite, et où les statues de marbre portaient sur leurs têtes des corbeilles toujours pleines de fleurs et de fruits.

Morrel avait tout regardé vaguement, et il était probable qu'il n'avait rien vu.

— Causons en hommes, dit-il en regardant fixement le comte.

— Parlez, répondit celui-ci.

— Comte, reprit Morrel, vous êtes le résumé de toutes les connaissances humaines, et vous me faites l'effet d'être descendu d'un monde plus avancé et plus savant que le nôtre.

— Il y a quelque chose de vrai là dedans, Morrel, dit le comte avec ce sourire mélancolique qui le rendait si beau : je suis descendu d'une planète qu'on appelle la Douleur.

— Je crois tout ce que vous me dites sans chercher à en approfondir le sens, comte, et la preuve, c'est que vous m'avez dit de vivre, que j'ai vécu;

c'est que vous m'avez dit d'espérer, et que j'ai presque espéré.

J'oserai donc vous dire, comte, comme si vous étiez déjà mort une fois : « Comte, cela fait-il bien mal? »

Monte-Christo regardait Morrel avec une indéfinissable expression de tendresse.

— Oui, dit-il; oui, sans doute, cela fait bien mal, si vous brisez brutalement cette enveloppe mortelle qui demande obstinément à vivre.

Si vous faites crier votre chair sous les dents imperceptibles d'un poignard; si vous trouez d'une balle inintelligente et toujours prête à s'égarer dans sa route votre cerveau que le moindre choc endolorit, certes, vous souffrirez, et vous quitterez odieusement la vie, la trouvant, au milieu de votre agonie désespérée, meilleure qu'un repos acheté si cher!

— Oui, je comprends, dit Morrel, la mort comme la vie a ses secrets de douleur et de volupté : le tout est de les connaître.

— Justement, Maximilien, et vous venez de dire le grand mot.

La mort est, selon le soin que nous prenons de nous mettre bien ou mal avec elle, ou une amie qui nous berce aussi doucement qu'une nourrice, ou une ennemie qui nous arrache violemment l'âme du corps.

Un jour, quand notre monde aura vécu encore un millier d'années; quand on se sera rendu maître de toutes les forces destructives de la nature pour les faire servir au bien-être général de l'humanité; quand l'homme saura, comme vous le disiez tout à l'heure, les secrets de la mort, la mort deviendra aussi douce et aussi voluptueuse que le sommeil goûté aux bras de notre bien-aimée.

— Et si vous vouliez mourir, comte, vous sauriez mourir ainsi, vous?

— Oui.

Morrel lui tendit la main.

— Je comprends maintenant, dit-il, pourquoi vous m'avez donné rendez-vous ici, dans cette île isolée, au milieu d'un océan, dans ce palais souterrain, sépulcre à faire envie à un Pharaon : c'est que vous m'aimez, n'est-ce pas, comte? C'est que vous m'aimez assez pour me donner une de ces morts dont vous me parliez tout à l'heure, une mort sans agonie, une mort qui me permette de m'éteindre en prononçant le nom de Valentine et en vous serrant la main?

— Oui, vous avez deviné juste, Morrel, dit le comte avec simplicité, et c'est ainsi que je l'entends.

— Merci! l'idée que demain je ne souffrirai plus est suave à mon pauvre cœur.

— Ne regrettez-vous rien? demanda Monte-Christo.

— Non, répondit Morrel.

— Pas même moi? demanda le comte avec une émotion profonde.

Morrel s'arrêta.

Son œil si pur se ternit tout à coup, puis brilla d'un éclat inaccoutumé.

Une grosse larme en jaillit et roula creusant un sillon d'argent sur sa joue.

— Quoi! dit le comte, il vous reste un regret de la terre, et vous mourez!

— Oh! je vous en supplie! s'écria Morrel d'une voix affaiblie, plus un mot, comte, ne prolongez pas mon supplice!

Le comte crut que Morrel faiblissait.

Cette croyance d'un instant ressuscita en lui l'horrible doute déjà terrassé une fois au château d'If.

— Je m'occupe, pensa-t-il, de rendre cet homme au bonheur; je regarde cette restitution comme un poids jeté dans la balance en regard du plateau où j'ai laissé tomber le mal.

Maintenant, si je me trompais, si cet homme n'était pas assez malheureux pour mériter le bonheur! Hélas! qu'arriverait-il de moi, qui ne puis oublier le mal qu'en me retraçant le bien?

Écoutez, Morrel, dit-il, votre douleur est immense, je le vois; mais cependant vous croyez en Dieu, et vous ne voulez pas risquer le salut de votre âme.

Morrel sourit tristement.

— Comte, dit-il, vous savez que je ne fais pas de la poésie à froid; mais, je vous le jure, mon âme n'est plus à moi.

— Écoutez, Morrel, dit Monte-Christo, je n'ai aucun parent au monde, vous le savez. Je me suis habitué à vous regarder comme mon fils; eh bien! pour sauver mon fils, je sacrifierais ma vie, à plus forte raison ma fortune.

— Que voulez-vous dire?

— Je veux dire, Morrel, que vous voulez quitter la vie, parce que vous ne connaissez pas toutes les jouissances que la vie promet à une grande fortune.

Morrel, je possède près de cent millions, je vous les donne; avec une pareille fortune, vous pouvez atteindre à tous les résultats que vous vous proposez.

Êtes-vous ambitieux? toutes les carrières seront ouvertes. Remuez le monde, changez-en la face, livrez-vous à des pratiques insensées, soyez criminel s'il le faut, mais vivez.

— Comte, j'ai votre parole, répondit froidement Morrel, et, ajouta-t-il en tirant sa montre, il est onze heures et demie.

— Morrel! y songez-vous, sous mes yeux, dans ma maison?

— Alors, laissez-moi partir, dit Maximilien devenu sombre, ou je croirai que vous ne m'aimez pas pour moi, mais pour vous!

Et il se leva.

— C'est bien, dit Monte-Christo dont le visage s'éclaircit à ces paroles; vous le voulez, Morrel, et vous êtes inflexible; oui, vous êtes profondément malheureux, et, vous l'avez dit, un miracle seul pourrait vous guérir; asseyez-vous, Morrel, et attendez.

Morrel obéit: Monte-Christo se leva à son tour et alla chercher dans une armoire soigneusement fermée, et dont il portait la clef suspendue à une chaîne d'or, un petit coffret d'argent merveilleusement sculpté et ciselé, dont les angles représentaient quatre figures cambrées, pareilles à des cariatides aux élans désolés, figures de femmes, symboles d'anges qui aspirent au ciel.

Il posa le coffret sur la table.

Puis, l'ouvrant, il en tira une petite boîte d'or dont le couvercle se levait par la pression d'un ressort secret.

Cette boîte contenait une substance onctueuse à demi-solide, dont la couleur était indéfinissable, grâce au reflet de l'or poli, des saphirs, des rubis et des émeraudes qui garnissaient la boîte.

C'était comme un chatoiement d'azur, de pourpre et d'or.

Le comte puisa une petite quantité de cette substance avec une cuiller de vermeil, et l'offrit à Morrel en attachant sur lui un long regard.

On put voir alors que cette substance était verdâtre.

— Voilà ce que vous m'avez demandé, dit-il. Voilà ce que je vous ai promis.

— Vivant encore, dit le jeune homme prenant la cuiller des mains de Monte-Christo, je vous remercie du fond de mon cœur.

Le comte prit une seconde cuiller, et puisa une seconde fois dans la boîte d'or.

— Qu'allez-vous faire, ami? demanda Morrel en lui arrêtant la main.

— Ma foi, Morrel, lui dit-il en souriant, je crois, Dieu me pardonne, que je suis aussi las de la vie que vous, et, puisque l'occasion s'en présente...

— Arrêtez! s'écria le jeune homme. Oh! vous qui aimez, vous qu'on aime, vous qui avez la foi de l'espérance, oh! ne faites pas ce que je vais faire; de votre part, ce serait un crime. Adieu, mon noble et généreux ami; je vais dire à Valentine tout ce que vous avez fait pour moi.

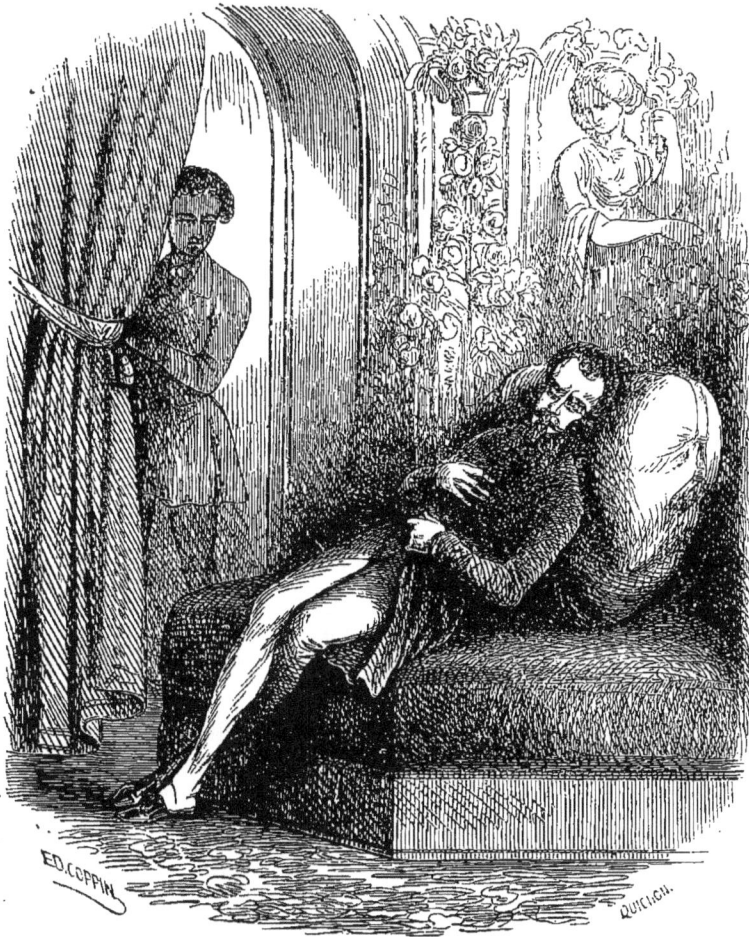

— Ami, dit-il, je sens que je meurs; merci.

Et lentement, sans aucune hésitation qu'une pression de la main gauche qu'il tendait au comte, Morrel avala ou plutôt savoura la mystérieuse substance
offerte par Monte-Christo.

Alors tous deux se turent.

Ali, silencieux et attentif, apporta le tabac et les
narguilés, servit le café et disparut.

Peu à peu les lampes pâlirent dans les mains des
statues de marbre qui les soutenaient, et le parfum
des cassolettes sembla moins pénétrant à Morrel.

Assis vis-à-vis de lui, Monte-Christo le regardait

du fond de l'ombre, et Morrel ne voyait briller que
les yeux du comte.

Une immense douleur s'empara du jeune homme.
Il sentait le narguilé s'échapper de ses mains.
Les objets perdaient insensiblement leur forme
et leur couleur.

Ses yeux troublés voyaient s'ouvrir comme des
portes et des rideaux dans la muraille.

— Ami, dit-il, je sens que je meurs; merci.

Il fit un effort pour lui tendre une dernière fois la
main· mais sa main, sans force, retomba près de lui.

Alors il lui sembla que Monte-Christo souriait non plus de son rire étrange et effrayant qui plusieurs fois lui avait laissé entrevoir les mystères de cette âme profonde, mais avec la bienveillante compassion que les pères ont pour leurs petits enfants qui déraisonnent.

En même temps, le comte grandissait à ses yeux.

Sa taille, presque doublée, se dessinait sur les tentures rouges; il avait rejeté en arrière ses cheveux noirs, et il apparaissait debout et fier comme un de ces anges dont on menace les méchants au jour du jugement dernier.

Morrel, abattu, dompté, se renversa sur son fauteuil; une torpeur veloutée s'insinua dans chacune de ses veines.

Un changement d'idées meubla pour ainsi dire son front comme une nouvelle disposition de dessins meuble le kaléidoscope.

Couché, énervé, haletant, Morrel ne sentait plus rien de vivant en lui que ce rêve : il lui semblait entrer à pleines voiles dans le vague délire qui précède cet autre inconnu qu'on appelle mort.

Il essaya encore une fois de tendre la main au comte; mais, cette fois, sa main ne bougea même plus.

Il voulut articuler un suprême adieu, sa langue roula lourdement dans son gosier comme une pierre qui boucherait un sépulcre.

Ses yeux, chargés de langueur, se fermèrent malgré lui.

Cependant, derrière ses paupières s'agitait une image qu'il reconnut, malgré cette obscurité dont il se croyait enveloppé.

C'était le comte qui venait d'ouvrir une porte.

Aussitôt, une immense clarté rayonnant dans une chambre voisine, ou plutôt dans un palais merveilleux, inonda la salle où Morrel se laissait aller à sa douce agonie.

Alors, il vit au seuil de cette salle et sur la limite des deux chambres une femme d'une merveilleuse beauté.

Pâle et doucement souriante, elle semblait l'ange de miséricorde conjurant l'ange des vengeances.

— Est-ce déjà le ciel qui s'ouvre pour moi? pensa le mourant; cet ange ressemble à celui que j'ai perdu.

Monte-Christo montra du doigt à la jeune femme le sofa où reposait Morrel.

Elle s'avança vers lui les mains jointes et le sourire sur les lèvres.

— Valentine! Valentine! s'écria Morrel du fond de l'âme.

Mais sa bouche ne proféra point un son; et, comme si toutes ses forces étaient unies dans cette émotion intérieure, il poussa un soupir et ferma les yeux.

Valentine se précipita vers lui.

Les lèvres de Morrel firent encore un mouvement.

— Il vous appelle, dit le comte; il vous appelle du fond de son sommeil, celui à qui vous aviez confié votre destinée, et la mort a voulu vous séparer! Mais j'étais là par bonheur, et j'ai vaincu la mort!

Valentine, désormais vous ne devez plus vous séparer sur la terre; car, pour vous retrouver, il se précipitait dans la tombe.

Sans moi, vous mouriez tous deux; je vous rends l'un à l'autre; puisse Dieu me tenir compte de ces deux existences que je sauve!

Valentine saisit la main de Monte-Christo, et, dans un élan de joie irrésistible, elle la porta à ses lèvres.

— Oh! remerciez-moi bien, dit le comte; oh! redites-moi, sans vous lasser de me le redire, redites-moi que je vous ai rendue heureuse; vous ne savez pas combien j'ai besoin de cette certitude.

— Oh! oui, oui, je vous remercie de toute mon âme! dit Valentine; et, si vous doutez que mes remerciments soient sincères, eh bien! demandez à Haydée, interrogez ma sœur chérie Haydée, qui, depuis notre départ de France, m'a fait attendre patiemment, en me parlant de vous, l'heureux jour qui luit aujourd'hui pour moi.

— Vous aimez donc Haydée? demanda Monte-Christo avec une émotion qu'il s'efforçait vainement de dissimuler.

— Oh! de toute mon âme!

— Eh bien! écoutez, Valentine, dit le comte, j'ai une grâce à vous demander.

— A moi, grand Dieu! suis-je assez heureuse pour cela?...

— Oui; vous avez appelé Haydée votre sœur, qu'elle soit votre sœur en effet, Valentine; rendez-lui à elle tout ce que vous croyez me devoir à moi; protégez-la, Morrel et vous, car (la voix du comte fut prête à s'éteindre dans sa gorge), car désormais elle sera seule au monde...

— Seule au monde! répéta une voix derrière le comte, et pourquoi?

Monte-Christo se retourna.

Haydée était là debout, pâle et glacée, regardant le comte avec un geste de mortelle stupeur.

— Parce que demain, ma fille, tu seras libre, répondit le comte, parce que tu reprendras dans le monde la place qui t'est due, parce que je ne veux pas que ma destinée obscurcisse la tienne. Fille de prince! je te rends les richesses et le nom de ton père.

Haydée pâlit, ouvrit ses mains diaphanes comme

fait la vierge qui se recommande à Dieu, et d'une voix rauque de larmes :

— Ainsi, mon seigneur, tu me quittes? dit-elle.

— Haydée! Haydée! tu es jeune, tu es belle; oublie jusqu'à mon nom et sois heureuse!

— C'est bien! dit Haydée, tes ordres seront exécutés, mon seigneur; j'oublierai jusqu'à ton nom et je serai heureuse.

Et elle fit un pas en arrière pour se retirer.

— O mon Dieu! s'écria Valentine, tout en soutenant la tête engourdie de Morrel sur son épaule, ne voyez-vous donc pas comme elle est pâle, ne comprenez-vous pas ce qu'elle souffre?

Haydée lui dit avec une expression déchirante :

— Pourquoi veux-tu donc qu'il me comprenne, ma sœur? Il est mon maître, et je suis son esclave; il a le droit de ne rien voir.

Le comte frissonna aux accents de cette voix qui alla éveiller jusqu'aux fibres les plus secrètes de son cœur; ses yeux rencontrèrent ceux de la jeune fille et ne purent en supporter l'éclat.

— Mon Dieu! mon Dieu! dit Monte-Christo, ce que vous m'aviez laissé soupçonner serait donc vrai! Haydée, vous seriez donc heureuse de ne point me quitter?

— Je suis jeune, répondit-elle doucement, j'aime la vie que tu m'as toujours faite si douce, et je regretterais de mourir.

— Cela veut-il donc dire que, si je te quittais, Haydée...

— Je mourrais, mon seigneur, oui!

— Mais tu m'aimes donc?

— O Valentine! il demande si je l'aime! Valentine, dis lui donc si tu aimes Maximilien!

Le comte sentit sa poitrine s'élargir et son cœur se dilater.

Il ouvrit ses bras, Haydée s'y élança en jetant un cri.

— Oh! oui, je t'aime! dit-elle, je t'aime comme on aime son père, son frère, son mari! Je t'aime comme on aime sa vie, comme on aime son Dieu, car tu es pour moi le plus beau, le meilleur et le plus grand des êtres créés!

— Qu'il soit donc fait ainsi que tu le veux, mon ange chéri! dit le comte. Dieu, qui m'a suscité contre mes ennemis et qui m'a fait vainqueur, Dieu, je le vois bien, ne veut pas mettre ce repentir au bout de ma victoire; je voulais me punir, Dieu veut me pardonner.

Aime-moi donc, Haydée! Qui sait? ton amour me fera peut être oublier ce qu'il faut que j'oublie.

— Mais que dis-tu donc là, mon seigneur? demanda la jeune fille.

— Je dis qu'un mot de toi, Haydée, m'a plus éclairé que vingt ans de ma lente sagesse; je n'ai plus que toi au monde, Haydée; par toi je me rattache à la vie, par toi je puis souffrir, par toi je puis être heureux.

— L'entends-tu, Valentine! s'écria Haydée; il dit que, par moi, il peut souffrir, par moi qui donnerais ma vie pour lui!

Le comte se recueillit un instant.

— Ai-je entrevu la vérité? dit-il. O mon Dieu! n'importe, récompense ou châtiment, j'accepte cette destinée. Viens, Haydée, viens...

Et, jetant son bras autour de la taille de la jeune fille, il serra la main de Valentine et disparut.

Une heure à peu près s'écoula pendant laquelle haletante, sans voix, les yeux fixes, Valentine demeura près de Morrel.

Enfin elle sentit son cœur battre, un souffle imperceptible ouvrit ses lèvres, et ce léger frissonnement, qui annonce le retour de la vie, courut par tout le corps du jeune homme.

Enfin ses yeux se rouvrirent, mais fixes et comme insensés d'abord, puis la vie lui revint, précise, réelle; avec la vue le sentiment, avec le sentiment la douleur.

— Oh! s'écria-t-il avec l'accent du désespoir, je suis encore, le comte m'a trompé!

Et sa main s'étendit vers la table, et saisit un couteau.

— Ami, dit Valentine avec son adorable sourire, réveille-toi donc et regarde de mon côté.

Morrel poussa un grand cri, et, délirant, plein de doute, ébloui comme par une vision céleste, il tomba sur ses deux genoux...

Le lendemain, aux premiers rayons du jour, Morrel et Valentine se promenaient au bras l'un de l'autre sur le rivage, Valentine racontant à Morrel comment Monte-Christo était apparu dans sa chambre, comment il lui avait tout dévoilé, comment il lui avait fait touché le crime du doigt, et enfin comment il l'avait miraculeusement sauvée de la mort, tout en laissant croire qu'elle était morte.

Ils avaient trouvé ouverte la porte de la grotte, et ils étaient sortis; le ciel laissait luire dans son azur matinal les dernières étoiles de la nuit.

Alors Morrel aperçut dans la pénombre d'un groupe de rochers un homme qui attendait un signe pour avancer, il montra cet homme à Valentine.

— Ah! c'est Jacopo! dit-elle, le capitaine du yacht.

Et d'un geste elle l'appela vers elle et vers Maximilien.

— J'avais à vous remettre cette lettre de la part du comte.

— Vous avez quelque chose à nous dire? demanda Morrel.

— J'avais à vous remettre cette lettre de la part du comte.

— Du comte! murmurèrent ensemble les deux jeunes gens.

— Oui, lisez.

Morrel ouvrit la lettre et lut :

« Mon cher Maximilien,

« Il y a une felouque pour vous à l'ancre, Jacopo vous conduira à Livourne, où M. Noirtier attend sa petite-fille qu'il veut bénir avant qu'elle vous suive à l'autel.

« Tout ce qui est dans cette grotte, mon ami, ma maison des Champs-Élysées et mon petit château du Tréport, sont le présent de noces que fait Edmond Dantès au fils de son patron Morrel.

« Mademoiselle de Villefort voudra bien en prendre la moitié, car je la supplie de donner aux pauvres de Paris toute la fortune qui lui revient du côté de son père devenu fou, et du côté de son frère, décédé en septembre dernier avec sa belle-mère.

Vue de Livourne. — PAGE 156.

« Dites à l'ange qui va veiller sur votre vie, Morrel, de prier quelquefois pour un homme qui, pareil à Satan, s'est cru un instant l'égal de Dieu, et qui a reconnu, avec toute l'humilité d'un chrétien, qu'aux mains de Dieu seul est la suprême puissance et la sagesse infinie.

« Ces prières adouciront peut-être le remords qu'il emporte au fond de son cœur.

« Quant à vous, Morrel, voici tout le secret de ma conduite envers vous : il n'y a ni bonheur ni malheur en ce monde, il y a la comparaison d'un état à un autre, voilà tout.

« Celui-là seul qui a éprouvé l'extrême infortune est apte à ressentir l'extrême félicité.

« Il faut avoir voulu mourir, Maximilien, pour savoir combien il est bon de vivre.

« Vivez donc et soyez heureux, enfants chéris de mon cœur, et n'oubliez jamais que, jusqu'au jour où Dieu daignera dévoiler l'avenir à l'homme, toute la sagesse humaine sera dans ces deux mots :

« *Attendre et espérer !*

« Votre ami,

« Edmond DANTÈS,

« *Comte de Monte-Christo.* »

G. Paris. — Imp. le Edouard Blot, rue S.-Louis.

Pendant la lecture de cette lettre, qui lui apprenait la folie de son père et la mort de son frère, mort et folie qu'elle ignorait, Valentine pâlit, un douloureux soupir s'échappa de sa poitrine, et des larmes, qui n'en étaient pas moins poignantes pour être silencieuses, roulèrent sur ses joues ; son bonheur lui coûtait bien cher.

Morrel regarda autour de lui avec inquiétude.

— Mais, dit-il, en vérité, le comte exagère sa générosité ; Valentine se contentera de ma modeste fortune. Où est le comte, mon ami ? Conduisez-moi vers lui.

Jacopo étendit la main vers l'horizon.

— Quoi ! que voulez-vous dire ? demanda Valentine : où est le comte ? où est Haydée ?

— Regardez, dit Jacopo.

Les yeux des deux jeunes gens se fixèrent sur la ligne indiquée par le marin ; et, sur la ligne d'un bleu foncé qui séparait à l'horizon le ciel de la Méditerranée, ils aperçurent une voile blanche grande comme l'aile d'un goëland.

— Parti ! s'écria Morrel ; parti ! Adieu, mon ami, mon père.

— Partie ! murmura Valentine. Adieu, mon amie ! adieu, ma sœur !

— Qui sait si nous les reverrons jamais ! fit Morrel en essuyant une larme.

— Mon ami, dit Valentine, le comte ne vient-il pas de nous dire que l'humaine sagesse était tout entière dans ces deux mots :

— *Attendre et espérer !*

FIN DU COMTE DE MONTE-CHRISTO.

FRANÇOIS PICAUD

HISTOIRE CONTEMPORAINE (1)

—❦—

E n 1807, vivait à Paris un ouvrier cordonnier en chambre, du nom de François Picaud. Ce pauvre diable, jeune et assez joli garçon, était sur le point de se marier avec une fillette fraîche, accorte, agaçante, et qui lui plaisait fort, comme plaît, d'ailleurs, aux gens du peuple la fiancée qu'ils se choisissent, c'est-à-dire uniquement entre toutes les femmes; car, pour les gens du peuple, il n'existe qu'une manière d'avoir une femme, c'est de l'épouser. Or, ce beau projet en tête, et vêtu de ses habits de dimanche, François Picaud se rend chez un cafetier, son égal de rang et d'âge, mais plus riche que l'ouvrier, et connu par une jalousie extravagante de tout ce qui prospérait autour de lui.

Mathieu Loupian, né à Nîmes, comme Picaud, avait à Paris un café-estaminet très-bien achalandé près de la place Sainte-Opportune. Il était déjà veuf et avait deux enfants de sa défunte femme; trois voisins habituels, tous du département du Gard,

tous de la connaissance de Picaud, étaient avec lui.

— Qu'est-ce? dit le maître du lieu. Eh! Picaud, comme te voilà *brave*, on dirait que tu vas danser *las treillas* (les treilles, ballet populaire fort à la mode dans le bas Languedoc).

— Je fais mieux, mon Loupian, je me marie.

— Et qui as-tu choisi pour te planter des cornes? demanda un des auditeurs nommé Allut.

— Non pas la seconde fille de ta belle-mère, car dans cette famille on a si peu d'adresse à les mettre, que les tiennes ont percé ton chapeau.

On se regarde; en effet, le feutre d'Allut a un accroc, et les rieurs passent du côté de *peyou* (savetier).

— Badinage à part, dit le cafetier, qui épouses-tu, Picaud?

— La de Vigouroux.

— Thérèse la riche?

— Elle-même.

— Mais elle a cent mille francs! s'écria le cafetier consterné.

— Je la payerai en amour et en bonheur. Or ça, messieurs, je vous invite à la messe qui se dira à Saint-Leu, et à la danse après le repas de noces, qui aura lieu au *Bal champêtre*, dans les *Bosquets de Vénus*, rue aux Ours, chez M. Lasignac, maître de danse, au cinquième, sur le derrière.

Les quatre amis peuvent à peine répondre quelques paroles insignifiantes, tant le bonheur de leur camarade les étourdit.

(1) Les quelques lignes que nos lecteurs vont trouver à la suite de l'admirable roman de *Monte-Christo*, serviront pour ainsi dire de *pièces justificatives* à cet ouvrage. Donner une réalité saisissante à une composition toute merveilleuse, prouver la vérité de ces faits providentiels, montrer que ces scènes dramatiques ont eu des témoins, c'est doubler l'intérêt qui s'est attaché à l'œuvre et lui donner un titre impérissable à la curiosité publique.

EL.

François Picaud.

— A quand la noce? demanda Loupian.

— A mardi prochain

— A mardi.

— Je compte sur vous. A revoir. Je vais à la mairie et de là chez M. le maire. (Il sort. On se regarde.)

— Est-il heureux, ce drôle!

— Il est sorcier.

— Une fille si belle, si riche!

— A un *peyou!*

— Et c'est mardi la noce!

— Oui, dans trois jours.

— Je gage, dit Loupian, de retarder la fête.

— Comment feras-tu?

— Oh! un badinage.

— Quoi, encore?

— Une plaisanterie excellente... Le commissaire va venir.. je dirai que je soupçonne Picaud d'être un agent des Anglais, vous comprenez? Là-dessus on le mandera, on l'interrogera; il aura peur, et, pendant huit jours au moins, la noce prendra patience

Du château de Fénestrelles descend un homme voûté par la souffrance. — PAGE 142.

— Loupian, dit Allut, c'est un mauvais jeu. Tu ne connais pas Picaud... Il est capable, s'il découvre le tour, de s'en venger durement.

— Bah ! bah ! dirent les autres, il faut s'amuser en carnaval.

— Tant qu'il vous plaira ; mais je vous avertis que je ne suis pas du projet : chacun son goût.

— Oh ! reprend le cafetier avec aigreur, je ne m'étonne pas que tu portes des cornes, tu es capon.

— Je suis honnête homme, tu es jaloux. Je vivrai tranquille, tu mourras malheureux. Bonne nuit !

Dès qu'il a tourné le talon, le trio s'encourage à ne pas abandonner une si plaisante idée, et Loupian, l'inventeur de la proposition, promet à ses deux amis de les faire rire à *ventre déboutonné*. Le même jour, deux heures après, le commissaire de police, devant lequel Loupian avait jasé, faisait son devoir de fonctionnaire vigilant. Des bavardages du cafetier il compose un superbe rapport en style de commissaire, et expédie son travail à l'autorité supérieure. La note fatale est portée chez le duc de Rovigo ; elle coïncide avec des révélations qui se rattachent aux mouvements de la Vendée. Plus de doute, Picaud sert d'intermédiaire entre le Midi et l'Ouest. Ce ne peut être qu'un personnage important; son métier actuel cache un gentilhomme languedocien. Bref, dans la nuit du dimanche au lundi, le malheureux Picaud est enlevé de sa chambre avec tant de mystère, que nul ne l'a vu partir; mais, depuis ce jour, sa trace est perdue complétement : ses parents, ses amis, ne peuvent obtenir sur son sort le moindre renseignement, et l'on cesse de s'occuper de lui.

Le temps s'écoule, 1814 arrive; le gouvernement impérial tombe, et du château de Fénestrelles descend, vers le 15 avril, un homme voûté par la souffrance, vieilli par le désespoir encore plus que par le temps. En sept ans, on dirait qu'il a vécu plus d'un demi-siècle. Nul ne le reconnaîtra, car lui-même ne s'est pas reconnu, lorsque, pour la première fois, dans la chétive auberge de Fénestrelles, il a pu consulter un miroir.

Cet homme qui, dans sa prison, répondait aux nom et prénom de Joseph Lucher, a servi moins de domestique que de fils à un riche ecclésiastique milanais. Celui-ci, indigné de l'abandon où ses proches le laissaient, afin de jouir des revenus de sa grande fortune, ne leur a livré ni les capitaux qu'il possédait sur la banque de Hambourg, ni ceux qu'il a placés dans la banque d'Angleterre. De plus, il a vendu la plus grande partie de ses domaines à un des grands dignitaires du royaume d'Italie. Cette vente a été faite à fonds perdus. La rente annuelle est payable chez un banquier d'Amsterdam, chargé de faire parvenir l'argent au vendeur.

Ce noble Italien, mort le 4 janvier 1814, avait fait unique héritier d'environ sept millions de biens libres le pauvre Joseph Lucher, et, en outre, avait découvert à ce dernier le secret d'un trésor où étaient cachés environ douze cent mille francs de diamants au prix du commerce, et au moins trois millions d'espèces monnayées, tant en ducats de Milan, florins de Venise, quadruples d'Espagne, que louis de France, guinées anglaises, etc.

Joseph Lucher, libre enfin, marcha rapidement vers Turin, gagna Milan; il agit avec prudence, et, au bout de quelques jours, il était en possession du trésor qu'il venait chercher, augmenté d'une multitude de pierres antiques, de camées admirables, tous d'une première valeur. De Milan, Joseph Lucher se rendit à Amsterdam, à Hambourg, successivement à Londres; et, dans ce voyage, recueillit assez de richesses pour en combler les caisses d'un roi. Lucher, instruit à fond par son maître des ressorts secrets de la spéculation, sut si bien placer ses espèces, que, en se réservant ses diamants et un million en portefeuille, il se créa un revenu de six cent mille francs, payable partiellement par les banques d'Angleterre, d'Allemagne, de France et d'Italie.

Cela fait, il se mit en route pour Paris, où il arriva le 15 février 1815, huit ans après, jour pour jour, que l'infortuné François Picaud avait disparu. Celui-ci aurait eu alors trente-quatre ans. Joseph Lucher tomba malade dès le lendemain de son entrée à Paris. Comme il était sans train, sans valet, il se fit transporter dans une maison de santé. Au retour de Napoléon, Lucher était encore malade, et n'avait point cessé de l'être depuis que l'Empereur avait habité l'île d'Elbe. Tant que l'Empereur demeura en France, le malade Lucher prolongea sa convalescence; mais, lorsque la seconde Restauration eut paru devoir consolider définitivement la monarchie de Louis XVIII, l'habitué de la maison de santé la quitta et se rendit dans le quartier Sainte-Opportune. Voici ce qu'il apprit :

En 1807, au mois de février, on s'occupa beaucoup de la disparition d'un jeune savetier, honnête homme, et près de faire un mariage fabuleux. Une plaisanterie de trois amis détruisit sa bonne fortune; le pauvre diable s'enfuit ou fut enlevé. Enfin, nul ne sut quel avait été son sort. Sa prétendue le pleura pendant deux ans; puis, fatiguée sans doute de ses larmes, épousa le cafetier Loupian, qui, par ce mariage, ayant augmenté ses affaires, possédait aujourd'hui sur les boulevards le plus magnifique et le mieux achalandé de tous les cafés de Paris.

Joseph Lucher entendit cette histoire assez indifféremment, en apparence. Il s'informa cependant des noms de ceux dont les plaisanteries avaient causé le malheur présumé de Picaud. On avait oublié les noms de ces individus.

— Cependant, ajouta un de ceux que le nouveau venu interrogeait, il y a un certain Antoine Allut qui s'est vanté devant moi de connaître ceux dont vous parlez.

— J'ai connu un Allut en Italie : il était de Nîmes.

— Celui dont il est question est aussi de Nîmes.

— Cet Allut me prêta cent écus, et me dit de les rendre, autant qu'il m'en souvient, à son cousin Antoine.

— Vous pouvez lui envoyer la somme à Nîmes, car il s'y est retiré.

Le lendemain, une chaise de poste, précédée d'un courrier qui payait triples guides, volait plutôt qu'elle ne courait sur la route de Lyon. De Lyon, la voiture suivit le Rhône par la route de Marseille, quitta celle-ci au pont Saint-Esprit. Là un abbé italien mit pied à terre, pour la première fois depuis le commencement du voyage.

Il prit un carrossin et descendit à Nîmes à l'hôtel si connu du Luxembourg. Sans affectation, il s'informa aux gens de l'hôtel de ce qu'était devenu Antoine Allut. Ce nom, assez commun dans cette contrée, est porté par plusieurs familles toutes différentes de rang, de fortune et de religion. Il se passa un assez long temps avant que l'individu à la re-

cherche duquel courait l'abbé Baldini fut définitivement rencontré, et quelques jours furent en outre nécessaires à l'abbé pour se mettre en rapport
intime avec Antoine Allut. Mais, ces préliminaires
terminés, l'abbé conta à Antoine que, prisonnier
au château de l'Œuf, à Naples, et pour crime d'É-
tat, il avait fait connaissance avec un bon compagnon, dont il regrettait fort la mort, arrivée
en 1811.

— A cette époque, dit-il, c'était un garçon d'environ trente ans; il expira pleurant encore son pays
perdu, mais pardonnant à ceux dont il avait à se
plaindre. C'était un Nîmois, et il se nommait François Picaud.

Allut poussa un cri. L'abbé le regarda avec étonnement.

— Vous connaissez donc vous-même ce Picaud?
dit-il à Allut.

— C'était un de mes bons amis... Il est allé mourir loin, le malheureux... Mais avez-vous su la cause
de son arrestation?

— Il ne la savait pas lui-même, et il m'en a fait
de tels serments, que je ne peux douter de son ignorance.

Allut soupira. L'abbé reprit :

— Tant qu'il a vécu, une seule idée l'occupa. Il
aurait, disait-il, donné sa part de paradis à qui lui
aurait nommé l'auteur ou les auteurs de son arrestation. Et cette idée fixe a même inspiré à Picaud
l'idée de la singulière clause testamentaire qu'il a
faite. Mais d'abord je dois vous dire que, dans la
prison, Picaud avait rendu de notables services à un
Anglais, prisonnier comme lui, lequel, en mourant,
a laissé à Picaud un diamant de la valeur au moins
de cinquante mille francs...

— Il fut bien heureux! s'écria Allut; cinquante
mille francs, c'est une fortune.

— Lorsque François Picaud se vit au lit de mort,
il me fit appeler, et me dit : «Ma fin me sera douce,
si vous me promettez d'accomplir mes intentions;
me le promettez-vous? — Je le jure, bien persuadé
que vous n'exigerez rien contre l'honneur et la religion. — Oh! rien, sans doute. Écoutez-moi, vous
en jugerez : je n'ai pu savoir le nom de ceux qui
m'ont plongé dans cet enfer; mais j'ai eu une révélation. La voix de Dieu m'a averti qu'un de mes
compatriotes de Nîmes, Antoine Allut, connaît mes
dénonciateurs. Allez vers lui, quand votre liberté
vous sera rendue, et, de ma part, donnez-lui le diamant que je tiens de sir Herbert Newton; mais je
mets une condition, c'est qu'en recevant le diamant
de vous il vous confiera les noms de ceux que je
regarde comme mes assassins. Lorsqu'il vous les
aura appris, vous reviendrez à Naples, et vous les
insinuerez écrits sur une plaque de plomb dans mon
tombeau.» Séance tenante, Antoine Allut avoua qu'il
connaissait et livra les noms qu'on lui demandait;
il ne le fit pas cependant sans un secret mouvement

de terreur; mais sa femme était là qui l'encoura-
geait, et l'abbé écrivit les noms de Gervais Chaubard, de Guilhem Solari, et, enfin, celui de Gilles
Loupian.

La bague fut remise. Suivant la convention, elle
devint la propriété d'un joaillier, au prix convenu
de soixante-trois mille sept cent quarante-neuf francs
onze centimes, qu'il solda de suite. Quatre mois
après, au désespoir éternel des Allut, le diamant
fut revendu à un négociant turc cent deux mille
francs. Cette différence causa un meurtre, celui du
joaillier, et la ruine totale des avides Allut, qui du-
rent fuir et sont restés malheureux, en Grèce, où ils
se réfugièrent.

Une dame se présente au café Loupian et demande le propriétaire; elle lui confie que sa famille était redevable de services éminents à un pauvre homme ruiné par les événements de 1814, mais
si désintéressé, qu'il ne voulait recevoir aucune récompense; il souhaitait seulement entrer, comme
garçon limonadier, dans un établissement où il serait traité avec égards. Il n'était plus jeune, il paraissait avoir cinquante ans; or, pour déterminer
M. Loupian à le prendre, on donnerait au maître
cent francs par mois, à l'insu du garçon.

Loupian accepta. Un homme se présente, assez
laid et mal vêtu. La dame du bien, madame Loupian,
l'examine attentivement, croit retrouver dans ses
traits une figure de connaissance, mais, perdue au
milieu de ses souvenirs, n'y saisit rien qui la satis-
fasse, et oublie cette circonstance. Deux Nîmois
venaient exactement à ce café. Un jour, l'un d'eux
ne paraît pas. On plaisante sur son absence. Le lendemain se passe sans qu'il paraisse davantage. Que
fait-il? Guilhem Solari promet de savoir le motif de
son absence; il retourne au café vers neuf heures
du soir, et, tout consterné, raconte que, sur le
pont des Arts, la veille, à cinq heures du matin, le
corps de l'infortuné Chaubard a été trouvé percé
d'un coup de poignard. L'arme est restée dans la
blessure, et, sur le manche, on a lu ces mots for-
més au moyen de lettres imprimées : NUMÉRO UN.

Les conjectures ne manquèrent pas, Dieu sait
toutes celles que l'on fit! La police remua ciel et
terre, mais le coupable échappa à toutes les inves-
tigations. Quelque temps après, un superbe chien
de chasse, appartenant au chef du café, fut empoisonné, et un jeune garçon déclara avoir vu un *client*
jeter des biscuits à la pauvre bête. Ce jeune homme
donna le signalement du *client*.

On reconnut un ennemi de Loupian, qui, pour se
moquer, venait dans le café où Loupian était en
quelque sorte à ses ordres. Un procès fut intenté
au malveillant *client*; mais il prouva son innocence
en faisant constater un *alibi*. Il était courrier sup-
pléant des malles-postes et, le jour du délit, il arrivait à Strasbourg. Deux semaines après, le perroquet favori de madame Loupian subit le sort du

Sur le manche du poignard, resté dans sa blessure, on a lu ces mots *Numero un*. — PAGE 143.

chien de chasse et fut empoisonné avec des aman-
des amères et du persil. On recommença les recherches ; elles furent sans résultat.

Loupian, d'un premier mariage, avait une fille
âgée de seize ans. Elle était belle comme un ange.
Un merveilleux la vit, en devint fou, dépensa des
sommes extravagantes pour gagner à ses intérêts
les garçons du café et la *bonne* de la demoiselle ; et,
s'étant ménagé ainsi de nombreuses entrevues avec
l'intéressante personne, la séduisit en se donnant
pour marquis et millionnaire. La demoiselle ne s'a-
perçut de son imprudence que lorsqu'il fallut élar-

gir son corset. Alors elle avoua à ses parents sa
faiblesse : irréparable désespoir ! La famille en parle
au *monsieur*. Il vante sa fortune, consent au mariage ; montre des actes de famille, des titres de
propriétés. La joie renaît chez les Loupian. Bref, le
mariage se fait ; et l'époux, qui veut des noces splen-
dides, a commandé, pour le soir, un repas de cent
cinquante couverts au *Cadran bleu*.

A l'heure indiquée, les convives arrivent ; mais le
marquis ne se trouve point. Une lettre cependant
arrive. Elle annonce que, mandé par le roi, le marquis s'est rendu au château ; il s'excuse de son re-

On trouva sur le drap noir un papier où ces deux mots sinistres étaient inscrits : *Numéro deux.* — Page 146.

tard, prie qu'on dîne sans l'attendre, et sera rendu auprès de sa femme à dix heures. On dine donc, mais sans l'*aimable gendre*. Mauvaise humeur de la mariée, qu'on félicite sur la position glorieuse du mari. Deux services sont dépêchés. Au dessert, un garçon met une lettre sur l'assiette de chaque convive. On apprend que le mari est un galérien libéré, et qu'il a pris la fuite

La consternation des Loupian est affreuse, et, cependant, ils ne voient pas clair dans ce malheur. Quatre jours après, un dimanche, pendant que toute la famille est à se distraire à la campagne, le feu est mis à neuf endroits différents dans l'appartement situé au-dessus du café ; des misérables accourent ; sous prétexte de secours, pillent, volent, brisent, dévastent ; la flamme gagne la maison et la consume Le propriétaire exerce un recours contre Loupian ; celui-ci est complétement ruiné ; il ne reste plus à ces malheureux époux qu'un peu de bien du côté de la femme. Toutes leurs valeurs d'argent comptant, d'effets publics et de mobilier, ont été détruites ou volées dans le désastre qui les a atteints.

Les Loupian, en conséquence, sont abandonnés de

leurs amis : un seul leur demeure fidèle, le vieux garçon Prosper. Celui-là ne veut pas les quitter; il les suivra sans gages, se contentant de partager le pain de ses maîtres. On l'admire, on le prône; et un nouveau, mais très-modeste café est établi rue Saint-Antoine. Là, vient encore Solari, qui, un soir, en rentrant chez lui, est pris de douleurs atroces. On appelle un médecin. Celui-ci déclara Solari empoisonné; et, malgré tous les secours, l'infortuné meurt dans les plus terribles convulsions. Douze heures après, lorsque, selon l'usage, la bière fut exposée sous la porte d'entrée de la maison où logeait Solari, on trouva sur le drap noir qui recouvrait le coffre un papier où ces deux mots sinistres étaient inscrits, au moyen de caractères imprimés : NUMÉRO DEUX.

Outre la fille, dont la destinée avait été si malheureuse, Loupian avait un fils. Ce jeune garçon, poursuivi par des mauvais sujets, séduit par ces créatures publiques, lutta d'abord et finit par se livrer à la débauche. Une nuit, ses camarades proposent une *farce* : il faut enfoncer un magasin de liqueurs, en enlever douze bouteilles, les boire et les payer le lendemain. Eugène Loupian, déjà à moitié ivre, bat des mains à ce beau projet. Mais au moment où la porte a été crochetée, quand les flacons ont été choisis, que chacun de la bande en a mis deux dans ses poches, la police, avertie par un faux frère, survient; les six coupables ou imprudents sont arrêtés, et un jugement pour vol de nuit avec effraction est rendu contre eux. La pitié royale sauva au jeune homme l'infamie, malgré des efforts incroyables d'argent et de séduction tentés pour détourner la clémence du souverain. Le fils Loupian eut à subir vingt ans de prison.

Cette catastrophe compléta la ruine et l'infortune des Loupian; la *belle et riche* Thérèse mourut de chagrin sans laisser de postérité, il fallut rendre les débris de la dot. Le malheureux Loupian et sa fille restèrent sans ressource aucune, alors l'*honnête* garçon, qui avait des économies, les offrit à la jeune femme; mais il mit un prix à ce service, et fit de très-odieuses propositions à mademoiselle Loupian. Dans l'espoir de sauver son père, et dans leur extrême misère, elle accepta la honte d'un concubinage qui fit descendre la malheureuse au dernier degré de l'avilissement.

Loupian existait à peine, ses malheurs avaient ébranlé sa raison. Un soir, pendant qu'il se promenait dans une allée sombre du jardin des Tuileries, un homme masqué se présenta devant lui.

— Loupian, lui crie-t-il, te rappelles-tu 1807?

— Pourquoi?

— Sais-tu le crime que tu commis à cette époque?

— Un crime!

— Un crime infâme! Par jalousie, tu fis plonger dans un cachot ton ami Picaud; t'en souviens-tu?

— Ah! Dieu m'en punit rigoureusement.

— Non; mais Picaud lui-même, lui qui, pour assouvir sa vengeance, a poignardé Chaubard sur le pont des Arts, a empoisonné Solari, a donné à ta fille un forçat pour mari, et conduit la trame où ton fils est tombé. Sa main tua ton chien et le perroquet de ta femme, elle incendia ta maison et y poussa les voleurs. C'est, enfin, lui qui a fait mourir ta femme de douleur; lui dont ta fille est devenue la concubine. Oui, dans ton garçon Prosper, reconnais Picaud; mais que ce soit au moment où il placera son NUMÉRO TROIS.

Le furieux dit, et d'un coup de poignard atteint si bien au cœur sa victime, que Loupian tombe et meurt, ayant pu à peine pousser un faible cri... Ce dernier acte de sa vengeance accompli, Picaud songeait à sortir des Tuileries, lorsqu'une main de fer le saisissant au col le jeta lui-même par terre auprès du cadavre; et un homme, profitant de sa surprise, lui lia les mains et les pieds, le bâillonna fortement; puis, l'enveloppant dans son propre manteau, l'emporta précipitamment.

Rien ne peut égaler la fureur, l'étonnement de Picaud, ainsi garrotté, ainsi enlevé. Assurément il n'était pas tombé au pouvoir de la force publique. Un gendarme, eût-il été seul, n'aurait pas pris ces précautions extraordinaires, lors même qu'il eût suspecté le voisinage des complices. Un appel eût suffi à rallier les sentinelles placées près de là... Était-ce donc un voleur qui l'emportait ainsi?... Mais quel singulier voleur!... Ce ne pouvait être un plaisant. Dans tous les cas, Picaud était tombé dans un guet-apens. C'était la seule chose qui fût incontestablement réelle pour l'assassin Picaud.

Quand l'homme sur les épaules duquel il était ainsi attaché s'arrêta enfin, Picaud présuma qu'il y avait à peu près une demi-heure que cet homme marchait. Picaud, enveloppé dans le manteau, n'avait rien vu des lieux de ce parcours. Quand il en fut débarrassé, il se sentit déposé sur un pliant (lit de sangle) garni de son matelas; l'air du lieu où il se trouvait était épais et lourd. Il crut reconnaître une cavité souterraine dépendante, selon toute apparence, d'une carrière abandonnée.

L'obscurité presque complète du lieu, l'agitation bien naturelle où se trouvait Picaud, le changement que peuvent opérer sur les traits dix ans de misère et de désespoir, ne permirent point à l'assassin de Loupian de reconnaître l'individu qui lui apparaissait comme un fantôme. Il l'examinait dans un morne silence, attendant un mot qui lui expliquât quel sort il devait attendre, et dix minutes se passèrent avant qu'aucun de ces deux hommes échangeât une parole.

— Eh bien, Picaud! lui dit-il, quel nom porteras-tu désormais? Sera-ce celui que tu reçus de ton père? celui que tu pris à la sortie de Fénestrelles? seras-tu l'abbé Baldini ou le garçon limonadier Prosper? Ton esprit ingénieux ne t'en fournit-il pas un cinquième? Pour toi, sans doute, la vengeance n'est qu'une plaisanterie; mais non, c'est une manie furieuse, et dont tu aurais eu horreur toi-même si tu n'avais vendu ton esprit au démon. Tu as sacrifié les dix dernières années de ta vie à poursuivre trois misérables que tu aurais dû épargner. Tu as commis des crimes horribles; tu t'es perdu à jamais; enfin, tu m'as entraîné dans l'abîme.

— Toi, toi, qui es-tu?

— Je suis ton complice, un scélérat qui, pour de l'or, t'ai vendu la vie de mes amis. Ton or m'a été funeste. La cupidité, allumée par toi dans mon âme, ne s'est jamais éteinte. La soif des richesses m'a rendu furieux et coupable. J'ai tué celui qui m'avait trompé. Il m'a fallu fuir avec ma femme; elle est morte dans cet exil; et moi, arrêté, jugé, condamné aux galères, j'ai subi l'exposition et la flétrissure, j'ai traîné le boulet. Enfin, parvenu à m'échapper à mon tour, j'ai voulu atteindre et punir cet abbé Baldini qui atteint et punit si bien les autres. J'ai couru à Naples, on ne l'y connaissait pas. J'ai cherché la tombe de Picaud, et j'ai appris que Picaud vivait. Comment l'ai-je su? Ni toi ni le pape ne m'arracherez ce secret. Dès lors je me suis remis à la poursuite de ce prétendu mort; mais, quand je l'ai retrouvé, déjà deux assassinats avaient signalé sa vengeance; les enfants de Loupian étaient perdus, sa maison brûlée, sa fortune détruite. Ce soir, j'allais aborder ce malheureux, lui révéler tout; mais, encore cette fois, tu m'as prévenu, le diable te donnait de l'avance sur moi, et Loupian est tombé sous tes coups, avant que Dieu, qui me conduisait, m'eût permis d'arracher à la mort ta dernière victime. Qu'importe, après tout? je te tiens; à mon tour, je puis te rendre le mal que tu m'as fait, je puis te prouver que les gens de notre pays ont le bras aussi bon que la mémoire: je suis Antoine Allut.

Picaud ne répondit pas; il se passait d'étranges choses dans son âme. Soutenu jusqu'à ce moment par l'ivresse vertigineuse de la vengeance, il avait en quelque sorte oublié sa fortune immense et toutes les voluptés qu'il pouvait en attendre. Mais à présent sa vengeance était accomplie, à présent il devait songer à vivre de la vie des riches, et, à présent, il allait tomber lui-même sous la main d'un homme aussi implacable, qu'il se souvenait l'avoir été lui-même. Ces réflexions lui traversèrent rapidement le cerveau, et un mouvement de rage lui fit mordre convulsivement le bâillon qu'Antoine Allut avait eu soin de lui mettre.

« Cependant, pensa-t-il, riche comme je le suis, ne puis-je, avec de belles promesses, et au besoin en faisant un sacrifice réel, me débarrasser de mon ennemi? J'ai donné cinquante mille francs pour apprendre les noms de mes victimes, ne puis-je en donner autant ou le double pour sortir du péril où je suis? »

Mais Dieu permit que l'épaisse fumée de l'avarice obscurcît la lucidité d'une telle pensée. Cet homme, possesseur d'au moins seize millions, s'épouvanta d'avoir à livrer la somme qui lui serait demandée. L'amour de l'or étouffa les cris de sa chair révoltée qui se voulait racheter et ne put plaider que faiblement. L'or devint sa chair elle-même, son sang, toute son existence. « Oh! dit-il au plus caché de son âme, plus je me ferai pauvre, plus tôt je sortirai de cette prison. Nul ne sait ce que je possède, feignons d'être à la mendicité; il me lâchera pour quelques écus, et, hors de ses mains, il tardera peu à retomber dans les miennes. »

Voilà ce que Picaud imagina: voilà la litière absurde qu'il fit à ses erreurs et à son espoir, pendant qu'Allut lui rendait la liberté de la bouche.

— Où suis-je? dit-il.

— Que t'importe? tu es en un lieu où tu ne dois attendre ni secours ni pitié; tu es à moi... à moi seul, entends-tu, et l'esclave de ma volonté et de mon caprice.

Picaud sourit avec dédain, et son ancien ami ne poursuivit pas; il le laissa toujours couché sur le grabat où il l'avait déposé, il ne le délia point (il s'était contenté, comme nous l'avons dit, de lui ôter son bâillon). Allut ajouta même à la rigueur des entraves qui retenaient son prisonnier: il lui passa autour des reins une large et épaisse ceinture de fer, fixée par une chaîne à trois immenses anneaux rivés dans le mur. Cela fait, Allut se mit à souper, et comme Picaud vit qu'Allut ne lui offrait rien de ce qu'il mangeait:

— J'ai faim, dit-il.

— Combien veux-tu payer le pain et l'eau que je te donnerai?

— Je n'ai pas d'argent.

— Tu as seize millions et plus, répondit Allut. Et il fournit à Picaud de tels renseignements sur le placement de fonds en Angleterre, en Allemagne, en Italie, en France, que l'avare en fut horripilé par tout son corps.

— Tu rêves!

— Et toi, rêve que tu manges.

Allut sortit et resta absent pendant toute la nuit; vers les sept heures du matin, il rentra et déjeuna; la vue des aliments redoubla chez Picaud la torture de la faim.

— Donne-moi à manger, dit-il.

— Combien veux-tu payer pour le pain et l'eau que je te donnerai?

— Rien.

— Eh bien! voyons qui de nous deux se lassera le premier.

Et il s'en alla encore.

A trois heures de l'après-midi, il était de retour; il y avait vingt-huit heures que Picaud n'avait pris aucune nourriture; il implora la pitié de son geôlier; il lui proposa vingt sous pour une livre de pain.

É. L   PREDHOMME

— Je suis Antoine Allut. — Page 147.

— Écoute, dit Allut, voici mes conditions : je te donnerai deux fois par jour à manger, et tu payeras chaque fois vingt-cinq mille francs.

Picaud hurla, se tordit sur son grabat, l'autre demeura impassible.

— C'est mon dernier mot : choisis, prends ton temps. Tu n'as pas eu pitié des amis, je veux être pour toi sans miséricorde.

Le misérable prisonnier passa le reste du jour et la nuit suivante dans les rages de la faim et du désespoir ; ses angoisses morales étaient au comble, l'enfer était dans son cœur. Ses souffrances furent telles, qu'il fut pris du *tétanos*, comme si ses nerfs avaient été déchirés ; la tête se détraqua ; le rayon de l'intelligence céleste qui l'animait fut étouffé sous ce soulèvement de passions extrêmes et désordonnées. L'impitoyable Allut tarda peu à reconnaître que c'était trop tourmenter un corps humain ; son ancien ami n'était plus capable de discernement ; c'était une machine inerte, sensible encore à la douleur physique, mais incapable de la combattre ou de la détourner : il fallait renoncer à en tirer un mot. Allut se désespérait en pensant que, si Picaud mourait, aucun moyen ne lui restait de s'approprier l'immense fortune de sa victime. De rage, il se frappa lui-même ; mais, surprenant un sourire diabolique sur la face livide de Picaud, Allut se précipita sur lui comme sur une bête féroce, le mordit, lui perça les yeux d'un couteau, l'éventra, et, s'enfuyant de ce lieu où il ne laissait plus qu'un cadavre, s'éloigna, quitta Paris, et passa en Angleterre.

Là, tombé malade en 1828, il se confessa à un prêtre catholique français. Ramené à la détestation de ses fautes, il dicta lui-même à l'ecclésiastique tous les détails de cette histoire affreuse qu'il signa à chaque page. Allut mourut réconcilié avec Dieu, et fut enseveli chrétiennement. Après sa mort, l'abbé P... expédia à la police de Paris ce document précieux, où se trouvaient consignés les faits étranges qu'on vient de lire. Il l'accompagna de la lettre suivante :

« Monsieur le préfet,

« J'ai eu le bonheur de rendre à des sentiments de repentir un homme éminemment coupable. Il a cru, et j'ai pensé comme lui, qu'il serait utile de vous faire connaître une série de faits abominables dans lesquels ce malheureux a été agent et patient tout ensemble. En suivant les indications fournies par la note annexée à ce pli, on retrouvera la chambre souterraine où doivent être encore les restes du misérable et malheureux Picaud, triste

victime de ses passions et de sa haine. Dieu a pardonné ; les hommes, dans leur orgueil, veulent faire plus que Dieu, ils poursuivent la vengeance, et la vengeance les écrase.

« Antoine Allut a vainement cherché où sont et comment sont placés les fonds de sa victime. Il a pénétré nuitamment dans l'appartement secret de celle-ci ; aucun registre, titre ou document, aucune somme d'argent ne sont tombés en son pouvoir. Voici les adresses et renseignements pour parvenir aux deux logements, que, sous ses deux noms supposés, Picaud occupait à Paris.

« Même au lit de la mort, Antoine Allut s'est refusé à me faire connaître par quelle voie il avait eu connaissance des faits relatés dans son mémoire, et qui l'avait instruit des crimes et de la fortune de Picaud ; seulement, et une heure avant d'expirer, il m'a dit : « Mon père, la foi de nul homme ne peut « être plus vive que la mienne, car j'ai vu et en- « tendu parler une âme séparée de son corps. »

« Rien alors n'annonçait le délire chez Allut ; il venait de faire nettement sa profession de foi. Les hommes du siècle sont présomptueux ; dans leur ignorance, leur refus de croire leur semble de la sagesse. Les voies de Dieu sont infinies. Adorons et soumettons-nous.

« J'ai l'honneur d'être, etc., etc. »

(Archives de la police.)

FIN.

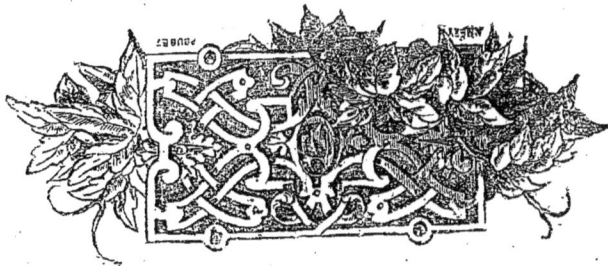

TABLE DES MATIÈRES

DE LA SIXIÈME PARTIE.

—◦—

FOUGÈRE

www.ingramcontent.com/pod-product-compliance
Lightning Source LLC
Chambersburg PA
CBHW052359090426

42739CB00011B/2436